高等职业教育房地产类专业精品教材

房地产经济学

主　编　曾福林　刘可定
副主编　周　林　许　萍

北京理工大学出版社
BEIJING INSTITUTE OF TECHNOLOGY PRESS

内容提要

本书共分为12个模块,主要内容包括房地产经济学概述、房地产供求关系、房地产市场、房地产价格、房地产企业、房地产产权与房地产制度、房地产金融、房地产经济周期、房地产投资、房地产税收、房地产宏观经济调控和房地产业可持续发展。

本书可作为高等院校房地产经营管理、土地资源管理、工程管理相关专业学生的教材,也可作为房地产相关从业人员的参考用书,还可供房地产管理者及房地产研究爱好者的参考读物。

版权专有　侵权必究

图书在版编目（CIP）数据

房地产经济学 / 曾福林, 刘可定主编. --北京：北京理工大学出版社, 2021.11（2022.1重印）
ISBN 978-7-5763-0653-8

Ⅰ. ①房… Ⅱ. ①曾… ②刘… Ⅲ. ①房地产经济学 Ⅳ. ①F293.30

中国版本图书馆CIP数据核字（2021）第252060号

出版发行 / 北京理工大学出版社有限责任公司
社　　址 / 北京市海淀区中关村南大街5号
邮　　编 / 100081
电　　话 /（010）68914775（总编室）
　　　　　（010）82562903（教材售后服务热线）
　　　　　（010）68944723（其他图书服务热线）
网　　址 / http://www.bitpress.com.cn
经　　销 / 全国各地新华书店
印　　刷 / 河北鑫彩博图印刷有限公司
开　　本 / 787毫米×1092毫米　1/16
印　　张 / 12　　　　　　　　　　　　　　　　责任编辑 / 江　立
字　　数 / 276千字　　　　　　　　　　　　　　文案编辑 / 江　立
版　　次 / 2021年11月第1版　2022年1月第2次印刷　责任校对 / 周瑞红
定　　价 / 38.00元　　　　　　　　　　　　　　责任印制 / 边心超

图书出现印装质量问题,请拨打售后服务热线,本社负责调换

出版说明

Publisher's Note

　　房地产业是我国经济建设和发展中的重要组成部分，是拉动国民经济持续增长的主导产业之一。改革开放近 40 年来，我国的房地产业快速发展，取得了巨大成就，尤其在改善广大城镇居民住房条件、改变城镇面貌、促进经济增长、扩大就业等方面，更是发挥了其他行业所无法替代的巨大作用。随着我国经济的发展、居民收入水平的提高、城市化进程的加快以及改善性住房市场需求的增加，房地产消费者对产品的需求由"有"到"优"，房地产需求总量不断攀升，房地产行业仍然有着巨大的发展潜力，房地产业需要大量房地产专业人才。

　　高等职业教育以培养生产、建设、管理、服务第一线的高素质技术技能人才为根本任务，在建设人力资源强国和高等教育强国的伟大进程中发挥着不可替代的作用。为全面推进高等职业教育教材建设工作，将教学改革的成果和教学实践的积累体现到教材建设和教学资源整合的实际工作中去，以满足不断深化的教学改革需要，更好地为学校教学改革、人才培养与课程建设服务，北京理工大学出版社搭建平台，组织国内多所建设类高职院校，包括四川建筑职业技术学院、重庆建筑科技职业学院、广西建设职业技术学院、河南建筑职业技术学院、甘肃建筑职业技术学院、湖南城建职业技术学院、广东建设职业技术学院、山东城市建设职业学院等，共同组织编写了本套"高等职业教育房地产类专业精品教材（房地产经营与管理专业系列）"。该系列教材由参与院校院系领导、专业带头人组织编写团队，参照教育部《高等职业学校专业教学标准》要求，以创新、合作、融合、共赢、整合跨院校优质资源的工作方式，结合高职院校教学实际以及当前房地产行业的形势和发展编写完成。

　　本系列教材共包括以下分册：

1.《房地产基本制度与政策》
2.《房地产建设项目管理概论（第 2 版）》
3.《房地产开发经营与管理》
4.《房地产开发与营销（第 2 版）》

5.《房地产市场营销》

6.《房地产投资分析》

7.《房地产经济学》

8.《房地产估价》

9.《房地产经纪》

10.《房地产金融》

11.《房地产企业会计》

12.《房地产统计》

13.《房地产测绘》

  本系列教材,从酝酿、策划到完稿,进行了大量的市场调研和院校走访,很多院校老师给我们提供了宝贵意见和建议,在此特表示诚挚的感谢!教材在编写体例、内容组织、案例引用等,做了一定创新探索。教材编写紧跟房地产行业发展趋势,突出应用,贴近院校教学实践需求。希望本系列教材的出版,能在优化房地产经营与管理及相关专业培养方案、完善课程体系、丰富课程内容、传播交流有效教学方法,培养房地产行业专业人才,为我国房地产业的持续健康发展做出贡献!

北京理工大学出版社
2022 年 1 月

前言

PREFACE

"房地产经济学"是一门新兴的经济学科,它是随着房地产业的深入发展,适应房地产经济运行的客观需要而逐步建立起来。从其学科性质来说,房地产经济学既是整个经济学科的一个分支,又是各类房地产经济学科的理论基础。房地产经济学在房地产开发与管理专业的系列课程中,处于基础性课程的地位。

通过本课程的学习,一是可以使本专业学生对房地产业和房地产经济有一个全面系统的了解,以便为进一步学习其他相关专业课打下坚实的基础;二是通过掌握房地产经济运行规律和资源配置规律,应用于房地产投资开发、分配、流通、消费诸过程,有助于改善经营管理,提高企业经济效益;三是理清房地产业与国民经济的关系,把握国家的宏观经济形势和所采取的宏观调控政策,可以扩大视野,使学生把微观经济和宏观经济结合起来思考,加深对房地产经济运行规律的认识和基本原理的理解,为将来从事实际工作做好应有的准备。

为方便教学,每个模块前均设置知识目标和能力目标,提示学习重点,点明教学要求,对学生学习和老师教学进行引导;每个模块后均设置了模块小结和课后习题,模块小结以学习重点为框架,对各模块知识进行归纳总结,课后习题以填空题、选择题和简答题的形式,从更深的层次给学生以思考、复习的切入点,从而构建一个"引导—学习—总结—练习"的教学全过程。

本书在编写过程中参阅了大量的文献,在此向这些文献的作者致以诚挚的谢意!由于编写时间仓促,编者的经验和水平有限,书中难免有不妥和疏漏之处,恳请读者和专家批评指正。

编　者

目录

CONTENTS

模块 1　房地产经济学概述 ………… 1
　单元 1　房地产概述 ………………… 1
　单元 2　房地产业在国民经济中的
　　　　　作用和地位 ………………… 4
　单元 3　房地产经济学的研究对象、
　　　　　内容与方法 ………………… 8

模块 2　房地产供求关系 …………… 12
　单元 1　房地产市场需求 …………… 12
　单元 2　房地产市场供给 …………… 18
　单元 3　房地产市场的供求均衡 …… 22

模块 3　房地产市场 ………………… 27
　单元 1　房地产市场概述 …………… 27
　单元 2　房地产市场的运行 ………… 33
　单元 3　房地产市场分析 …………… 42

模块 4　房地产价格 ………………… 48
　单元 1　房地产价格基础理论 ……… 48
　单元 2　房地产价格的构成 ………… 52

　单元 3　影响房地产价格的因素 …… 57
　单元 4　房地产价格评估 …………… 62

模块 5　房地产企业 ………………… 68
　单元 1　房地产企业概述 …………… 68
　单元 2　房地产开发企业 …………… 73
　单元 3　房地产中介服务企业 ……… 75
　单元 4　物业服务企业 ……………… 78

模块 6　房地产产权与房地产制度 … 83
　单元 1　产权理论概述 ……………… 83
　单元 2　土地产权 …………………… 85
　单元 3　房屋产权 …………………… 92
　单元 4　建筑物区分所有权 ………… 94
　单元 5　房地产制度 ………………… 95

模块 7　房地产金融 ………………… 103
　单元 1　房地产金融概述 …………… 103
　单元 2　房地产融资 ………………… 106
　单元 3　房地产金融市场 …………… 113

目 录

模块 8　房地产经济周期 ……………… 121
　　单元 1　房地产经济周期概述 ………… 121
　　单元 2　房地产经济周期的影响因素 … 128
　　单元 3　房地产经济周期的形成机制 … 131
　　单元 4　房地产经济周期的测定 ……… 133

模块 9　房地产投资 …………………… 137
　　单元 1　房地产投资概述 ……………… 137
　　单元 2　房地产投资风险 ……………… 143
　　单元 3　房地产投资决策 ……………… 147

模块 10　房地产税收 …………………… 153
　　单元 1　房地产税收概述 ……………… 153
　　单元 2　我国现行房地产税收制度 …… 155

模块 11　房地产宏观经济调控 ………… 166
　　单元 1　房地产经济宏观调控概述 …… 166
　　单元 2　房地产经济宏观调控政策 …… 169
　　单元 3　房地产经济宏观调控体系 …… 176

模块 12　房地产业可持续发展 ………… 179
　　单元 1　房地产业可持续发展概述 …… 179
　　单元 2　房地产业可持续发展的
　　　　　　影响因素与对策 ……………… 180

参考文献 ………………………………… 184

模块 1　房地产经济学概述

学习目标

通过本模块的学习，了解房地产的含义、分类、特征，房地产业的定义；熟悉房地产业的基本特点；掌握房地产业在国民经济中的地位和作用；了解房地产经济学的学科性质、研究对象、研究内容、研究方法。

能力目标

能够对房地产及房地产经济学有初步的认识，清楚进行房地产经济学研究的意义所在。

单元 1　房地产概述

一、房地产的含义

所谓房地产，是指房产和地产的结合体及其衍生的权利关系的总和(图 1-1)。其包括以下三层含义：

(1)在实物形态上，房地产是房产和地产相结合的统一物。具体而言，房产是建筑在土地上的各种房屋，包括住宅、厂房、仓库及商业、服务、文化、教育、卫生、体育等满足各行各业需要的房屋；地产是指用于房屋建筑的土地及地上地下一定范围的立体空间，包括地面、地上一定的空间和地下相关的设施等。从自然意义上，土地的范围很广，只有当土地作为建筑地块及相关设施使用时，才构成房地产的组成部分；而房屋也是建筑在一定的地基之上的，必然离不开土地。所以，实物形态的房地产包括建筑地块和地基上的以房屋建筑为主要形式的定着物，是房产与地产的统称。

(2)在价值形态上，房地产商品是使用价值和价值的统一体。市场经济条件下，房地产

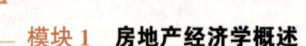

也是商品。房地产商品的使用价值是指可以用来满足人们生产和生活等各种需要；房地产商品的价值是指开发生产该房地产所消耗的人类一般劳动的凝结。在房地产经营活动中，它需要通过生产、交换、分配、消费诸环节，当使用消耗完以后，又会重新进入新一轮循环。这种房地产社会生产和再生产过程，就必然构成一定的经济关系。

（3）在产权关系上，房地产资产反映一定的经济权利关系。在房地产商品交易中，它的空间位置并不移动，而只是房地产权利关系（包括所有权、占有权、支配权和使用权）的转移和改变。例如，某个家庭购买一套住宅，只能在不同的地段进行选择，而不能移动住宅本身，一旦交易完成后房屋的财产权就转移到购买者手中，任其支配和使用，由此获得了相应的财产权利。另外，所有者还可以通过房屋租赁只转移其使用权。正因为这种权利关系的转移比较复杂，所以需要办理多项手续，与一般的商品交换大不相同。

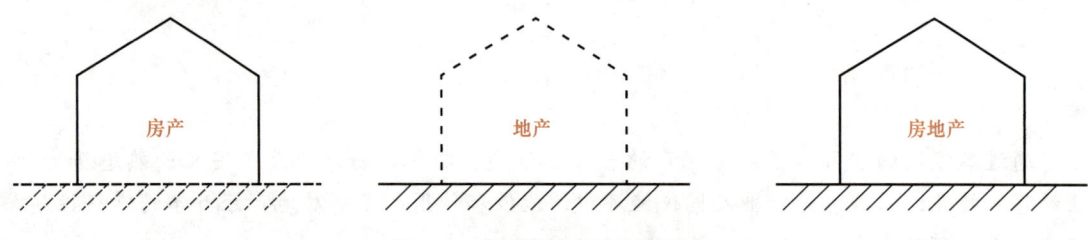

图 1-1 房地产的三种实物形态

二、房地产的分类

1. 按开发程序分类

（1）生地。生地是指不具有城市基础设施的土地，如荒地、农地。

（2）毛地。毛地是指具有一定城市基础设施但地上有待拆迁房屋的土地。

（3）熟地。熟地是指具有完善的城市基础设施、土地平整且能直接在其上进行房屋建设的土地。

（4）在建工程。在建工程是指地上建筑物已开始建设但尚未建成、不具备使用条件的房地产，是房地产开发建设过程中的一种中间形态。该房地产不一定正在建设，也可能已停工多年。

（5）现房。现房（含场地）是指地上建筑物已通过竣工验收、可直接使用的房地产。它可能是新的，也可能是旧的。按房屋当前的使用状态，这类房地产现房可分为空置和已入住（允许有部分空置）两种情况；按照建筑物的用途不同，可分为居住用房、商业用房、工业用房、特殊用房等。

2. 按用途分类

按用途不同，房地产可分为居住房地产和非居住房地产两大类。居住房地产包括宿舍、公寓、别墅等；非居住房地产包括商业房地产、办公房地产、旅游房地产、餐饮房地产、工业房地产、农业房地产、特殊用途房地产等。

3. 按产业收益性分类

（1）收益性房地产。收益性房地产是指能直接租赁或者产生其他经济收益的房地产，包

括商店、商务办公楼、公寓、旅馆、餐馆、影剧院、游乐场、加油站、厂房、农地等。

（2）非收益性房地产。非收益性房地产是指不能直接产生经济收益的房地产，如私人宅邸、未开发的土地、政府办公楼、教堂、寺院等。

4. 按经营使用方式分类

房地产按其经营使用方式来划分，主要可分为出售型房地产、出租型房地产、营业型房地产、自用型房地产四种。

三、房地产的特征

1. 位置固定性

土地是不可移动的，建筑物无论其外形、性能与用途如何，从其建设那天起便定着于土地之上，同样不可移动。

位置对房地产投资具有重要的意义。投资者在进行一项房地产投资时，必须重视对其宏观区位和具体位置的调查研究，确保房地产所处的区位必须对开发商、物业投资者和使用者都具有吸引力。房地产的位置有自然地理位置和社会经济地理位置之别。自然地理位置是不会变化的；社会经济地理位置却会随着城市规划、交通的变化而变化，由劣变优或由优变劣，这些变动主要由城市规划的制订或修改、交通建设的发展或改变、其他建设的发展等原因引起。当房地产的位置由劣变优时，其价值会上升；反之，则下降。

2. 耐用性

土地具有不可毁灭性和永恒的使用价值，这种特征称为不可毁灭性或耐用性。这种特性可为土地占有者带来永续不断的收益。房屋建造完成后，只要不搬迁、拆毁和烧毁，或只要不遭受地震、风暴、洪水等自然灾害的破坏，使用期限一般可达几十年乃至上百年，较之其他商品的使用期限相对较长。因此，作为一种商品，房地产具有长期使用性或较高的耐用性。

需要注意的是，我国房地产的较高的耐用性受到了有限期的土地使用权的制约。根据我国现行的土地使用制度，规定土地使用权一次出让最高年限因土地用途不同而不同：居住用地为70年，工业用地为50年，教育、科技、文化、卫生、体育用地为50年，商业、旅游、娱乐用地为40年，综合用地或者其他用地为50年。

3. 异质性

房地产位置的固定性决定了房地产的异质性，即没有两宗房地产是完全相同的。即使两幢建筑物完全相同，但由于其坐落位置不同、周围环境不同、景观不同、生活的便捷性不同，这两宗房地产实质上也是不同的。该特性决定了房地产供给和需求的地方性和区域性，而且房地产不存在统一的市场价格。

市场上不可能有两宗完全相同的房地产。房地产的异质性是房地产价格实行"一房一价"的理论基础。

4. 投资大、开发周期长

房地产开发建设需巨额投资，房屋的建筑安装工程造价也很高，一套住宅的价格少则十几万，多则几百万乃至几千万。

一般工业产品从消耗原材料、燃料、动力、劳动力到生产出产品，可以在几天、几个

小时乃至几分钟之内完成,而房地产开发建设的周期比一般商品要长得多,一般要一年以上,一些重要的建筑甚至需要数年。

5. 资产和消费品的二重性

房地产不仅是人类最基本的生产要素,也是最基本的生活资料。在市场经济中,房地产既是一种商品,又是人们最重视、最珍惜、最具体的财产;既是一种消费品,又是一项有价资产。

6. 保值增值性

房地产本身并不能产生收入,但随着社会经济的发展及人口的增多,房地产的需求不断增长,而房地产供给量(特别是土地供给量)是有限的,因此,房地产价格有上涨趋势,这使其能保值增值。

7. 易受周围环境影响

房地产价格除与其自身质量及用途有关外,主要取决于其所处位置和周围环境,包括:周边空气、水域、土壤、噪声、光污染状况等;周边建筑的性质、档次、新旧程度;周边区域规划、交通、道路、绿化状况等。房地产的价格不仅与其本身的用途等有直接的关系,而且往往还取决于其周围其他房地产的状况。

8. 易受政策影响

在任何国家或地区,对房地产的使用、支配都会受到某些限制,即便在"私有财产不可侵犯"的私有制国家也是如此。受政府法令和政策对房地产进行限制和影响主要利用以下几点:一是警察权,政府基于公共利益,可限制某些房地产的开发与使用;二是征用权,政府为满足社会公共利益的需要,可以对任何房地产实行强制征用;三是课税权,国家政府通过行政权力对房地产开发、流通或持有等环节征税获得财政收入。

9. 投资流动性差

投资的流动性是指在必要的时候,投资可以迅速地兑换成现金的能力。房地产被认为是一种非流动性资产,其投资的流动性相对较差。由于评估房地产的质量和价值需要一定的时间,其销售过程复杂且交易成本较高,通常它很难迅速无损地转换为现金。

单元2 房地产业在国民经济中的作用和地位

一、房地产业的定义

房地产业是指从事房地产开发、经营、管理和服务等各类经济活动的行业,是国民经济中具有生产与服务两种职能的独立产业部门。它体现了房地产经营活动中各种参与者之间的经济关系。其中,开发是基础,经营是开发的产品得以实现的过程,而管理和服务是保证开发和经营顺利实施的手段。

我国三个产业的具体划分范围是:第一产业包括农、林、牧、渔业;第二产业包括采矿业,制造业,电力、热力、燃气及水的生产和供应业,建筑业;第三产业包括除第一、

第二产业外的其他行业。

房地产业在世界上早已产生，只是各国的叫法各不相同，但房地产业都被作为一个独立的产业部门划入第三产业。

知识链接

房地产业具有第三产业的产业特产

（1）房地产的投资开发活动，主要从事的是自愿的整合、组织和管理等服务活动，并不直接建造房屋本身，土地开发、规划设计和房屋建造，则是委托给设计院和建筑公司承担的，房地产开发公司是为房地产商品的生产服务的。

（2）房地产销售经营活动，直接从属于流通领域，而流通行业理应划归第三产业。

（3）房地产业中的一些分支行业，如房地产中介服务业、房地产金融业和物业管理等服务行业，更是第三产业的直接组成部分。

二、房地产业的基本特点

房地产业作为一个独立的产业部门，有其自身的产业特点，可概括为以下几点。

1. 统一性和系统性

一般地，生产商品的产业部门把商品生产出来，通常就完成了本产业的任务，其后交由商业部门去经销，就转入了另一个产业——商业的范围。而房地产的生产、流通、经营、消费直至服务管理的全过程都属于房地产业的范畴，这与其他产业不同。房地产开发的全过程是一项系统工程，每个环节都影响着房地产开发的经济效益、社会效益和环境效益。

2. 基础性

房地产既是生活资料，又是生产资料。人们的生产、生活、各行各业的存在和运转都离不开栖身之地和庇护场所。房地产业连同建筑业，是国民经济的基础，其地位仅次于为人类提供衣食之源的农业。因此，房地产既是人们生活的重要基础条件，也是社会经济发展的重要基础条件，对于整个社会的重要性是显而易见的。

3. 先导性

由基础性必然引出先导性，房地产业与建筑业、林业、材料工业、金融业、自来水生产供应业、交通运输业、邮电业、煤气生产供应业、商业、服务业等行业有着密切的关系。房地产业的发展可以带动这些行业的发展，这意味着各行各业的再生产和扩大再生产都要以房地产业的发展为前提条件。同时，房地产业的发展也依赖于这些行业的发展。基于这个原因，要发展社会经济和改善人民的生活，必须超前发展房地产业。

4. 高依赖性

随着生产社会化的发展，每个行业都成为社会经济密不可分的组成部分，互相依赖、互相促进，房地产业也具有这样的关联作用。一方面，房地产的高值性往往要求在开发、购置上投入巨额资金，仅仅依靠自有资金就难免捉襟见肘、步履维艰，从而出现对金融业不同程度的依赖性；另一方面，国际、国内金融市场上往往有大量游资寻求用武之地，二者可以有效结合。

5. 高风险性

风险即遭受损失的可能性，任何投资都有风险。房地产业是一个风险性较大的产业，同时也是一个高利润的产业。一般地，当社会经济兴旺发展时，房地产业就更为兴旺，其利润要高于社会平均利润；而当经济萧条时，房地产业就可能出现大幅度的亏损，甚至导致许多房地产机构倒闭。所以，房地产投资者应加强风险意识，谨慎地从事房地产业。

6. 预警性

许多专家把房地产业比喻为"市场经济的寒暑表"或"社会经济的晴雨表"。它不但灵敏度很高，而且准确性也很高，主要表现是：在国民经济走向繁荣发展之前，它往往会率先超前发展；当国民经济在发生衰退和萧条之前，它往往最先受到冲击。因此具有明显的预警作用。

三、房地产业在国民经济中的作用

（1）房地产业为国民经济发展提供重要的物质基础。房地产是国民经济发展的基本生产要素，房地产业开发经营的厂房、仓库、商场、写字楼、酒店、学校、医院、体育场馆、娱乐场所等，是社会进行政治、经济和文化活动的基础。房地产业开发经营的住宅作为人类基本生活条件(衣、食、住、行)之一，其发展对于提高人们的物质生活和精神生活质量、调动人们的工作积极性、促进社会的安定等具有重要的作用。

（2）房地产业的发展能带动其他相关产业的发展。房地产商品的生产、流通、消费过程中需要大量的物资和资金，与许多产业部门都存在着比较密切的关系。因此，房地产业的振兴和发展，势必带动众多相关产业的发展。房地产的开发需要消耗巨额的材料和设备，直接带动建筑业、建材业、钢铁业、机械制造业和交通运输业等产业的发展；房地产投入使用后，能够继续带动家具、家电、化工、轻工等相关产业的发展。

（3）房地产业的发展有利于深化住房制度的改革，调整消费结构。过去很长一段时期，我国采取福利分配住房和低房租政策，人们的居住消费水平一直处于较低水平。随着我国住房制度改革的进一步深化和人民生活水平的提高，人们对住房的需求显著提高。大力发展房地产业，将有利于人们改善居住条件，创造安逸舒适的生产、生活环境。

（4）房地产业的发展有利于推进城市的综合开发。为了解决分散建设产生的弊端，我国提出实行"综合开发，配套建设"的方针，房地产业复苏后，由房地产业统筹安排，保证这一方针的贯彻实施。改革开放以来我国城市综合开发率的不断提高就是有力的证明。

（5）房地产业的发展有利于扩大城乡就业。房地产业中既有资金密集型、技术密集型和知识密集型产业，又有劳动力密集型产业，本身的就业容量大，再加上能带动其他相关产业的繁荣，从而在促进就业方面具有显著的作用。

（6）房地产业的发展有利于改善投资环境。改革开放以来，各个城市为了吸引国内外的投资者到当地来投资，都大力进行了基础设施建设、相应的生产和生活设施的建设，做到了交通流畅、信息灵敏、保证供给、方便生活。在这些改善投资环境的举措中，相当大的比重是通过房地产业来完成的。

（7）房地产业是发展第三产业的突破口。第三产业通常包括：批发与零售业、交通运输、餐饮、通信、物流等流通领域；金融、保险、旅游、房地产等服务于生产生活

领域；教育、文化、科研、卫生等服务于文化水平领域；国家机关、社会团体等公务事业四个层次。目前，我国经济结构中第三产业所占51%左右，还低于发达国家70%的水平。而房地产业的发展将有力地带动其他第三产业的发展，其发展有利于第三产业取得新的突破。

另外，房地产业的发展有利于政府增加财税收入。房地产业是高附加值、高回报率的产业，它的利润要高于社会平均利润。在房地产开发和销售时，政府可以采取适当的立法措施和有效的运作，把政府应得的土地收益和合理税费收回来。再者，房地产是一种使用年限很长的商品，从投入使用到使用期完结的一个长时期内，可以多次进入市场买卖或租赁，政府通过交易税、租赁税、契税、财产税、遗产税等税种，又可以连续不断地取得大量的税收。

四、房地产业在国民经济中的地位

房地产业与国民经济有着密切的联系，两者相互依存、相互促进。一方面，房地产业的发展受到国民经济的制约，国民经济发展水平决定着房地产业的发展水平；另一方面，房地产业的发展又能促进国民经济的持续、快速、健康发展。因此，房地产业在国民经济中占有重要的地位。

1. 房地产业属于基础性产业

房地产业是国民经济的基本承载体，在许多经济发达的国家和地区，房地产业已成为经济繁荣的基本支撑点，是为生产乃至整个社会活动提供基础性条件的重要产业。在社会经济生活中，房地产业提供的产品和劳务兼有基础性的生活资料与生产资料的双重性质。一方面，房地产业开发的住宅是人们满足居住需要的最基本的生活资料；另一方面，房地产业开发的厂房、商铺、办公用房等又是满足生产经营需要的重要生产资料。

2. 房地产业发挥着先导性产业的作用

房地产业是产业链长、关联度大的产业，能够直接或间接地引导和影响相关产业的发展。例如，房地产业的发展直接为建筑业开拓市场、筹集资金、促进其资金的周转；直接或间接地带动了建材、冶金、化工、机械等产业的发展；吸引金融业的投资，推动金融业的发展。

3. 房地产业具有支柱产业的特征

我国已经进入工业化发展的加速时期，工业化和城镇化还有相当可观的空间，这一阶段是房地产业作为支柱产业的形成时期。各行各业的发展需要房地产业的快速发展，房地产业的发展也将为经济的发展起到巨大的推动作用。

特别提示

房地产业会带动其他相关产业的发展，有效推动当地经济增长。但是一个地区或国家的经济要获得持续、健康发展，依赖于房地产业是不可能的，美国爆发的次贷危机及日本房地产行业泡沫的破灭已充分说明这一点。我国要完成第二个百年发展战略，单纯依靠房地产行业带动其相关产业发展，传统的粗放型经济发展模式不可能转变为集约型

经济发展模式，大力发展战略性新兴产业就无从谈起，实现产业结构优化升级最终会是一纸空文。

单元3　房地产经济学的研究对象、内容与方法

一、房地产经济学的学科性质

房地产经济学是一门应用经济学。房地产经济学同农业经济学、工业经济学、建筑经济学、商业经济学等相同，是应用经济学中一门独立的学科，也可以说它们是产业经济学的组成部分。应用经济学原理研究房地产及房地产业的基本运行规律，解决房地产和房地产业相关问题是其应用经济学性质的具体表现。但是，在房地产经济学中也有很多理论经济学或政治经济学所涉及的问题，如地租理论等。因此，房地产经济学在某些方面又有理论经济学的属性。

房地产经济学既是理论性经济学科，又是应用性很强的经济学科，也是一门综合性的涉及房地产经济运行全过程的基础理论学科。房地产经济学科又可分为许多子学科，如房地产经营管理、房地产价格评估、房地产营销、房地产金融、房地产法、物业管理等，这些房地产经济子学科都要以房地产经济学作为理论基础。

房地产经济学是把房地产业同国民经济紧密联系的桥梁。房地产经济学中房地产业同国民经济关系的理论将房地产业纳入整个国民经济中研究，使房地产业研究同整个国民经济联系在一起，有利于正确地认识房地产业在国民经济中的地位，房地产业对国民经济的影响、带动作用和阻碍作用等，是促进房地产业带动国民经济并同国民经济协调发展的重要理论基础。

二、房地产经济学的研究对象

房地产经济学是研究房地产资源合理利用和有效配置基本经济理论和房地产经济活动运行规律的经济学科，在整个房地产专业学科体系中处于先导和基础的地位。房地产经济学的这一基本属性决定了其学科特点与性质，也决定了房地产经济学特定的研究对象。

房地产经济学的研究对象主要体现在以下两个方面：

（1）房地产经济学是一门研究房地产经济运行规律及其表现形式的学科。房地产经济作为国民经济的有机组成部分，同样要遵循一般经济运行的客观规律，如价值规律、供求规律、竞争规律及社会主义经济规律等；同时，又由于房地产业的行业特点，其经济运行又具有一定的特殊性，房地产经济学重点要揭示房地产经济运行的特殊规律，如土地区位分布规律、城市地租规律、房地产价格规律、房地产市场供求规律和房地产经济波动规律等。经济规律是理论上的抽象概括，必然通过一定的经济现象表现出来，因此，在揭示房地产

经济运行规律时，也要重视它的表现形式，理论研究的任务就在于透过现象看本质，探索经济现象之间的本质联系及其互相制约的关系，找到隐藏其中的客观规律，预测其发展趋势。

任何一种经济关系，本质上都是物质利益关系。在房地产经济活动中，涉及开发商、营销商、中介服务企业和消费单位、消费者个人等多方面的复杂的利益关系，追求经济利益是各种市场主体从事经济活动的主要动因。所以，房地产经济学要研究房地产再生产过程中所体现的各种经济利益关系，协调各方面的物质利益，促使房地产经济健康运行。

(2)房地产经济学是一门研究房地产资源配置效率的学科。提高资源配置效率是房地产经济运行的根本目的。土地和房屋都是有限的稀缺资源，特别是土地，既是自然资源，又是经济资源，更是稀缺资源，而在房地产开发建设中还要运用建筑材料、装饰材料、劳动力、技术、信息等多种资源。如何充分利用房地产资源，提高资源配置效率，满足经济发展和人们生活的需要，便成为房地产经济学研究的主题。在社会主义市场经济条件下，市场机制发挥着资源配置的基础性作用，因此，房地产经济学同样要研究健全和完善市场机制问题以及宏观调控问题，努力实现房地产资源配置的高效率。

归根到底，房地产经济运行的最终目的是提高资源配置效率，促进生产力发展，更好地满足人们的需要。因此，研究房地产经济运行规律与研究房地产资源配置效率是一致的，两者共同构成房地产经济学的研究对象。

三、房地产经济学的研究内容

(1)阐明房地产经济学的研究范畴，即"房地产"和"房地产业"的内涵，明确房地产经济学的研究对象、研究内容和研究方法。

(2)阐明房地产经济学的基本理论，包括地租理论、区位理论、土地价格理论、供求理论、房地产产权理论、房地产市场周期理论等。

(3)阐明房地产市场运作和房地产经济运行的机制，包括房地产开发经营过程中房地产投资决策、房地产开发、房地产经营、房地产物业管理服务、房地产市场、房地产价格、房地产金融等之间相互联系和相互制约的允许机制。

(4)阐明房地产经济运行所受各类制度和政策的影响，包括土地制度、住房制度、房地产产权制度及相关的金融、税收、价格和市场等政策法规。

四、房地产经济学的研究方法

房地产经济学作为经济学的一个分支，其研究方法应沿袭一般的经济学研究方法，即注重理论分析与实证分析、宏观分析与微观分析、定性分析与定量分析相结合等，这是房地产经济学研究方法的一般要求。

(1)理论分析与实证分析相结合。房地产具有很强的实践性和操作性，房地产经济学的研究要从对事物表象的观察入手，再从理论上分析事物产生的原因和后果，并找出解决问题的建议，在此基础上，进一步应用经济学、数量科学、系统科学等原理，对某一具体问

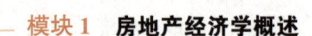

题进行实证分析，为房地产开发与经营提供决策依据。这是房地产经济学理论联系实际的基本方法。对土地利用效益进行评价、对土地最佳开发利用方式进行可行性分析、对房地产周期进行分析等，不仅是对房地产经济理论的进一步认证，也为指导实践提供了具体的方法和措施，使理论与实践更为紧密地结合在一起。

(2)宏观分析与微观分析相结合。对房地产经济运行的宏观分析和微观分析也是相互联系的，虽然侧重点不同，即宏观分析侧重于从整个社会或国民经济总体上研究房地产的问题，微观分析则从房地产业的具体活动进行分析，两者是相互影响、不可分割的。根据国民经济发展的要求，调整房地产业的发展规模与速度，有利于促进国民经济的发展；同样，在制定房地产发展规划时，也要充分考虑社会、经济、生态环境的限制与要求，促进房地产业的良性发展。

(3)定性分析与定量分析相结合。定性分析是找出事物的本质及其内在的必然联系，揭示房地产经济关系的规律；定量分析是指对事物的数量、比例及其变化趋势的分析。在房地产经济领域和房地产经济的发展过程中，存在着大量的未知物和未知量，这就要求在对房地产经济进行质的研究时，也需要进行量的刻画。定量分析已越来越受到经济学的重视，随着计算机技术的提高，信息、资料的不断积累和丰富，以及数学模型的广泛应用，对房地产经济问题在定性的基础上进行定量分析，已显得十分重要。

模块小结

　　房地产是房产和地产的统称，即房屋和土地两种财产的总称，包括建筑在土地上的各种房屋与一切未经人类劳动投入开发的土地和经过开发利用的土地，以及与房屋、土地有关的权益。房地产业是指从事房地产投资、开发、经营、物业管理和房屋中介服务的总称。房地产业属于第三产业。房地产业与国民经济有着密切的联系，两者相互依存、相互促进。房地产经济学是研究房地产资源合理利用和有效配置基本经济理论与房地产经济活动运行规律的经济学科，在整个房地产专业学科体系中处于先导和基础的地位。房地产经济学作为经济学的一个分支，其研究方法应沿袭一般的经济学研究方法，即注重理论分析与实证分析、宏观分析与微观分析、定性分析与定量分析相结合等，这是房地产经济学研究方法的一般要求。

模块习题

一、填空题

1. 房地产是指_____和_____的结合体及其_____的总和。
2. 房地产业是指从事房地产_____、_____、_____、_____和_____的总称。
3. 房地产业属于第_____产业。

4. 房地产经济学主要是研究房地产_____、房地产_____和房地产_____的学科。

二、多项选择题

1. 按开发程序分类，房地产可分为（   ）。
   A. 土地　　　　　　B. 在建工程　　　　　C. 现房　　　　　　D. 居住房地产
   E. 非居住房地产
2. 下列属于房地产特征的是（   ）。
   A. 位置固定性　　　　　　　　　　　　　B. 不易受周围环境影响
   C. 投资流动性好　　　　　　　　　　　　D. 异质性
   E. 保值增值性
3. 下列属于房地产业的基本特点的是（   ）。
   A. 低依赖性　　　　　B. 预警性　　　　　C. 基础性　　　　　D. 先导性
   E. 高风险性

三、简答题

1. 简述房地产定义的三层含义。
2. 简述房地产业在国民经济中的地位。
3. 房地产经济学的研究对象主要体现在哪些方面？
4. 简述房地产经济学的研究方法。

模块 2 房地产供求关系

学习目标

通过本模块的学习，了解房地产需求函数、需求曲线及需求弹性，房地产供给函数、供给曲线及供给弹性；熟悉房地产供求均衡；掌握房地产需求的内涵、特点及影响因素，房地产供给的内涵、特点及影响因素。

能力目标

能够开展房地产市场需求分析；能够开展房地产市场供给分析。

房地产市场的供求关系是一个阶段商品房供求状况的客观反映，是经济社会发展水平的真实体现，它受到多种因素的影响，同时也引导着资金和其他房地产开发要素的流向。

单元 1 房地产市场需求

马克思曾经指出，没有需求，就没有生产。一般来说，需求是指在一个特定的时期内，居民或企业在每个可能的价格水平下愿意而且能够购买的商品的数量。

一、房地产需求的内涵和特点

房地产需求是房地产生产的出发点，是房地产供给的依据和归宿。没有房地产需求，就没有房地产市场的价格、供应、资金运作乃至整个市场。需求规模、水平、速度和结构的变动，预示和推动着房地产供给的变化，并影响房地产的交易价格、资金周转、市场要素及市场本身的变化。

1. 房地产需求的内涵

房地产需求是指房地产需求者在特定的时间内、在一定的价格水平上，愿意购买而且

能够购买的房地产商品的数量。购买房地产的欲望和购买房地产的能力对形成房地产的需求缺一不可。

准确理解房地产的需求应该把握以下几点：

(1) 要区分房地产的个别需求和房地产的市场需求。房地产的个别需求是指在一定时期内、在一定的价格水平上，单个居民、家庭或企业对房地产商品的购买数量。房地产的市场需求是指在某一市场区域内，市场主体对房地产商品的所有个别需求的总和。房地产的市场需求是分析特定地区或国家房地产市场的基础。

(2) 要区分房地产的有效需求和房地产的潜在需求。房地产的有效需求是有支付能力的房地产需求，体现投资者对房地产的现实购买力。房地产的潜在需求则是指按目前社会一般生活水平计算的投资者对房地产商品应有的需求量，即过去和现在尚未转变为实际的、但在未来可能转变为实际的房地产购买力的需求。潜在需求显然不能作为提供房地产现实供给的根据，但它对规划未来房地产开发规模和投资决策具有重要的意义。

(3) 要区分不同类型的房地产需求。房地产需求是多种多样的，根据其需求的性质大致可分为生产性需求、自住性需求和投资性需求三种类型。生产性需求是指物质生产部门和服务部门为满足生产经营需要而形成的对房地产商品的需求，如对工厂的厂房、商店的商铺、办公用房、服务行业用房及其他生产经营性用房等的需求。自住性需求是由人们的居住需要而形成的房地产需求，主要是指住宅房地产需求，其需求的主体是居民家庭。投资性需求是指人们购置房地产不是为了直接生产和消费，而是作为一种价值形式储存，在合适的时候再出售或出租，以达到财产保值、增值的目的。投资性需求可分为长期的出租用需求、短期的投机需求和相机行事的混合需求三种，它本质上属于获利性的投资行为，其中房屋转售是为了获取差价收入，房屋出租是为了获得租金收入。

特别提示

房地产投资性需求的作用具有双重性：一方面，房地产投资性需求是市场经济的润滑剂，有利于促进房地产市场繁荣，特别是在供过于求的情景下，投资性购房能够扩大需求，活跃市场，有助于保持供求平衡，这种积极作用正是投资性需求得以长期存在的缘由。另一方面，房地产投资性需求也有可能产生某些消极作用。例如，过度投机可能增加房地产市场需求的水分和泡沫，造成需求旺盛的假象，从而加剧房地产供求的失衡。所以，在保护投资性需求积极作用的同时，应采取适当的政策措施（如物业税或资本利得税调节），限制其消极作用，在必要时还可制定法律法规加以限制。

2. 房地产需求的特点

由于房地产的特性与一般商品不同，因此，房地产需求也具有与一般商品需求不同的显著特点，主要表现在以下几个方面：

(1) 需求的区域性。房地产的区域性是由其位置的不可移动性决定的。一个城市的房地产需求大部分来自这个城市的居民及常住居民。城市越小，人口的流动性越差，区域性的特征就更加明显。同一城市的不同地段，即使是同样的房地产，由于地段不同，其需求也

有很大的差异性，特别是商业用房和服务用房。如在城市黄金地段上，即使价格高，需求也很旺；在偏远地段上，即使价格较低，其需求仍然较少。

(2) 需求的层次性。按照著名心理学家马斯洛的观点，人的需要具有层次性，按层次高低可分为生存需求、生理需求和社会需求及享受和自我实现需求。人们对于房地产的需求符合马斯洛的需求层次理论。具体而言，随着社会经济的发展和人们收入水平的不断提高，以及社会各个层次居民支付能力的不同，人们对房地产的需求也呈现出层次性。如低收入阶层以满足基本的居住需求为目标，更偏好实用、价格较低的房地产；高收入阶层不仅要满足基本生活的需求，而且追求美观、舒适和享受的需求，更偏好别墅类高档住宅。

(3) 需求的连续性和间断性。从整个社会发展的连续性来看，只要社会还在发展中，那么房地产需求就不可能停止，房地产需求也就在这种承袭中得到很好的连续性。但不可否认的是，由于任何的事物都存在着生命周期的局限性，受战争、经济危机等各种因素的影响，房地产需求也有间断性。对于具体的房地产需求主体的居民或企业，由于消费心理和需求多样性特征的存在，在短期内产生房地产需求也是间断性的。

二、房地产需求的影响因素

一种商品的需求数量是由许多因素决定的，在市场经济条件下，有多种主客观因素影响房地产市场的需求。

1. 房地产价格

房地产商品与其他一般商品相同，价格和需求量之间存在着反方向变动的关系。即在其他条件不变的情况下，房地产价格提高，会限制投资者对房地产商品的需求量；反之，房地产价格下降，会促使投资者对房地产商品的需求量上升。

但由于房地产是与土地相联系的特殊商品，房地产价格对房地产需求的影响在实践中表现出复杂的关系。例如，在投机性需求占据房地产市场主导地位时，房地产需求与房地产价格之间反而会呈现出一种正向变动的关系，此时房地产市场会出现如股票市场一样的"买涨不买跌"现象。

2. 居民收入水平和消费结构

居民收入，尤其是居民的可支配收入是决定家庭一切需求的另一重要因素。房地产作为一种高价的耐用商品，需要投资者支付的资金数额十分巨大，要求投资者必须具有良好的资金存量或稳健的现金流。居民收入水平与房地产需求呈正方向变动的关系，从住宅需求的角度分析，在住房价格既定的前提下，居民收入水平的提高直接拉动居住投资和消费需求的增加。

居民收入水平的提高会促使居民的消费结构发生重大的质的变化，近年来，城镇居民居住消费在居民总消费中的比重稳定增长，这种变化导致我国城市房地产业的繁荣。

3. 国民经济发展水平与城市化水平

国际经验表明，一方面，在经济起飞时期，房地产业需要超前发展以提供固定资产支撑，如支持企业和经济组织对工业厂房、商铺和办公用房等需求的扩大；另一方面，因为在经济起飞阶段，国民收入和居民可支配收入增长加快，对房地产的生产性需求和消费性需求就必然会增大，从而房地产业不可能不发展。一般来说，房地产需求水平与国民经济发展水平呈现出一种正相关的关系，即一个国家或地区国民经济发展水平高，能够促使其

房地产的需求水平高,反之则相反;一个国家或地区某一时期国民经济发展速度快,这个时期房地产需求增长也比较快,反之则相反。

城市化是目前我国房地产业发展最大的内在动力。与城市人口增长相伴的城市化进程的加快发展,必将带动我国整个房地产需求的飞速增长乃至实现质的突破。

4. 国家有关经济政策

房地产需求还受到国家有关经济政策的制约。国家的土地政策、财政政策、货币政策和产业政策,对房地产的生产性需求、消费性需求和投资性需求都会产生相当大的影响。

政策是国家对房地产业进行宏观调控的必要和直接手段,对房地产供求问题的平衡和结构优化有极强的控制调节作用。从宏观上讲,一个国家的国民经济发展必然会带来对写字楼、商业营业用房、工业厂房等生产经营性和服务性房地产需求的增加。同时,国家的产业发展政策也决定着房地产业在整个国民经济中的地位及与其他相关产业发展的结构关系。与产业发展政策相关的财税、计划、金融、投资等政策措施,大体上框定了投资的总量、结构及流向,是投资约束机制和激励机制的重要组成部分。另外,国家也可以通过调节生产性需求的价格、税收、利息率和折旧率等,鼓励或限制着微观经济组织的投资行为。在这中间,货币金融政策和利率是影响生产性需求最重要、最有力的杠杆。

5. 投资者对未来的预期

需求者的投资决策行为及消费决策行为都是受现实的或潜在的需要影响的。但同时,这种需求也受到了外部环境的刺激。外部的环境会影响现实支付能力的即刻实现性。如果投资者预期未来经济形势不好,收入就随之下降,那么,目前市场对土地的需求量和可作为投资的房地产的需求量就会减少,购买意愿下降,更多的购买者会选择持币,而不是购买,更多的潜在需求便难以转化为现实需求。反之,如果预期未来经济形势较好,收入增加,投资者待经济回升后可获得更多的超额利润,投资者的购买意愿上升,会有更多的购买者选择购买而不是持币,更多的潜在的需求转化为现实需求,刺激土地和房地产需求。

6. 城市人口数量和家庭结构

目前发展经济学的理论一致认为,城市人口的自然量和机械增长量及人口平均增长速度,与房地产需求量的增长有着直接的相关性,是影响房地产需求的重要因素之一。

从微观层面来看,家庭人口结构也在发生微妙的变化,家庭结构是影响住房需求的重要因素。家庭规模越小,人均消费面积越大。即使是两口之家,也需要厨房、客厅、厕所及过道等。因此,即使人口总量不变,小规模家庭的大量出现也会引起住宅需求的增加。

7. 生活方式的变化

社会学意义的生活方式指的是在一定的历史时期与社会条件下,一个人(或团体)的生活模式。其中,包括社会关系模式、消费模式、娱乐模式和穿着模式等各个方面。社会关系模式的转变带动了房地产需求的增加,其中表现比较显著的是婚姻关系及核心家庭人口数量等方面的变化;赡养老人等方面社会关系的转变;跨地域公司及从业等影响房地产需求。另外,譬如教育等资源的紧张带来学区房需求上涨等也反映了生活方式变化对房地产需求的影响。类似的情况还有很多,所有这些生活方式的变化都对住房市场产生了不同程度的影响,这些影响叠合在一起可能比城市化对住房市场的影响还要大。

8. 其他因素

影响房地产需求的因素还有人口素质、政治与社会稳定状况、国际环境等。随着人口

素质的提高，人们对房地产的投资与消费观念不断改变，可能增加对房地产质量的要求和数量的需求，使房地产价格趋升。政治安定状况、社会治安程度等也影响房地产市场需求。政治安定状况是指政权的稳定程度，政治生活不安定、社会动荡、房地产需求就会下跌。社会治安情况主要是指社会各种犯罪情况。社会治安状况较好，房地产的需求规模就大，否则房地产的需求规模就小。国际环境主要包括国际政治环境和国际经济环境。世界经济运行状况良好，大量外资涌入国内房地产市场，都会引起房价的上涨；同样国与国之间的政治对立、经济封锁甚至军事冲突等则可能导致房地产需求的下降。

三、房地产需求函数与需求曲线

一种商品的需求量可以看成是所有影响该商品需求量的因素的函数，可以用需求函数来表示房地产的需求数量和影响该需求数量的各种因素之间的相互关系。也就是说，影响需求数量的各个因素是自变量，需求数量是因变量，房地产的需求量是所有影响房地产需求因素的函数，即

$$Q_d = f(P, I, R, G, C, W, E, F, L, \cdots\cdots) \qquad (2.1)$$

式中　Q_d——房地产在一定时期市场需求量；

　　　P——房地产价格；

　　　I——购买者的收入；

　　　R——购买者的偏好；

　　　G——社会经济发展水平；

　　　C——城市化水平；

　　　W——政策因素；

　　　E——购买者的预期；

　　　F——人口及家庭结构的变化；

　　　L——生活方式的变化；

　　　"……"——其他因素的影响。

一般来说，如果对影响房地产需求量的所有因素同时进行分析，这就会使房地产需求问题变得复杂。由于房地产价格是决定房地产需求量的最基本因素，所以，假定其他因素保持不变，仅分析房地产价格对房地产需求量的影响，即把房地产需求量仅看成是房地产价格的函数，于是，房地产需求函数就可以表示为

$$Q_d = f(P) \qquad (2.2)$$

房地产需求函数表示房地产需求量和房地产价格之间存在着逻辑上的一一对应关系。当房地产价格下降时，房地产需求量就会增加；而当其价格上升时，房地产需求量就会下降。把这种关系表现在直角坐标系上，就是房地产需求曲线，如图2-1所示。

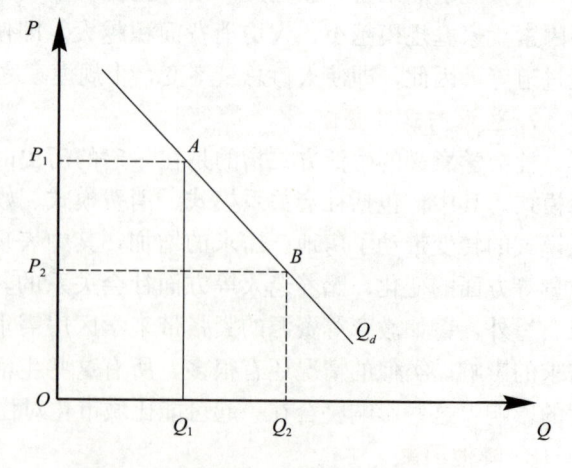

图2-1　房地产市场的需求及其需求曲线

图 2-1 所示的房地产需求曲线具有一个明显的特征,即它是向右下方倾斜的,斜率为负值。它表示房地产的价格和房地产需求量之间呈反方向变动的关系。

四、房地产需求的弹性

对影响房地产需求的各种因素作了定性分析后,还有必要进行定量分析,即考察房地产价格和收入变动因素对房地产需求的影响程度。

1. 房地产需求的价格弹性

根据经济学的一般原理,房地产需求的价格弹性是指在一定时期内,房地产需求量的相对变动对于房地产价格相对变动的反应程度,它是房地产商品需求量变动率与房地产价格变动率之比。用公式表示为

$$E_d = (\Delta Q/Q)/(\Delta P/P) = (\Delta Q/\Delta P) \times (P/Q) \tag{2.3}$$

式中 E_d——房地产需求的价格弹性系数;

p——房地产价格;

ΔP——房地产价格变动量;

Q——房地产需求量;

ΔQ——房地产需求的变动量。

由于通常房地产价格与房地产需求量反方向变动,所以房地产需求的收入弹性系数应为负值,即 $E_d < 0$。

从一般意义上讲,由于房地产的区位条件至关重要,又难以替代,所以当房地产价格在一定幅度内变动时,房地产需求是缺乏价格弹性的。根据国外经验,当住宅售价相当于住户收入的 3~6 倍时,房地产需求缺乏价格弹性;但当房地产价格超过一定幅度而继续上涨时,房地产需求的价格弹性会变大。这是因为房地产是耐用品,并且具有一定的容纳弹性,因此当价格偏高时,居民和企业会紧缩正常需求量,导致住房需求量减少。

2. 房地产需求的收入弹性

如前所述,房地产需求量。与居民人均可支配收入 M 呈正相关关系,人均可支配收入的变动对房地产需求量变动的影响程度可以用房地产需求的收入弹性来表示。房地产需求的收入弹性是指收入变动的比率所引起的房地产需求量变动的比率,它反映了房地产需求量变动对收入变动的程度。用公式表示为

$$E_m = (\Delta Q/Q)/(\Delta M/M) = (\Delta Q/\Delta M) \times (M/Q) \tag{2.4}$$

式中 E_m——房地产需求的价格弹性系数;

M——可支配收入;

ΔM——可支配收入变动量;

Q——房地产需求量;

ΔQ——房地产需求的变动量。

由于居民的可支配收入与房地产需求量同方向变动,所以房地产需求的收入弹性系数应为正值,即 $E_m > 0$。

不同的房地产商品,其需求的收入弹性是不同的。例如,普通住宅面向广大工薪阶层,其需求的收入弹性较大;而高档别墅、高档商品住宅面向外商和高收入阶层,其需求的收

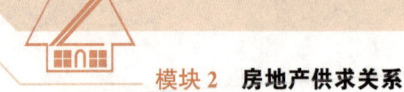

入弹性较小。但如果一个民族在居住方面攀比风气比较浓厚，则可能相反，所以，这个问题与居住文化和风气及社会发展阶段等都有关系。

单元2 房地产市场供给

一般来说，供给是指在一个特定的时期内，生产者在每个可能的价格水平下愿意而且能够提供的商品或劳务的数量。

一、房地产供给的内涵和特点

房地产市场上的均衡价格与均衡数量不是由房地产需求一种力量就能单方面影响的，而是由房地产市场的需求和供给两种力量共同决定的。

1. 房地产供给的内涵

房地产供给是指房地产商品生产者在特定的时间内，在一定的价格水平上，愿意提供而且能够提供的房地产商品的数量。生产者有供给能力而无供给欲望或生产者有供给欲望而无供给能力，都形成不了房地产供给，供给房地产的欲望和供给房地产的能力对形成房地产的供给缺一不可。

准确理解房地产的供给应该注意以下两点：

（1）要区分房地产的个别供给和房地产的市场供给。房地产的个别供给是指在一定时期内，在一定的价格水平上，单个房地产商品生产者对房地产商品的供给数量。房地产的市场供给是指在某一市场区域内，房地产商品生产者对房地产商品的所有个别供给的总和。房地产的市场供给是以房地产的个别供给为基础，经过数量加总而得到的每一价格水平下房地产商品的市场供给总量。房地产的市场供给也是分析特定国家或地区房地产市场的基础。

（2）要区分房地产的有效供给和房地产的潜在供给。有效供给就是适应需求的供给，它不仅要求供给总量的有效，而且要求供给结构的有效。在微观层面上，房地产市场的有效供给是指现实供给中符合投资者需求的正在（或即将实现）交换的那一部分房地产商品的供给量。房地产的现实供给不等于有效供给，如现实供给中有部分房地产因地段偏僻交通不便或因房型落后等难以实现销售，就不能称其为有效供给。在宏观经济上，房地产市场的有效供给是指房地产商品的总供给与总需求达到均衡时的总供给。

房地产的潜在供给则是指在一定制度条件下利用现有资源可能开发出的最大房地产供应量，是最大开发能力限制下的供应量。由于潜在房地产供给是一定时期内房地产供给的最大可能值，因此也称为房地产的边界供给。潜在供给是房地产有效供给的原始来源，但它不可能全部转化形成房地产有效供给，因为在现实中，总有一部分潜在供给会因为各种原因形成滞存。

2. 房地产供给的特点

与其他一般商品相比，房地产市场的供给具有一般性和特质性。

(1)一级市场的垄断性。我国实行的是土地公有制,土地的所有权不能买卖,在市场上转让的是土地的使用权。城市土地的所有权属国家所有,由各级政府具体行使,所以代表国家利益的各级政府就成了城市土地权市场的唯一供给主体,垄断了一级市场上土地的供给。同时,房地产二级市场尽管是自由流动的,但是由于规模壁垒等原因,每个城市的房地产商的数量也是有限的,因而也具有较高的垄断性。三级市场由于某些特殊的原因,也存在一定的垄断性。

知识链接

土地财政

土地财政,是指一些地方政府依靠出让土地使用权的收入来维持地方财政支出,属于基金预算收入,属于地方财政收入的一种。中国的"土地财政"主要是依靠增量土地创造财政收入,也就是说通过卖地的土地出让金来满足财政需求。

(2)土地供给呈刚性。土地的供给可分为自然供给和经济供给。自然供给是指自然界为人类所提供的天然土地,也就是地球供给人类的土地数量,是整个经济供给的最大储备量。土地的经济供给是指经过人类投入劳动进行开发以后,成为人类可直接用于生产、生活等的土地供给。由于城市土地的自然供给在相当长的时期内是一定的、无弹性的,是人类难以或无法增加的,而土地的经济供给是有弹性的、变化的。随着人类对土地利用的知识积累和技能的逐步提高,可利用的土地范围也会越来越广,原来不能被利用或不能被有效利用的土地,逐渐被有效地利用起来,使土地的经济供给增加。我国尽管土地辽阔,但人口众多,人均占地量较少,房地产土地的供应量十分有限。所以,在适当增加房地产开发用地供应的同时,也要推进城市化进程,提高土地集约利用水平。

(3)房地产投资具有较大的风险性。房地产作为一种商品,不仅投入价值相当大,而且建设周期很长,一般需要在一年以上,有的甚至需要数年。这就决定了房地产供给有一定的滞后性,也意味着市场中的不确定性增加。滞后时间越长,不确定性越大,房地产供应商不可避免地在市场中承担着风险,这种风险性导致了整个房地产市场供给存在结构性的不均衡。

(4)供给的短期价格弹性不充分。供给的短期价格弹性不充分的原因在于房屋建筑的周期较长,在短期内房地产的售价和租金上涨并不会导致房地产供给水平的迅速增长。房地产供给量常常取决于前一时期的价格水平,增量房地产的供应量是由房地产开发企业按当时价格水平所做的投资决策决定的。可供出租的存量房地产的供给量,其变化率对租金变化率的反应在短期内也是迟钝的。

二、房地产供给的影响因素

一种商品的供给数量取决于多种因素的影响,在市场经济下,影响和决定房地产供给的因素也是多方面的,主要有以下几个因素。

1. 房地产价格

房地产价格是影响房地产供给的首要因素。在成本既定的情况下,房地产价格的高低将决定房地产开发企业能否盈利和盈利多少。因此,当房地产价格低于某一特定水平时,

不会有房地产供给；只有高于该水平时，才会产生房地产供给。根据供给定律，房地产供给量与房地产价格之间存在正相关关系，即房地产供给量随着房地产价格的上升而增加，随房地产价格的降低而减少。

2. 房地产开发成本

房地产开发成本的高低，决定着开发利润的多寡。在房地产的开发过程中，开发商在这一过程中投入大量资金、劳动力、技术和其他生产要素，这些生产要素的价格发生变化势必影响开发成本的变化。如果相关生产要素，如土地的价格、建筑材料价格有所上升，房地产开发成本就会增加，在房价不变或增幅低于成本增幅时，开发利润势必下降，下一生产周期房地产的供给可能相对减少；反之，下一生产周期房地产的供给则有可能相对增加。再如，建筑能力和建筑技术水平的提高会促使房地产开发成本下降，从而在房价不变时增加房地产开发的利润，促使下一生产周期房地产供给相对增加。

3. 城市土地的供给数量

房地产商品的特性在很大程度上是由于土地的特殊性导致，因此，房地产的供给能力在很大程度上取决于土地供给数量的多少。土地供给数量的多少，一方面取决于自然条件；另一方面取决于经济因素。从自然条件来讲，我国是人多地少的国家，其可供利用的土地显然比较低。从经济因素来讲，一般来说，一个国家经济发展水平越高，特别是农业生产力越高，可以提供给城市使用的土地就越多。换而言之，城市土地的供给水平必须与经济发展，特别是农业发展水平相适应。

4. 房地产开发资金的供应量和利率

由于房地产的价值量大，因此，房地产的开发建设需要投入大量资金，这其中包括自有资金、贷款、利用外资等。若货币供应量紧缩，对企业的开发贷款减少，建设资金紧缺，就会导致房地产供给量下降；反之，当货币供应量扩张，对企业的开发贷款增加，建设资金充裕，则房地产供给量上升。同时，房地产开发贷款利率的高低也会对房地产供给带来重大影响。若银行的贷款利率提高，会增加利息成本，在销售价格不变的情况下势必减少利润，影响其开发积极性，导致供给量减少；反之则相反。所以，银行的信贷政策是调节房地产供给的重要工具。

5. 国家的相关政策

政府通过土地供应计划、财政金融、税收政策等相关政策都会影响房地产市场的供给。在计划中扩大土地供给量，地价就可能下降，房地产开发成本就可能减少，随后的房地产供给量就会增加；反之，房地产的供给量就减少。提高房地产业的税率，可以减少开发商的利润，降低房地产的供给；反之，会增加房地产的供给。财政补贴可看作是一种负税收，与税收的作用正好相反。另外，金融政策对房地产市场的供给也有重大影响。房地产业是资本密集型行业，需要大量的资金，这些资金不可能完全通过企业自身来解决，大部分的资金将通过金融市场来获得，国家通过对贷款的数量、投向、贷款利率等手段影响开发商的融资成本，进而影响房地产的供给。

6. 房地产开发商的理性预期

房地产开发商的理性预期包括对国民经济发展形势、通货膨胀率、房地产价格、房地产需求的预期，以及对国家房地产信贷政策、税收政策和产业政策的预期等。其核心问题

是房地产开发商对盈利水平即投资回报率的预期。房地产开发商对未来盈利水平的预期看好，认为房地产的投资回报率会上涨，就会增加房地产的供给；相反，就会减少房地产的供给。对房地产未来的预期一般是根据房地产行业发展周期来判断的。房地产的经济周期与宏观经济发展周期之间存在着相关性，房地产开发商往往以房地产经济波动周期为重要依据作出房地产开发项目的投资决策。

三、房地产供给函数与供给曲线

与房地产需求量相类似，房地产供给量也受到一系列因素的影响，其中主要的因素有房地产价格、房地产的开发成本、城市土地的供给数量、建筑材料的供给能力和建筑能力、房地产开发资金的供应量和利率、国际相关政策、房地产开发商的理性预期等。如同房地产需求函数，也可以用供给函数表示房地产的供给数量和影响该供给数量的各种因素之间的相互关系。考虑到如果对影响房地产供给量的所有因素同时进行分析会使房地产供给问题变得复杂，因此，为分析方便，假定其他因素均不发生变化，仅考虑房地产价格的变化对其供给量的影响，即把房地产的供给量只看成是房地产价格的函数，则房地产供给函数可以表示为

$$Q_s = f(P) \tag{2.5}$$

房地产供给函数表示房地产的供给量和价格之间存在着正相关的关系。当房地产价格下降时，供给量就会下降；而当其价格上升时，供给量就会上升，把这种关系表现在直角坐标系上，就是供给曲线，如图 2-2 所示。

如同房地产需求曲线一样，房地产供给曲线表现出向右上方倾斜的特征，即房地产供给曲线的斜率为正值，表示房地产价格和房地产供给量呈同方向变动的规律。

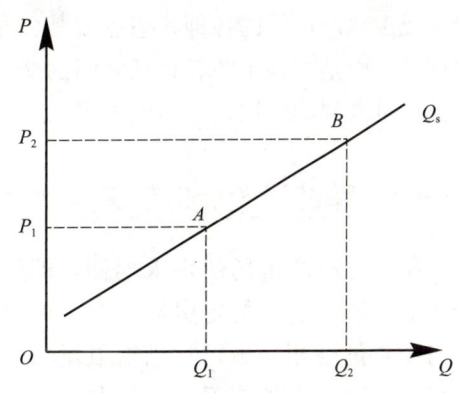

图 2-2 房地产市场的供给及其供给曲线

四、房地产供给的弹性

根据经济学原理，房地产供给弹性是指在一定时期内，房地产供给量的相对变动对于房地产价格相对变动的反应程度，它是房地产商品供给量变动率与房地产价格变动率之比。用公式表示为

$$E_s = (\Delta Q/Q)/(\Delta P/P) = (\Delta Q/\Delta P) \times (P/Q) \tag{2.6}$$

式中 E_s——房地产供给弹性系数；

p——房地产价格；

ΔP——房地产价格变动量；

Q——房地产供给量；

ΔQ——房地产供给变动量。

由于房地产价格与供给量同方向变动，所以房地产供给弹性系数应为正值。由于房地产开发周期较长，因此房地产供给弹性具有明显的时期性。

具体而言，在特短时期内，由于房地产生产要素和产品很难发生变化，因此房地产供给一般无弹性，即 $E_s=0$。在短期内，由于土地供给无弹性，土地供给不可能发生变化，而房地产可以通过可变要素的增减而改变其供给，但变动幅度不会很大，因此，房地产供给弹性较小，即 $0<E_s<1$，房地产供给曲线呈现出较为陡峭的状态。在长期内，由于土地供给具有一定的弹性，土地的供给量可以变动，而房地产的供给量变化也会更加明显，因此房地产的供给弹性会更大，房地产供给将富有弹性，即 $E_s>1$，房地产供给曲线也会呈现出较为平坦的状态。

以上三种情况是房地产供给弹性的一般规律，在特殊的情况下，也会出现一些特殊的现象。例如，当房地产需求低迷而价格下降时，弹性系数也变成负值，其绝对值或大或小，但这只是一种特例。

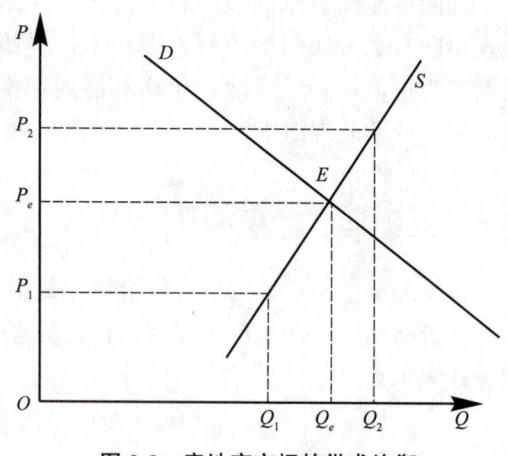

单元3　房地产市场的供求均衡

对于房地产市场的研究来说，单独分析需求与供给是不够充分的，因为这种分析不足以形成房地产市场的各种状态点及其分布。事实上，房地产市场需求和供给两个变量不是单列的，而是存在于两者相互之间的交叉效应。正是这种相互交叉的、非独立的需求机制和供给机制共同作用，才形成了房地产市场研究最重要的理论分析基石之一。

一、房地产市场的供求均衡状态

所谓房地产市场的供求均衡，即供给与需求的均衡状态，是指房地产商品的供给价格与需求价格相一致，且供给数量与需求数量相一致时的房地产经济运行状态。在该运行状态下，开发商愿意供给的房地产商品总量与购买者愿意需求的房地产商品总量正好相等，既不存在房地产商品短缺现象，也不存在房地产商品过剩现象。如果把房地产市场需求曲线和房地产市场供给曲线画在同一直角坐标系内，就得出了房地产市场的供求均衡点，如图2-3所示。

图2-3　房地产市场的供求均衡

房地产供给曲线 S 与房地产需求曲线 D 有一个交点 E，E 点就是房地产市场供求均衡的均衡点。在房地产价格发生变化时，房地产需求量和房地产供给量都会向 E 点移动。只有在 E 点上，房地产价格才是稳定的。房地产均衡价格表现为房地产市场上需求和供给这两种相反的力量共同作用的结果，它是在房地产市场供求力量的自发调节下形成的。当房地产价格偏离均衡价格时，房地产市场上会出现房地产需求量和房地产供给量不相等的非均衡的状态。

一般来说，在市场机制的作用下，这种供求不相等的非均衡状态会逐步消失，实际的房地产价格会自动地恢复到均衡时的房地产价格水平。当房地产价格 P_2 高于均衡价格 P_e 时，由于利润高，开发商愿意多开发房地产，会出现房地产供给量大于房地产需求量的过剩或超额供给状况，一方面会使房地产需求者降低房地产需求价格来得到需要购买的房地产商品量；另一方面又会使房地产供给者在下一轮生产周期中减少房地产的供给量。最终房地产商品的价格必然下降，一直下降到均衡价格水平。与此同时，随着房地产价格的下降，房地产需求量逐步增加，而利润的下滑则致使房地产供给量逐步减少，从而实现房地产市场的供求均衡。相反，当房地产价格 P_1 低于均衡价格 P_e 时，会出现房地产需求量大于房地产供给量的短缺或超额需求的市场状况，一方面，迫使房地产需求者提高房地产价格直到能买到需要购买的房地产商品量；另一方面，又使房地产供给者增加房地产的供给量。这样，房地产价格必然上升，一直上升到均衡价格水平。与此同时，随着房地产价格的上升，房地产的需求量逐步减少，房地产的供给量逐步增加，从而实现房地产市场的供求均衡。

当房地产的供给或需求发生变化，即增加或减少时，其均衡状态也会发生变化，表现为均衡价格、均衡数量的增加或减少，如图 2-4 所示。

从理论上讲，能够保持房地产价格稳定的只有一个均衡点 E，但在实际房地产市场中，除价格外的其他因素实际上也是处于不断变化之中，无时无刻不在影响着房地产市场供求关系的变化，从而导致房地产市场均衡的变化。

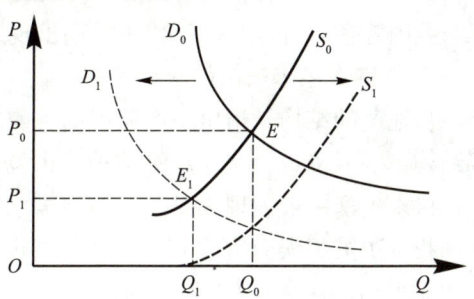

图 2-4　房地产市场均衡状态的变动

因此，房地产市场的供求关系也同其他商品市场的供求关系一样，均衡是暂时的，而不均衡却是普遍的。

二、房地产市场的供求失衡

由于房地产市场供求双方是动态变化着的，故房地产市场的供求非均衡状态是绝对的、普遍的，而它们的均衡状态是相对的、有条件的。房地产市场的供求非均衡，即供给与需求的失衡状态，是指房地产商品的供给价格与需求价格、供给数量与需求数量之间，或者有一对不一致，或者两对都不一致的经济运行状态。在该运行状态下，可能是开发商愿意供给的房地产商品总量与购买者需求的房地产商品总量不相等，既存在房地产商品短缺现象或房地产商品过剩现象；也可能是开发商愿意供给的房地产商品总量与购买者需求的房地产商品总量相等，但供给结构与需求结构失衡。

1. 短缺状态

总量性供不应求状态是指房地产市场中商品房供给总量小于需求总量的一种房地产供求格局，即房地产商品的短缺状态。一般在总量供不应求状态下，房地产市场处于卖方市场状态。其基本特征表现为商品房供应紧张，导致价格上升，投资者急于求购，处于被动地位，而供应商处于主动地位，产生惜售行为，甚至抬价出售。引起总量供不应求状态的主要原因可能是商品房开发供给能力的不足，或房地产市场需求的集中释放。一般来说，

一个国家或地区在人口仍然增长、城市化进程加快、家庭规模小型化及生活方式变革时期，需求上涨的速度都比较快，供应一般不足，价格上涨倾向明显。另外，房地产供应体制的不合理，也会造成体制性供不应求，如我国在住房制度改革前的住房福利化时期。

2. 过剩状态

总量供过于求状态是指房地产市场中商品房供给总量大于需求总量的一种房地产供求格局，即房地产商品的过剩状态。在总量供过于求状态下，房地产市场处于买方市场。其基本特征表现为投资者处于主动地位，有较多的挑选余地；商品房供过于求，引起房价下跌，开发商利润空间下降，实力较弱的开发企业甚至破产倒闭。在市场经济体制下，当微观经济层次盲目扩大投资，而宏观经济层次又缺乏有力调节时，总量供过于求的房地产市场非均衡状态最容易出现。有的国家城市化过程完成了，人口增长处于停滞甚至萎缩状态，这时房地产的供给可能存在过剩倾向，需求不振，房价不涨甚至微跌，欧洲有的老牌资本主义国家便存在这种情况。而在城市化过程中，这种情况一般只表现为短暂的、局部性情况。我国曾在20世纪90年代中后期出现过房地产市场总量供过于求的情况。

3. 结构性供求失衡的状态

房地产的结构是指房地产业内部各类物业及其相互之间的关系，也被称为房地产业内部结构。一般来说，房地产的结构从市场角度出发可分为供给结构和需求结构。因此，结构性供求失衡一般表现为供给结构与需求结构的不匹配。结构性供求失衡一般是由于供给方的投资决策失误而造成的，如有些城市房地产开发高档办公房、商业娱乐用房过多，住宅比重太小；住房开发中高档别墅太多，而普通住房太少等。这时，虽然总量上没有产生供过于求，但由于供求结构失衡，仍有一部分供给表现为"积压"，另一部分供给严重不足，因此，结构性失衡也会影响到供求总量平衡，造成资源的浪费。

拓展资料

中国房地产市场存在六大失衡

（1）土地供需失衡：一是建设用地在城镇、乡村之间配置失衡。2016年中国常住人均乡村、城镇建设用地分别为326平方米、119平方米，乡村是城镇的2.7倍。二是城镇用地在地区、城市之间配置失衡。分城市看，2006—2017年1 000万人以上城市城区人口增长34.1%，但建设用地仅增长6.1%，居住用地仅增长1.1%；20万人以下城市人口增长1.5%，建设用地增长19.8%，居住用地增长15.3%。人地分离、供需错配导致一二线高房价、三四线高库存。三是城镇建设用地在利用结构上配置失衡。2017年中国城镇居住用地比例为31.4%，明显低于美国的46.9%、日本的61.3%。

（2）房地产调控失衡：中国房地产调控重抑制需求轻增加供给，重短期调控轻长效机制，且信贷政策变动频繁。"调首付比例""限购"等需求端短期行政手段，误伤刚需，且松动后需求会反弹。2002—2018年的6轮调控，政策切换是应对风险的应急性选择，长效机制构建不足。2003—2018年累计动用全国性金融调控达12次，首付比例在20%～60%频繁变动，利率在基准利率7折到1.3倍间变动。2015年以来长效机制逐步推进，但限售、限价、限签等当下不合时宜的调控政策尚未修正，金融、土地、财税、住房保障等一揽子

长效管理机制有待建立。

（3）房地产与实体经济关系失衡：房地产一半是金融，一半是实体经济，2018年房地产及上下游行业增加值占GDP的23.1%。过去由于人地失衡、供求错配、货币超发等因素，房价快速上涨推高实体经济成本，吸引资金脱实向虚，金融属性超过实体属性。2009—2018年全国工业用地均价、新建商品住宅销售均价分别上涨1.4倍、1.9倍，一线城市二手房均价上涨4倍以上。2000—2018年中国住房市值年均增长15.7%，超过名义GDP的13%，住房市值与GDP的比例从234%增长到356%。近几年以房贷为主的居民部门杠杆率过快上升。2008—2018年中国居民杠杆率从17.9%升至52.6%，居民家庭债务收入比由31.0%增至86.9%。

（4）房地产收入结构失衡：2018年土地出让收入和房地产专项税相当于地方财政收入的34.4%，房地产收入重建设交易轻保有，存量房时代土地财政亟待转型。2017年中国土地出让收入和房地产相关税收中开发建设环节、交易环节和保有环节规模与地方财政收入的比例分别为31.6%、3.5%和2.3%。2015年OECD国家保有环节税收占GDP比重为1.1%，中国为0.6%，低于英国、加拿大、美国的3.1%、3%、2.6%。

（5）住房供给结构失衡：中国住房供给体系重销售轻租赁，保障房供给不连续，中等收入住房支持不够，多元主体供给型的住房体系尚未建立。2015年中国城镇居民买房、自建、租赁及其他比例为45∶34∶16∶5，租赁比例远低于德国、日本、英国、美国的55%、39%、37%、36%。中国多数保障房将非户籍及不符合保障房申请条件、但又买不起商品房的"夹心层"家庭排除在外，进入门槛较高，但退出门槛相对较低。

（6）住房占有失衡：最低10%的家庭仅使用不到3%的住房面积，而最高10%家庭使用约20%的住房面积。2010年，最低10%、20%城镇家庭户使用的住房面积占比分别为2.3%、6.2%，最高10%、20%城镇家庭户使用的住房面积占比分别为21.8%、39.4%；2015年小普查数据存在一定抽样问题，导致最低10%、20%城镇家庭户使用的住房面积占比分别升至为2.8%、7.2%，最高10%、20%城镇家庭户使用的住房面积占比分别明显降至19.6%、36.9%；最新情况有待2020年人口普查公布。

（资料来源：http：//www.china-cer.com.cn/hongguanjingji/202 004 143 737.html）

模块小结

房地产需求是指房地产需求者在特定的时间内、在一定的价格水平上，愿意购买而且能够购买的房地产商品的数量。形成房地产需求的两个必要条件是购买欲望与购买能力。市场经济条件下影响房地产市场需求的主客观因素主要包括房地产价格、居民收入水平及消费结构、国民经济发展水平及城市化水平、国家有关经济政策、投资者对未来的预期、城市人口数量和家庭结构、生活方式的变化等。房地产需求的价格弹性是指在一定时期内，房地产需求量的相对变动对于房地产价格相对变动的反应程度，它是房地产商品需求量变动率与房地产价格变动率之比。房地产需求的收入弹性是指收入变动的比率所引起的房地产需求量变动的比率，它反映了房地产需求量变动对收入变动的反应程度。房地产供给是指房地产商品生

模块 2　房地产供求关系

产者在特定的时间内、在一定的价格水平上，愿意而且能够提供的房地产商品的数量。形成房地产供给的两个必要条件是供给欲望和供给能力。市场经济下影响和决定房地产供给的因素主要是房地产价格、开发成本、城市土供给数量、开发资金的供应量和利率、国家的相关政策、开发商的理性预期等。房地产市场的供求均衡，即供给与需求的均衡状态，是指房地产商品的供给价格与需求价格相一致，且供给数量与需求数量相一致时的经济运行状态。房地产市场的供求非均衡，即供给与需求的失衡状态，是指房地产商品的供给价格与需求价格、供给数量与需求数量之间，或者有一对不一致，或者两对都不一致的经济运行状态。

模块习题

一、填空题

1. 房地产需求是指房地产需求者在特定的时间内、在一定的价格水平上，_____而且_____的房地产商品的数量。

2. 房地产供给是指房地产商品生产者在特定的时间内、在一定的价格水平上，_____而且_____的房地产商品的数量。

3. 房地产市场的供求均衡是指房地产商品的_____与_____相一致，且_____与需求数量相一致时的房地产经济运行状态。

二、多项选择题

1. 市场经济下影响和决定房地产供给的因素主要是(　　)以及国家的相关政策、开发商的理性预期等。

　　A. 房地产价格　　　　　　　　　　B. 开发成本
　　C. 城市土供给数量　　　　　　　　D. 开发资金的供应量和利率

2. 市场经济条件下影响房地产市场需求的主客观因素主要包括(　　)以及投资者对未来的预期、城市人口数量和家庭结构、生活方式的变化等。

　　A. 房地产价格　　　　　　　　　　B. 居民收入水平及消费结构
　　C. 国民经济发展水平及城市化水平　　D. 国家有关经济政策

3. 房地产市场的供求非均衡状态表现为(　　)等具体状态。

　　A. 总量供不应求　　B. 总量供过于求　　C. 结构供求失衡　　D. 区域供求失衡

三、简答题

1. 房地产需求的特点有哪些？
2. 影响房地产需求的因素包括哪些？
3. 分析说明房地产需求的价格弹性与收入弹性。
4. 房地产供给的特点有哪些？
5. 影响房地产供给的因素包括哪些？
6. 分析说明房地产的供给弹性。
7. 分析说明房地产的供求均衡。

模块 3　房地产市场

学习目标

通过本模块的学习，了解房地产市场的含义、分类、构成要素、特点、功能、地位和作用；掌握房地产市场体系结构和运行机制，房地产市场分析。

能力目标

能够对房地产进行分类分析；能够进行房地产市场分析。

单元 1　房地产市场概述

房地产市场是房地产经济运行的基础和依托，是社会主义市场体系的重要组成部分。由于房地产商品自身独特所具有的特点，房地产市场与一般商品市场相比，在结构体系、运行机制、交易对象、交易方式、供求关系、市场功能等方面都具有自己鲜明的特征。

一、房地产市场的含义

房地产市场是指房地产商品交换的领域和场所。房地产作为商品生产出来以后，必须通过流通领域进行市场交换，才能进入消费领域。从房地产再生产过程来看，房地产市场属于房地产流通领域。同时，房地产商品的交换又必须在一定的场所内进行，例如，在售楼处或房地产交易中心，买卖双方签订成交协议，办理相关手续。从这个意义上说，房地产市场也是房地产商品交易的场所。

简单地说，房地产市场是使房地产的买卖双方走到一起，并就某宗房地产的交易价格达成一致的任何安排，它同样包括一般市场的四重含义。与一般市场相同，房地产市场也是由买卖双方、房地产商品及价格等市场要素按一定的交易方式构成的。

更进一层说，房地产市场是指房地产商品一切交换和流通关系的总和。其内涵既包括土地、房产及相关劳务的交易行为，又包括土地所有权和使用权的有偿转让、房地产买卖交易及租赁、典当、抵押等各类经济活动。从经济关系分析，房地产市场是所有这些交换和流通关系的总和，体现了市场中的当事人之间错综复杂的经济利益关系。

房地产市场是房地产经济运行的载体，是整个国民经济市场体系中的重要组成部分，也是一个活跃的、具有显著特性的专门市场。在市场分类中，它在产品市场和要素市场都占有重要的地位。即住房作为人们必要的消费资料，在产品市场中占有极其重要的位置；土地和各类非居住用房——厂房、仓库、商店、写字楼、酒楼、宾馆等各种楼宇，是各行各业进行生产或经营活动所不可缺少的物质条件，在要素市场中占有举足轻重的位置。

二、房地产市场的分类

房地产市场与一般商品市场、金融市场、劳动力市场、技术市场等一样，是一个完整的市场体系中不可或缺的重要组成部分。同时，房地产市场本身又是一个相对独立的系统，有自己的体系结构。房地产市场体系可以从不同的角度进行划分。

1. 按市场运行层次划分

房地产市场常被划分为一级市场、二级市场、三级市场。但这种划分方式并不是统一的。有的将国家出让土地给房地产开发公司的土地出让（批租）市场作为一级房地产市场，将房地产开发公司与房地产消费者之间的房地产交易市场作为二级房地产市场，将房地产消费者之间的交易市场作为三级房地产市场。有的将商品房买卖作为一级市场，将旧房买卖作为二级市场，将房屋出租作为三级市场。

特别提示

按照层次来划分造成的不统一、不规范，给研究房地产市场问题带来了诸多不便和混乱。随着市场的成熟，除国家控制的土地出让市场外，房地产市场一律是统一的，无论交易人还是转手次数，都遵守相同的市场规律，而不再分级管理、分级开放。

2. 按市场交易客体划分

房地产市场可分为土地市场、房产市场、房地产金融市场和房地产中介服务市场等。房地产中介服务市场又包括房地产评估、房地产经纪、房地产咨询、房地产信息服务市场等。

3. 按用途划分

房地产市场可分为住宅市场、写字楼市场、商业楼房市场、工业厂房市场、仓库市场、特殊用途房地产市场。每一类又可以进一步细分，如住宅市场可细分为普通住宅市场、高级公寓市场、别墅市场等；写字楼市场可细分为高档写字楼市场、普通写字楼市场。

4. 按覆盖（影响）范围划分

房地产市场可以分为国际性、全国性、地方性房地产市场。不同类型房地产市场的覆盖（影响）空间范围是有差别的。一般来说，房地产的档次越高，市场空间范围就越大。例

如，别墅市场的影响范围就大于普通住宅市场。东京写字楼市场与上海写字楼市场，其市场需求都具有国际性，可以看作国际性房地产市场；北京王府井商业楼房与上海南京路商业楼房市场等，则可以看作全国性房地产市场。

5. 按发育程度划分

房地产市场可分为房地产萌芽市场、发育市场、成熟市场。衡量房地产市场发育程度的指标有城镇住房私有化率、居民家庭住房消费支出占总消费的比重、房价与家庭年收入的比值、房地产金融资产与国民生产总值的比值、私人投资占房地产市场总投资的比例、有偿使用土地面积占应该有偿使用土地面积的比例、年竣工商品住房面积占年竣工住房总面积的比例。

另外，还可以按交易对象划分为房屋土地实体交易市场，与房地产有关的资金、劳务、技术、信息等服务交易市场；按供货方式划分为现房市场、期房（楼花）市场；按权益让渡方式划分为买卖、租赁、抵押、典当、置换、联营、入股等类型房地产市场；按法律原则划分为合法房地产交易市场、非法房地产交易市场（隐形市场）；按供求状况划分为买方市场、卖方市场。

必须指出，在房地产经济运行过程中，房地产市场是一个有机整体。对房地产市场的划分，目的在于更全面地反映它，更深刻地认识它，为认识问题提供更全面的角度。

三、房地产市场的构成要素

房地产市场的基本构成主要包括市场主体、市场客体、组织形式三个要素。

1. 房地产市场的主体

房地产市场的主体即房地产市场的参与者，主要由市场中的买卖双方及为其提供支持和服务的人员与机构组成。这些参与者分别涉及房地产的开发建设过程、交易过程和使用过程。每个过程中的每一项活动，都是由一系列不同的参与者来分别完成的。

房地产市场的主体主要包括：土地所有者或当前使用者，开发商，政府机构，金融机构，建筑承包商，房地产中介机构，企事业单位及个人。

2. 房地产市场的客体

房地产市场的客体是指房地产交易的对象，即房地产商品，包括土地、房屋（含附属设施设备）及其相关服务。其是房地产市场的交易对象和物质基础。由于房地产商品在流通过程中，流通或转移的不是商品实体自身，而是房地产的产权和权利，所以，房地产产权在市场运行中的变换，就构成了房地产市场的客体。

3. 房地产市场的组织形式

房地产市场的组织形式可分为"有形"的房地产交易所和"无形"的场外市场两种。

四、房地产市场的特点

1. 地区性强

房地产的实体由土地及地上建筑物构成，土地的不可移动性决定了房地产实体是不可移动的。各地区的房地产市场在出现供过于求或供不应求时，不可能通过对其他地区进行

调剂来达到供求均衡。不同地区之间的房地产价格水平、供求状况、交易数量等，相对于一般商品而言有极大的差异，这是由房地产市场的地区性决定的。因而，房地产市场具有很强的地区性。

2. 垄断竞争性

由于土地的稀缺性，国家垄断土地一级市场，使房地产市场具有强烈的垄断性，所以能进入房地产市场从事开发投资的只能是少数开发商，从而导致房地产市场供给主体间的竞争不充分、不广泛。同时，由于房地产交易额巨大，房地产商品使用周期长，因而普通民众一般不经常参与房地产交易活动，所以，房地产市场的需求主体在数量上是有限的，也使房地产市场竞争的广泛性和充分性受到很大限制。

由于房地产空间的固定性和质量的异质单件性，在市场上交易的房地产在区位、质量、新旧、价格上存在较大的差异，且房地产交易价格及交易信息多为非公开的，所以，房地产买卖双方较难了解到真实的市场行情。

因此，房地产市场与完全自由竞争市场的四个条件（信息充分、商品同质、厂商买者自由出入、交易双方数量众多）相差甚远，房地产市场是一个竞争不充分的市场。

3. 供给调节的滞后性

一方面，土地资源一般不可再生，土地的自然供给无弹性，经济供给弹性较小，土地的用途一旦确定就难以改变；另一方面，房地产开发周期较长，从申请立项到建成销售，需要短则一年、长则数年的时间，因而，当市场出现供不应求时，供给的增加往往需要相当长的时间。而由于房地产使用的耐久性，又决定了在市场供过于求时，多余的供给也需要较长的时间才能被市场消化。因而，相对于需求的变动，房地产供给的变动存在着滞后性，房地产市场的均衡有着不同于一般商品市场的特殊形式。

4. 市场供给缺乏弹性

由于房地产具有位置固定、数量稀缺、产品不可替代及建设周期长的特点，土地自然供给没有弹性，所以，房地产开发商很难在短期内增减市场供给总量，导致市场供给缺乏弹性。

5. 交易的复杂性

首先，房地产交易形式多样，不仅有土地使用权的出让、转让，还有房地产买卖、租赁、抵押、典当及其他让渡方式。其次，房地产交易从有初步意向到交易完成，需要进行寻找买方或卖方、现场考察、产权产籍资料查阅、讨价还价、签订契约、产权转移登记等活动，持续时间较长。最后，完成一宗房地产交易通常需要中介人如律师、估价师、经纪人、金融机构、行政管理部门等的参与。因而，房地产市场的交易复杂，费用高昂。

6. 与金融的关联度高

可以说，房地产市场和金融市场是一对孪生兄弟，二者紧密联系，相互作用。由于房地产的价值量大，不仅房地产的开发需要大量的资金，而且对于一般的购房者而言，购买房地产也需要一笔庞大的资金，所以无论是房地产的投资者、开发者，还是房地产的消费者，对于信贷的依赖性都很强。没有金融的支持，房地产交易的规模将受到极大的限制。而金融政策、市场利率的变动，也会对房地产交易的数量、价格等产生很大的影响。

7. 政府的干预性强

政府对房地产市场的干预较之于一般产品市场来说更强，这是由房地产的稀缺性、房

地产对国民经济发展的特殊重要性、房地产利用结果的巨大社会性所决定的。无论何种社会制度的国家，政府都以社会管理者的身份，一般通过金融政策、财政政策、土地利用计划、城市规划及环境保护等手段，来鼓励或限制房地产开发，对房地产市场进行干预和调节。

8. 投机性

房地产市场的地区性、供给调节滞后性、垄断竞争性都决定了房地产投资具有很强的投机性，使房地产成为一种很好的投机对象。从各个国家和地区的房地产市场发展历史来看，房地产市场的投机性仅次于金融市场，房地产的投机性又同金融业密不可分。

9. 交易的权利主导性

由于房地产商品具有地理位置上的不可移动性，它既不能移至特定的交易场所进行交易，成交后也不能携带和移动，在流通过程中，流通或转移的不是商品实体，而是房地产的产权和权利。每一次交易行为都是对房地产权利的重新界定，因而必须以契约、产权证书等法律文件为依据。权利的界定只有在法律的保护下才有效力，才能充分体现权利主导性。从这个意义上说，房地产市场是房地产产权权利的交易市场。

五、房地产市场的功能

房地产市场的功能是通过房地产的供求、竞争、价格等机制及其相互作用表现出来的。房地产市场的功能可以归纳为三个方面，即资源配置功能、信息传递功能、价值实现和价值评价功能。

1. 资源配置功能

资源配置功能是房地产市场的首要功能，又可分为调节房地产供求、优化房地产资源配置两个层面。

首先，根据微观经济学原理，产品的价格对供给和需求都有影响。一般地，价格对供给的影响是正向的，即随着价格的上升供给增加；价格对需求的影响是负向的，即随着价格的上升需求减少。房地产市场通过价格机制的作用可以调节房地产供求总量和供求结构，从而使房地产供求达到均衡。

其次，优化房地产资源配置是房地产市场价格机制的重要功能。实践证明，金融业和商业用地的级差效益比工业用地和住宅用地要高得多。如传统工业部门，由于经济效益下降，承受不了市中心区昂贵的房地产价格的压力，逐渐向郊区发展。传统工业部门遗留下来的建筑物，以及工人和一般市民的旧住宅区，则纷纷通过改造被办公楼和豪华公寓所取代，从而优化了房地产资源的配置，提高了房地产的使用效益。又如，以前我国实行土地划拨制，公有住房实行福利分配，出现了土地多占少用、占而不用，城市中心区多为政府机关、事业单位或居民住宅，而不是经济效益高的金融、商业用房等资源浪费现象；目前，土地实行有偿使用，住房实行货币化分配，土地使用权和房屋产权均可进入房地产市场进行交易，逐步形成合理的房地产价格机制，促进了房地产资源的优化配置。

2. 信息传递功能

房地产市场是联结房地产开发和需求的纽带，也是联结社会总供给和总需求的桥梁，而房地产市场信息是在频繁的房地产交易过程中形成并通过市场来传递的。房地产市场体

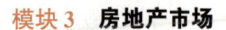

系越完善，产生的信息就越多，传递的速度也就越快。我国的房地产市场尚在培育和发展中，市场体系尚不完善，房地产咨询系统不健全，所以，传递信息的功能还比较差。当然，房地产市场信息可以借助于广播电台、电视台和报刊等新闻媒介来加速其传递，但这毕竟替代不了房地产市场本身及其中介机构的特殊作用。

3. 价值实现和价值评价功能

按照价值规律，商品交换应该以价值为基础进行等价交换。实践中，有两种途径可以进行，即通过国家的计划手段或通过市场手段来解决。世界经济发展的实践证明，计划手段并不能有效地解决这一问题，市场手段的效率较高。因此，通过房地产市场的交换，可以实现房地产的价值和使用价值，使社会再生产得以持续进行。另外，一种产品的价格是否合理，对该产业部门及其相关产业部门的发展都有重要的影响，从而影响到整个国民经济的发展。房地产市场通过逐步建立健全价格机制，对房地产的价值进行客观的评价，使得房地产业部门及其相关产业部门都能得到合理的利润和满足自身发展的资金积累，从而促进各产业部门的健康发展乃至整个国民经济的协调发展。

六、房地产市场在市场体系中的地位和作用

市场体系是指由不同种类和功能的市场组成的有机整体。市场体系可以按社会制度、流通区域、产品形态等标志进行划分，根据产品形态的不同，市场体系包括：农产品市场、消费品市场、生产资料市场、房地产市场、产权市场、金融市场、劳动力市场、服务市场、技术市场、文化市场、信息市场等。

房地产市场是市场体系中不可缺少的一个重要组成部分，它与消费品市场、生产资料市场、劳动力市场、金融市场联系密切，并相互影响、相互作用，共同促进市场结构均衡。

1. 房地产市场与消费品市场

房地产市场中的住房市场是消费品市场的组成部分，没有住房市场，消费品市场是不完整的。住房只有进入市场，按等价交换原则进行交换，形成完整的消费市场，才能引导居民合理消费，形成合理的消费结构。

2. 房地产市场与生产资料市场

房屋除居民住房外，相当一部分属于生产资料，房地产市场与生产资料市场是密切相关的，它们相互促进、共同繁荣。在房地产生产中约70%的建筑成本为建筑材料的转移价值，除建材外，还涉及冶金、化工、木材、机械等行业的几十种产品和几千个品种，是各产业部门中物资消耗最多的部门之一。生产资料市场的供求和价格波动，在很大程度上受房屋建筑施工的影响。

土地市场、生产资料市场同属生产要素市场，土地、房屋和其他生产要素之间在一定条件下是可以替代的。在规范化的生产要素市场中，土地、房屋的价格能够反映其价值和短缺的程度。土地、房屋的价格与其他生产资料价格的比率如果合理，企业就会充分有效地使用土地和房屋。如果比率偏高，将使土地利用效率提高，或导致企业占有土地数量减少，而改用其他生产资料；如果比率偏低，将使土地利用效率降低，或导致企业较多地占有土地。

3. 房地产市场与劳动力市场

房地产市场与劳动力市场密切相关，房地产市场中的建筑施工、拆迁、装修、物业管理等领域活动广泛，手工操作所占比重大，可以吸纳较多的劳动力。房地产市场是开发利用、合理配置我国人力资源的重要渠道。它的兴旺发达，可以增大对劳动力市场的需求，减轻劳动力市场供给的巨大压力。它对吸纳城镇劳动力就业、引导农村剩余劳动力向城镇有序流动具有重要的作用。

4. 房地产市场与金融市场

房地产市场与金融市场密不可分，它们相互依赖、相互促进、共同发展。

房地产市场中的土地投资、房地产开发、建筑施工、房产交易等都需要金融市场为其提供资金，通过资金筹集、融通、管理、结算等维持房地产市场的运行。通常，房地产业资金需求量大，需要银行等金融机构广开渠道，采取多种方式筹集资金，为房地产市场增加活力。同时，房地产业生产周期长、经营环节多，要求金融机构提供多种结算业务，以保证房地产市场健康运行。金融市场也需要房地产市场具有较大的资金容纳程度和吞吐能力，为其充实资金力量、开拓业务领域。房地产市场一方面在生产、分配、交换、消费各个阶段都有大量暂时闲置的资金，形成巨额的沉淀，是金融市场的供应来源；另一方面，又对资金有长期、稳定的大量需求，是金融市场信贷投放的重要对象。金融市场对房地产市场的大举介入，既可以增加存款，增强资金实力，又可以扩大贷款范围，发展信贷业务，在支持、配合房地产市场发展的同时，自身也能得到发展。随着国家和地区经济的发展，房地产市场和金融市场的交融越来越紧密，进而形成房地产金融市场。

单元 2　房地产市场的运行

一、房地产市场体系的内涵

房地产市场体系是指多种房地产市场相互联系、互相制约所形成的市场集合体和系统。其具体内涵包括以下三个方面。

1. 房地产市场体系是多种房地产市场集合形成的有机统一体

按房地产市场结构分类，可分为土地市场、房产市场、中介服务市场、房地产金融市场和物业管理市场等。房地产市场体系不是指其中某一种市场而是多种房地产市场的总称，反映了市场结构具有整体性。

2. 房地产市场体系是多种房地产市场之间密切联系的市场竞争统一体

每一类房地产市场既有相对独立性，但又不是孤立存在的，它们之间存在着密切的联系。例如，土地是房屋的物质基础，而房屋又是建筑地基的上层建筑，土地市场与房产市场密不可分；再如土地市场、房产市场又离不开房地产中介服务市场和金融市场等。这种多种房地产市场之间互相联系、互相制约的辩证关系，体现了它们相互之间的联系性。

3. 房地产市场体系是一系列房地产市场构成的系统结构

房地产市场体系是整个社会主义市场体系的重要组成部分，是其中的一个支系统。它与生产资料市场、消费资料市场、劳动力市场、金融市场、技术市场、信息市场、资本市场并列存在，构成一个大系统。同时，房地产的相对独立性又使其内部在多种房地产市场的互相联系、互相制约中形成一个具有系统结构的支系统。

房地产市场体系是房地产经济运行的载体。建立和健全房地产市场体系，对于完善市场机制、充分发挥市场在房地产经济资源配置中的基础性作用、有效实现宏观调控目标、提高资源配置效率都有着十分重要的作用和意义。

二、房地产市场体系的结构

房地产市场体系是多种房地产市场的有机统一体，房地产市场体系的构成可按照不同的角度进行划分。例如，按市场运行层次划分，可分为一、二、三级市场；而按用途划分，通常划分为住宅市场、写字楼市场、工业厂房市场等；按房地产市场交易客体来划分，则可分为土地市场、房产市场、房地产中介服务市场、房地产金融市场和物业管理市场五类。这里着重分析最后一种划分方式。

1. 土地市场

（1）土地市场的含义。土地市场又称为地产市场，是土地这种特殊商品在交易领域及流通过程中发生的经济关系的总和。

土地市场流通的土地主要是城市土地。建筑地块一般是脱胎于土地的自然状态，经过人类开发、加工、改造，凝结了人类的劳动，因而是由土地物质和土地资本结合在一起的土地商品。

土地市场交换的内容，是由国家的法律和政策决定的。中国实行土地国家所有和集体所有两种形式并存的社会主义土地公有制，因此，土地市场的内涵包括以下两个方面：

①集体土地所有权和使用权的转移。集体土地所有权的转移，是由国家向集体征用土地，支付土地补偿费，然后再转移土地使用权。在集体经济内部，农民承包地也可通过转包实行土地使用权的流动和转移。

②国家土地使用权转移。由于我国的城市土地归国家所有，所以只能转让土地使用权。这里有两种情况：一种情况是国家作为土地所有者有偿、有期限地把土地使用权出让给土地使用者；另一种情况是国家作为土地所有者有偿、有期限地把土地租赁给土地使用者。

（2）土地市场的特点。土地本身的特性及土地制度决定了土地市场不仅具有一般商品市场的特征，而且具有自身的特殊性。从土地本身的特征看，土地是一种稀缺的不可再生资源，土地的自然供给完全无弹性，经济供给弹性也比较小，土地的这种较小的供给弹性，使得土地价格受需求的影响巨大。从土地制度看，土地所有权制度对土地市场影响极大，由此产生的土地市场也有显著的特点。中国土地市场的主要特点可以概括如下：

①土地市场的区域性。土地位置的固定性，使土地市场具有明显的区域性特点。在各区域性市场中，土地供给需求状况各不相同，其价格水平也有很大差异，因此，土地交易一般也只限于在各自的区域市场内进行。同时，土地的固定性也决定了土地市场区域之间

的不平衡不能通过价格机制的自动调节而改变。

②土地市场的权利主导性。由于土地的位置是固定的，所以土地在市场上交换的只是土地权属。每一次交换行为都是对土地权利的重新界定，权利的界定只有在法律保护下才是有效的，因而必须以地契等法律文件为依据。这样，土地市场实际上是土地权利义务关系的交换及重新确定的场所或领域。

③土地市场的低流动性。一方面由于土地实体流动的困难性，不可能将土地迁移到获利水平最高的地方；另一方面由于土地变现能力较小，即转换一宗地产为现金的过程费时、费钱又费事，这也阻碍了土地的流动，从而使土地市场的流动性与其他商品相比是相当低的。

④土地市场的垄断性。土地市场的垄断性，一方面是由于土地所有权的存在；另一方面则是由于土地资源的稀缺性及其位置的固定性。土地所有权的存在使得与其相联系的各种权利义务关系复杂而繁多。某一部分所有者（指其拥有不完整的所有权）要行使自己权利的同时，势必会影响到其他人或其他部分所有者的利益。这样，为了协调所有者之间及所有者同其他相关市场主体之间的关系，必须由政府对其进行充分的管制，从而限制了进入市场的竞争者数目，使土地交易带有垄断性特征。另外，市场的地域性分割导致地方性市场之间竞争的不完全性，加上地产交易金额巨大，使进入市场的竞争者较一般市场要少得多，也使土地交易容易出现垄断。

(3)土地市场的作用。土地是重要的基本生产要素，建筑地块是城市各类房屋建筑不可缺少的基础载体，因此，土地市场在房地产市场体系中占据基础地位。土地市场的重要作用表现在以下几个方面：

①有利于制止非法地产交易和进行公开、有序、合法的地产交易。在过去的很长时期内，由于没有形成合法的地产市场，致使非法地产交易大量存在，违法转让土地使用权的现象频繁发生，造成了经济秩序混乱、侵蚀耕地严重和国有资产大量流失。有了土地市场，就能有效抑制非法地产交易，将土地交易纳入法制轨道。

②有利于提高土地使用效率。有了土地市场，就可以在全社会范围内合理配置现有土地资源，实现土地资源要素和其他生产要素的优化组合，就可以利用市场机制和价格杠杆盘活存量土地，调节土地利用方向，提高土地的利用效率。

③有利于房地产业的持续发展。有了土地市场，可以实现土地的有偿使用、有偿转让，可以及时收回城市建设资金和土地开发投资，这样才能促使房地产业进入良性循环的轨道。

④有利于房地产经济的宏观调控。土地市场是垄断竞争型市场或有限竞争型市场。因此，土地市场的顺利运行，既要依靠市场机制的自我调节功能，又需要政府的必要调控和政策引导。政府可以通过国家对城市土地资源所有权的垄断及其他手段，来建立土地市场的宏观调控机制。当然，政府的宏观调控和政策引导必须是科学、有效的，因此必须完善土地市场的调控机制，这样才能强化土地的使用管理，提高土地使用效率，推动城市规划的实现，才能使土地市场进入良性运行状态，把土地市场的发展与城市的健康发展及人民群众的利益有机结合起来。

2. 房产市场

(1)房产市场的含义。房产市场是以房产作为交易对象的流通市场，也是房屋商品交换

关系的总和。房产市场流通的房产是有一定的房屋所有权和使用权的房屋财产。狭义的房产是指已经脱离了房屋生产过程的属于地上物业的房屋财产；广义的房产是指房屋建筑物与宅基地作为一个统一体而构成的财产，也包含相应的土地使用权在内。

（2）房产市场的细分及其特点。从交易对象来划分，房产市场可划分为住宅市场与非住宅市场两大类。住宅市场是房产市场的主体，根据住宅的档次，可细分为豪华型、舒适型、经济适用型和保障型四个不同层次的市场；非住宅市场可细分为办公、商用、厂房、仓库等具体市场。房产市场具有以下一些重要特点：

①房产市场供给和需求的高度层次性与差别性。由于人口、环境、文化、教育、经济等因素的影响，房产在各个区域间的需求情况各不相同，房产市场供给和需求的影响往往限于局部地区，所以，房产市场的微观分层特性也较为明显。具体表现在，土地的分区利用情况造成地区及一个城市的不同分区，不同分区内房产类型存在差异，同一分区内建筑档次也有不同程度的差异存在。

②房产市场交易对象和交易方式的多样性。房产市场上进行交易的商品不仅有各种各样不同用途的建筑物，还包括与其相关的各种权利义务关系的交易。交易方式不仅有买卖、租赁，还有抵押、典当与让渡。

③房产市场消费和投资的双重特性。由于房产可以保值、增值，有良好的吸纳通货膨胀的能力，因而作为消费品的同时也可用作投资品。

④房产市场供给和需求的不平衡性。房产市场供求关系的不平衡状态是经常发生的。虽然价格和供求等市场机制会发挥调整供求之间的非均衡状态的作用，但随着诸多市场因素的发展变化，原有的均衡状态将不断被打破。因此，房产市场供求之间的不平衡性将长期存在，而均衡始终只能是相对的。

（3）房产市场的作用。房产市场是房地产业进行社会再生产的基本条件，并可带动建筑业、建材工业等诸多产业发展。房产市场通过市场机制，及时实现房产的价值和使用价值，可提高房地产业的经济效益，促进房产资源的有效配置和房产建设资金的良性循环。房产市场能引导居民消费结构合理化，有利于改善居住条件，提高居民的居住水平。因此，房产市场是房地产市场体系中最有代表性、最重要的部分，处于主体地位。

3. 房地产中介服务市场

（1）房地产中介服务市场的含义。房地产中介服务市场是服务于房地产交易和经济活动的场所，是这种服务商品在交易中发生的一切经济关系的总和，是市场经济发展的产物，是房地产商品生产、流通和消费不可缺少的媒介和桥梁。

房地产中介服务市场主要包括房地产经纪、房地产估价和房地产信息咨询三大部分。从事房地产中介服务的机构，包括房地产咨询机构、顾问公司、房地产代理策划或营销公司、房地产中介或置换公司、房地产估价所和房地产交易中心或交易所等。房地产中介服务市场所提供的服务既包括增量房地产的代理策划、代理营销、出租和中介咨询，也包括存量房地产的估价、咨询、中介置换，还包括法律咨询、人才培训和信息交流等。

（2）房地产中介服务市场的作用。为了能充分把握未来市场发展趋势，生产适销对路的房地产商品和加快实现销售，房地产商品经营者需要房地产中介企业为其提供房地产专业知识和政策法律知识的服务，市场信息和市场研究的服务，投资顾问、可行性论证和项目

评估等的服务。房地产中介企业可以提供从选定目标市场、整体项目策划、营销策略制定到楼盘促销代理的全面服务，因此可以有力地推动增量房地产商品的出售和出租。房地产中介企业对存量房地产提供的估价、咨询和中介置换服务等，在促进房地产二、三级市场联动中发挥着至关重要的作用。从一定意义上说，只有存量房地产能够顺利有效地流通，才有可能推动增量房地产市场的租售。根据国际经验，为居民住房消费提供专业化、综合性的中介服务，是刺激有效需求，促进住房消费，对个人和社会都有利的必要经营。

由此可见，房地产中介服务市场对于加快房地产商品的交易，理顺流通环节，拓展房地产市场，有着其他房地产市场不可替代的作用。因此，房地产中介服务市场是整个房地产市场体系中不可或缺的部分，在房地产市场体系中占据着显著位置。发达的中介服务是房地产市场成熟的重要标志。

(3)房地产中介服务市场的培育。房地产中介服务市场是房地产市场发展的加速器和润滑剂。在中国，这一市场还处在发展初期，成熟性和规范性不足，需要通过下列途径逐步培育。

①大力发展中介机构，构建大型房地产中介企业。增加中介服务机构的数量和品种，形成产业化服务体系。通过市场化运作和资产经营，进行产业重组、企业整合。培育房地产中介行业的主导骨干企业，发展房地产中介机构的网络经营。

②规范管理，提高中介机构服务质量。健全法律、法规，完善管理机制，强化房地产中介服务行业的自律管理，以促进房地产中介服务市场规范、有序和公正地运行。

③加强人才培训，使从业人员的专业素质、敬业精神和行业的整体实力及形象不断得到提高、增强和改善。

④加强现代化建设，提高经营管理水平。特别是要建立和完善房地产信息网络系统，进一步发展网上交易、电子商务。

4. 房地产金融市场

房地产金融市场既涉足整个金融业又是房地产市场体系中的一个重要组成部分。房地产金融市场是指与房地产开发、生产、流通、消费相联系的资金融通活动的领域和场所。它是房地产业与金融业互相融合和渗透的产物。房地产金融市场的具体业务包括房地产生产性开发贷款、证券(股票、债券)融资、房地产信托、住房消费信贷即购房抵押贷款、住房公积金和房地产保险等方面的资金融通活动。

房地产金融市场对于支持房地产开发特别是住宅建设、提高购房能力、扩大住宅消费、改善居住条件发挥着十分重要的作用。同时，房地产金融市场也是国家实施宏观调控的重要手段。国家通过金融市场贯彻货币政策，运用货币供应量、贷款规模、利率等手段调节房地产市场全面协调和持续健康发展。

5. 物业管理市场

(1)物业管理市场的含义。物业管理市场是完整的房地产市场体系不可或缺的重要组成部分。由于房地产商品的耐用度及其在使用中需要得到相应的维护和管理，因而物业管理市场就成为房地产市场的必要延伸。如果房地产投资开发市场属于生产领域，是房地产市场体系的起始点，那么物业管理市场则属于消费领域，是房地产市场体系的终结点。

物业管理市场的简明定义可以概括为：物业管理企业为物业业主或使用人所提供的商

品性劳动活动的市场。本质上是一种服务性市场，物业管理市场有两个主体，其供给主体是各类物业服务企业和专业服务企业，需求主体是业主或非业主使用人。

双方通过合同建立起平等的互助互利的交换关系，物业管理市场就是这种交换关系的总和。在物业管理市场运作过程中，物业服务企业采用经营性手段对物业实施管理，为业主或使用人提供服务，从而取得报酬；而业主或使用人则得到相应的服务，使物业保值增值。

（2）物业管理市场的特点。物业管理市场与一般的房地产市场相比，具有明显的特点。

①服务性。从其性质来说，物业管理市场流通和交换的标的不是实物，而是提供商品性劳务，具有明显的服务性特点。物业管理中管理的对象是物业，而服务的对象是人即业主及使用人，物业管理的目的是提供服务，而服务又寓于管理之中，二者是内在的辩证统一关系。因此，物业公司提高服务质量就成为关键因素。

②契约性。物业管理公司和业主或使用人两个市场主体之间不是一般的买卖关系，而是必须通过签订合同形成市场关系，双方都必须受到契约的约束。在这里，业主或业主委员会是委托人，而物业管理公司则是被委托人，委托人和被委托人都可按合同享受一定的权利，并同时履行相应的义务，履行契约就成为物业管理市场运行的重要特征。

③双向选择性。物业管理市场的形成依赖于双向选择，业主或业主委员会可以通过招标选择物业管理公司，而物业服务企业也可以通过投标选择服务对象，相互之间是一种平等互利的关系。因此，实施招投标制度是物业管理市场化的核心问题。

④职能的双重性。物业管理的客体是物业，而物业既有作为生产要素的厂房、商铺、办公楼等，又有作为消费资料的住宅和居住小区，因而物业管理的职能便具有双重性，一方面为生产经营性消费服务；另一方面又为生活消费即居住消费服务，具体服务由所管理的物业的性质而定。

把握物业管理市场的上述特性，对于规范和完善物业管理市场具有重要的意义。例如，明确物业管理市场的服务性特征，可使物业服务企业把服务放在核心地位，促进服务质量的提高；又如明确物业管理市场的契约性特征，可使市场主体双方建立起平等互利关系，相互尊重，相互制约，共同承担相应的权利义务，相互展开协作，齐心协力搞好管理等。

（3）物业管理市场的发展趋势。中国的物业管理起步较晚，尚处于初步发展阶段，根据市场经济的要求，进一步培育和规范物业管理市场应做到如下几点：

①物业管理企业化。物业管理提供的服务是有偿服务，同计划经济体制下的行政性、福利性房屋管理有本质区别。在这里服务被当作无形商品，经营这种服务商品既要讲究社会效益，又要讲究经济效益，因而必须实行企业化经营，独立核算，自负盈亏。物业管理的企业化经营，有利于提高规模效益。当前，物业管理企业化中存在两方面突出的困难和问题：第一，在服务质量与收费关系问题上，存在着收费低、难以达标的难题，改革的方向是建立服务质量与收费的对应机制，实行"分等定价""优质优价"制度，为此要规范服务标准和收费标准；第二，在管理规模方面，存在着管理规模小、效益差的问题，发展方向是要扩大管理规模，获取规模效益。

②物业管理专业化。从社会分工的角度看，物业管理本身是一种专业化的管理，必须有专门的组织机构，配备具有专业技术的专业人员和相应的专业工具来进行。由于历史原

因，中国城市中还存在着相当大的一部分生产经营性物业和居住物业没有完全纳入物业专业化管理的范围。提高物业管理专业化程度、增加覆盖面仍然是物业管理专业化的重要任务。同时，随着生产社会化程度的提高，专业化分工越来越细，物业管理专业化也就不仅仅限于由专门的物业企业管理，如房屋维修、水电煤维护、绿化、保洁等就由专门的队伍和公司来实施全天候、一条龙、统一的维修管理。同时，服务的内容也在向专业化方向发展。

③物业管理社会化。所谓物业管理社会化，是指根据社会专业化分工的要求，将自有自管的物业委托给专业化物业公司实施社会性的管理。进而言之，物业管理社会化还表现为它是一项需要全社会参与、监督并配合实施，才能取得较好社会效益的事业，所以必须与社区管理相结合。目前很多开发商将本企业建造的物业交由自己组建的物业管理公司经营管理的情况比较普遍，这种"谁投资建设谁管理"的模式，建管不分，排斥竞争，既不利于专业化、社会化经营，提高管理效率，又不利于体现业主与物业公司双向选择的权利，严格来讲是对业主的一种侵权行为。从发展的方向看，应实施建管分离，通过招投标推行社会化管理。

④物业管理市场化。它包括两层含义：一是业主或业主委员会对物业服务企业实行市场化竞聘制；二是物业服务企业自身的运作机制市场化。目前，中国城市的物业管理在这两个方面都存在不少差距，提高市场化程度，增强竞争意识，是中国物业管理发展的重要趋势。一方面，要加快推进物业管理招投标，特别是要尽可能创造条件，逐步把售后公房的物业纳入市场化管理轨道，形成物业管理优胜劣汰机制；另一方面，在物业企业内部进一步健全市场化运作机制，完善物业管理服务收费机制，重点解决同一小区物业不同收费标准的问题，实施多元化经营，提高经济效益和社会效益。

⑤物业管理智能化。随着人们收入的增加与生活水平的提高，住宅消费由生存型向享受型、舒适型转变，业主对物业管理的要求越来越高；同时，科技进步也为高科技手段运用到物业管理上创造了良好的条件，以此用来满足住房消费的高要求。

物业管理智能化已成为必然的发展趋势。诸多高新技术设施设备被引入物业管理之中，例如电子防盗报警系统、信息网络系统、医疗保健系统、电子商务及家政服务系统等进入社区、家庭，使服务质量显著提高，科技含量迅速增加，将物业管理水平提升到了水平一个新的高度。

三、房地产市场的运行机制

房地产市场的功能是通过房地产市场运行机制对房地产生产、流通和消费的调节作用表现出来的。

1. 房地产市场运行机制的内涵

机制一词原指机器的构造和动作原理，引申到生物学和医学领域，是指有机体内各器官之间的相互联系、作用和调节方式。市场机制是指市场体系内各个要素相互联系、互为因果、相互制约、共同发挥功能的有机联系形式。或者说，市场机制是指市场在运行过程中，发挥其应有的功能所凭借的作用机理和调节方式。由于市场机制是在市场机体的运行中发挥功能的，所以，市场机制也就是市场运行机制。

房地产市场是房地产交易关系的总和。要使房地产交易关系得以形成，必须具备下列三个要素：一是房地产交易主体，包括供给主体（卖方）和需求主体（买方）。供给主体即从事房地产交易的卖方当事人，包括国有土地使用权的法定代表人、房地产开发商、建筑商、中介商，以及与房地产交易有关的一般企业、金融机构和居民等。需求主体即房地产买方当事人，包括购买生产经营性用房和购买居住用房的消费者。二是房地产交易客体——土地或物业。三是房地产交易法规及其监督者、市场管理者。房地产市场运行机制，就是市场有机体互相联系、互相制约，调节市场交易主体和客体，促使其规范运行的形式和手段。

2. 房地产市场的主要运行机制

一般情况下，房地产市场的运行机制主要包括以下几个方面：

(1) 动力机制。房地产企业是房地产市场交易的主体，而房地产企业从事房地产开发经营和服务的直接目的是追求利润最大化。

动力机制就是在房地产企业的动力和经济利益之间产生相互制约和相互协调的一种内在联系的市场运行形式与手段。

动力机制的形成必须以房地产企业清晰的产权界定为前提条件。因为只有这样，房地产企业的经济行为才能只受其独立的合法经济利益支配，不至于出现扭曲行为，房地产企业才能具有充分的自主经营权，不至于受他人牵制。动力机制能否形成，关系到房地产企业对房地产市场发出的信息能否及时准确地作出反应。所以，它是房地产市场运行机制的首要内容。

(2) 价格机制。房地产价格机制主要是通过价格涨落来影响房地产市场的供求关系。房地产商品的价值是其价格形成的基础，价格围绕价值上下波动。对于投资者来说，若价格高于价值，投资者就会向房地产业增加投资或有新的投资者加入，导致房地产供给增加，形成供给大于需求的局面。这时价格又会下跌，投资者也相应减少，直至供求关系重新达到平衡；对消费者来说，由于价格过高，抑制了房地产消费，因而出现供大于求，导致价格下跌，直至供求关系达到平衡。相反，若价格低于价值，投资者就会对房地产业减少投资或导致房地产供给减少，形成供给小于需求的局面。这时价格又会上升，投资者相应增加，直至供求关系达到平衡。同时，消费者会增加房地产消费，使房地产需求增大，形成供给小于需求的局面，从而导致价格上升，直至供求关系达到平衡、价格与价值相符合。

(3) 供求机制。供求机制就是用于调节市场供给与需求之间关系的市场运行的形式和手段。在供过于求的买方市场情况下，供求机制能引导企业调整产品结构，注意对新产品的开发经营等，以促使企业的生产、经营和服务能适应和激发市场需求。在供不应求的卖方市场情况下，供求机制会使价格上涨、生产规模扩大及吸引更多的企业进入市场等。因此，供求机制是实现供需均衡目标的最基本的市场机制。

供求关系的变化会直接导致价格的涨落，而价格的涨落又刺激或抑制供给和需求。因此，供求机制与价格机制有着相辅相成的密切联系。

(4) 竞争机制。所谓竞争，就是发生在变换主体之间的物质经济利益关系。竞争存在的前提是交换双方存在着独立的经济利益。竞争机制是指房地产商品生产者之间、商品购买（或承租）者之间、生产者与购买者之间、随着供求关系的变动而展开的竞争。它是房地产

市场机制中的动力要素,没有竞争,市场的内部运动就会停滞。竞争不仅给房地产生产者以动力,也给消费者以导向。竞争的结果是优胜劣汰,实现资源的最优配置和生产要素的优化组合。

①房地产市场竞争方式。一般有价格竞争和非价格竞争。价格竞争是竞争的基本方式,通过价格竞争,迫使生产者不断扩大生产规模和经营规模,降低物质消耗和生产费用,力争在市场中实现自身的价值。非价格竞争主要包括技术、质量、宣传、服务等形式竞争,是价格竞争的一种辅助手段,其目的主要是争夺购买者,在购买者中间树立良好的形象,赢得消费者的信任,以扩大市场占有率,排斥其他竞争者。

②房地产市场的主要形式。在商品经济条件下,房地产市场具有垄断竞争、垄断市场两种形式。

(5)货币机制。货币在商品交换中起着一般等价物的作用,联结着供求双方。货币有调节房地产市场供求和影响房地产市场价格的功能,并可通过货币政策的运用得以实现。

货币政策可分为扩张性和紧缩性货币政策两种。在不同时期,针对房地产市场状况的不同,可分别采取不同的货币政策。

上述市场机制相互影响,协调配合,共同发挥作用。

3. 房地产市场运行机制的经济模型

假定某一时期房地产供求均衡,供给为 s_1,需求为 d_1,均衡价格为 a。由于房地产供给调节滞后,所以,如图 3-1 所示,在房地产需求由 d_1 变为 d_2 时,供给在短期内不会发生变化,仍然为 s_1,价格由 a 上涨到 b。随着时间的变化,新的房地产开发完工,市场供给由 s_1 增加到 s_2,价格由 b 下降到新的均衡价格 c。如果需求再由 d_2 增加到 d_3,价格会从 c 上涨到 d,随后供给由 s_2 增加到 s_3,价格也由 d 下降到均衡价格 e。连接 a、c、e 就形成长期供给曲线 L_s。这种情况经常发生在经济日益增长并趋于繁荣的地区,这里的需求稳定增长,地价、劳动力成本、建材成本都持续上涨,因而,长期供给成本曲线也向右上方倾斜。

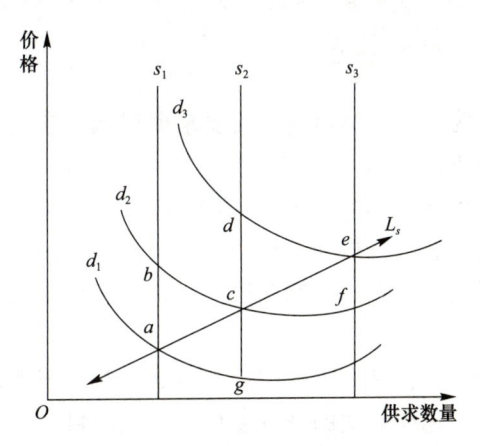

图 3-1 长期房地产供求

由图 3-1 中可以看出,在经济日益衰退的地区,房地产需求持续减少,需求由 d_3 向下移动到 d_2 再到 d_1,供给也随着建筑物的损坏而由 s_3 到 s_2 再到 s_1,价格则沿着 $e \rightarrow f \rightarrow c \rightarrow g \rightarrow a$ 变动,长期供给曲线为向下倾斜的 L_s。这里由于价格低于成本,无利可图,新开发的

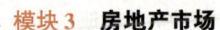

房地产很少(低于损坏量)或没有,以至于对土地、劳动力、建材的需求很少,生产要素价格降低,开发成本持续下降,长期供给成本曲线向右下方倾斜。由此可以看出,地区经济发展趋势是影响房地产市场长期走势的根本原因。

4. 房地产市场运行的特征

(1)单元类型、质量、规模大小、位置相近的房地产,以相近的价格出售。

(2)如果房地产供求均衡则价格稳定。

(3)如果供过于求,则形成买方市场,价格下降,开发项目减少;如果供不应求,则形成卖方市场,价格上涨,开发项目增加。

(4)市场利率下降,房地产开发信贷成本降低,房地产开发量可能增加,同时消费、信贷成本也下降,消费者的购房支付能力提高,房地产需求也随之增加;反之,市场利率上升,房地产开发量减少,房地产需求也随之减少。

(5)同一般的商品市场一样,房地产市场的良好运行,需要维持适量的房地产"存货",即维持适量的空置房地产。这个"适量"的大小,因时间、地区、房地产类型而异。

房地产市场通过供求、竞争、价格机制及其相互作用,起到了几个方面作用:一是在政府的政策、法律制度的约束下,合理调节配置房地产资源,以使其得到最有效的利用;

二是联结房地产的生产者和消费者,并随着经济和社会的发展,不断调整房地产的数量和质量,保证房地产经济系统的正常运行;三是为房地产开发商和消费者提供市场需求信息、供给信息、价格信息,以调节房地产开发、消费行为;四是调控资金流向、家庭财产构成和金融市场。

单元3 房地产市场分析

一、房地产市场分析的含义

房地产市场的参与者为了各自的目的,需要掌握房地产市场的现状与发展趋势,因此就要对房地产市场进行分析。

房地产市场分析就是市场的各个参与者收集市场中一切与房地产市场有关的有用信息,按照科学规范的分析方法,通过分析加工整合处理,透过市场活动的表象,发现市场的特征和内在规律,找出市场运行存在的问题及原因,预测市场未来发展趋势,以指导参与者未来的行为。

市场分析对于不同的参与者有不同的作用和意义。对于开发商来说,市场分析可以帮助其把握合适的开发时机,选择合适的开发项目,明确项目定位和消费人群,获取最大化的利润,规避市场风险。对于金融机构和投资者来说,市场分析可以帮助其选择贷款和投资时机,选择贷款和投资的对象、项目类型与期限,规避投资风险。证券市场的投资者还可以通过分析房地产市场来预测证券市场中涉及房地产开发公司和投资机构的股票、基金等证券的走势。对于政府,则要通过房地产市场分析来判断市场的运行态势、景气程度、以往政策的绩效,发现存在的问题,以制定适当的政策,引导和调控房地产市场的良性发

展。消费者则需要市场分析来帮助他们做出消费的决策，选择买房还是租房及消费的时机。当然，普通的消费者由于专业能力的限制和信息的不对称，很难做出较为准确的判断，这就需要借助专业咨询机构的帮助。房地产市场分析是专业咨询机构的特长和主业，不仅为普通消费者服务，更为开发商和政府部门等机构提供咨询。

二、房地产市场分析的内容

房地产市场分析的内容有四个层次，即宏观经济、地区市场、专业市场和项目市场的分析。

1. 宏观经济分析

房地产业是国民经济的重要组成部分，对房地产市场进行分析，首先要对影响待研究区域房地产市场的宏观因素进行分析。这一层面的分析内容主要包括国民生产总值（GDP）及其增长速度、国民经济产业结构、固定资产投资及其增长率、物价水平、人口规模结构及增长趋势、居民收入和消费水平、劳动力和就业状况、相关产业发展状况、各行业投资收益率、企业规模及结构、国家金融政策、财政政策等。

2. 地区市场分析

对地区市场的分析内容包括：道路交通等基础设施的现状和分布；水、电、燃气、热力、通信等市政基础设施现状和供给能力；地区国民经济与社会发展规划、城市总体规划和土地利用总体规划、房地产发展规划、土地供应计划等专项规划和计划；人口规模、结构、分布及其迁移趋势；医疗、教育、文化娱乐等资源的分布；城市重点功能区和政府确定的重点开发地区。

3. 专业市场分析

对专业市场的分析内容包括：根据潜在需求的来源及竞争物业所在区域，确定市场研究区域；细分市场，进行产品细分及消费者细分；分析特定消费群体所对应的房地产市场；分析各子市场的供需关系及各子市场的供需缺口；确定目标子市场，分析目标子市场供求缺口量。

4. 项目市场分析

（1）地区在建（售）项目的基本情况，包括项目名称、开发商、用途、建筑面积、容积率、价格、户型、配套设施、绿化率、物业管理、市政条件等。

（2）消费者的具体情况和需要，包括消费群体的特征（年龄、职业、收入、教育、行为）、对户型的偏好、对房屋总价和单价的接受程度、对交通条件和配套设施的要求、消费的目的（即居住还是投资或投机买卖）等。

（3）拟建项目的分析，包括拟建项目与竞争项目相比，其市场占有率、吸纳量、销售（出租）周期、价格（租金）水平等。

在进行房地产市场分析时，无论是哪个层次的分析，都需要从市场供求方面进行。

供给分析的内容有：土地的供给状况，包括土地前期开发整理的规模与结构、土地市场上土地的供应规模与结构、土地市场的价格走势；房地产供给状况，包括房地产存量与房地产在建数量、竣工量、销售量等；结合政府的城市规划、住房政策等预测房地产的供给。需求分析的内容有：根据人口、就业、产业发展、收入等因素分析预测对房地产的需

求，包括对不同类型房地产的需求，需求的总量、分布等。

对于政府决策机构和管理部门而言，市场供求分析应更侧重于总量、结构、价格的分析。对房地产企业而言，房地产市场分析要更为细致，不仅要分析房地产市场的总体情况，还要分析具体项目。

需要注意的是，不同类型的房地产，如住宅、商业配套、写字楼、工业仓储等，由于用途、功能要求、销售对象、使用年限、政府政策等因素的差异，其市场分析的侧重点应有所不同。

三、房地产市场分析的方法

房地产市场分析的技术方法因分析的内容和深度而异。总体来说，房地产市场分析的方法有定性分析和定量分析。定性分析是根据实际情况、实践经验和逻辑推理，对房地产市场的发展趋势作出推断。定性分析主要依靠个人经验、知识和分析能力，适用于信息资料不完整、影响因素复杂，或对主要影响因素难以定量分析的情况。常用的方法有德尔菲法、意见集中法、数据法等。

定量分析是在历史资料和统计数据的基础上，运用统计方法和数学模型，对市场趋势进行数量分析的方法。其主要有时间序列分析和因果关系分析。时间序列分析是依据变量的时间变化规律建立模型，有移动平衡法、指数平均法、季节变动法等；因果关系分析是依据分析对象及其影响因素间的因果关系建立模型，主要有回归分析模型、经济计量模型、投入产出模型等。

按照房地产市场分析的内容，房地产市场分析的方法包括对市场环境及市场总体情况的分析、对专业市场的分析、对项目市场的分析等。

1. 对市场环境及市场总体情况的分析

对宏观经济和区域市场这些房地产市场的环境进行分析，可以借助政府部门，如发展改革、统计、房屋土地、金融、信息中心、社科院等部门。

房地产市场总体情况的分析通常要用若干指标来反映，比较有代表性的是用房景气指标。该指标通过土地开发面积分类指数、房地产开发投资分类指数、商品房面积分类指数、竣工面积分类指数、商品房销售价格分类指数、资金来源分类指数等来综合反映全国房地产经济活动的总体水平。

房地产市场价格的分析通常运用价格指数。最简单的价格指数是报告期价格与基期价格的比值。考虑到销售量因素对价格变动的影响，可以将报告期的销售量（或者基期的销售量）作为权重，这样构造的指数为加权综合指数。

房地产市场波动的分析方法参见房地产经济波动章节的有关内容。

2. 对专业市场的分析

对某个细分的专业房地产市场的分析内容主要包括供给量、需求量及其相互平衡关系。供给量的分析包括当前供给量分析和潜在供给量分析。当前供给量分析主要运用市场调查方法，调查当年房地产的竣工量、已获得销售许可证的数量及其平均销售周期、历年剩余的在售量，综合得出当前实际供给量。潜在供给量分析主要依据政府审批开发项目过程中所形成的各种数据资料，具体可以使用管道分析法。

运用现有土地供给量估算新增房地产供给量。土地供给量主要由两部分组成：一是规划为市区的需要征收的农村集体土地，二是城市建成区内再改造整理的存量土地，包括旧城改造和工业仓储改变用途等。通过调查获得上述数据后，按照政府规划可知不同用途的土地在总供给量中的比例和面积，根据各用途土地面积和平均容积率可以计算各类房地产供应量。

市场分析不仅要分析供给总量，还要分析供给结构。在对城市特定区域进行市场分析时，要将该区域的房地产产品按照户型、面积、价位进行分类，分别计算其供给量。在对城市的各个区域进行供给量结构分析后，可以对各区域的供给量进行对比分析，找出房地产供给的区域特征。

需求量的分析包括需求潜力分析和需求偏好分析。需求潜力分析可从人口、家庭规模和收入等方面进行。

根据人口资料分析需求量，首先要预测新增人口数量和人均建筑面积，得出新增人口需求的面积，加上原有人口改善生活质量需要增加的面积和拆迁改造安置用房的面积。运用人口数量分析房地产需求要辅之以人口结构、家庭规模及政府住房政策等影响因素。

居民收入的多寡决定了实际的房地产购买力，因此，可根据收入分析需求并将家庭收入按高低分组，根据市场调查得出不同收入组别的人群能够支付的房屋总价和套型面积，据此推算整个市场有效的房地产需求量。将房地产需求量与其结构和房地产供给量与其结构进行对比，不仅可以分析供给量和需求量是否平衡，还可以分析供求结构是否失衡。

对于商业房地产，在进行市场分析之前一般还要进行商圈分析，也就是分析商业房地产所提供的商业服务或商品服务的范围。方法主要有同心圆法、行车时间法、路线调查法，商圈界定之后需要收集不同服务圆圈里的人口规模、居民户数、平均家庭收入、人均收入等基础分析数据。商业房地产的市场需求分析方法主要有比率—人口相乘法、单位马利兹城市商业房地产需求预测法、房地产开发度指数法等。

3. 对项目市场的分析

对房地产项目进行市场分析就是运用市场调查方法，对房地产项目市场环境进行数据收集、归纳和整理，形成项目可能的产品定位方向，对数据进行竞争分析，利用普通逻辑的排除、类比、补缺等方法形成项目的产品定位。市场分析方法中的调查方法包括实地调查法、问卷调查法、座谈会等。

竞争分析（Competitive Market Analysis，CMA）是对特定项目中每个有可能影响其竞争能力的特征因素进行分析和评价。评价的方面主要有项目的交通通达性、社会关联性、环境可视性、自然条件、经济特性、法律特性等。每一种特性可以分解出若干因素及其指标，如通达性可以分解为运输工具、主要干道、车流量、道路承载力、出入口、停车位等。对每个因素确定出分值和权重，最后进行综合分析。

对房地产项目的市场分析可运用 SWOT 分析方法。SWOT 的含义是优势（Strength）、劣势（Weakness）、机会（Opportunity）和威胁（Threat）。该方法是对房地产项目内外部条件各方面内容进行综合和概括，进而分析项目的优势和劣势、机会和威胁的一种方法。其中，优势和劣势分析主要是着眼于项目自身的实力及与竞争对手的比较；而机会和威胁分析是指外部环境的变化及对项目的可能影响。将调查得出的各种因素根据轻重缓急或影响程度

等用排序方式，构造SWOT矩阵。第一象限是W(劣势)矩阵，第二象限是S(优势)矩阵，第三象限是O(机会)矩阵，第四象限是T(威胁)矩阵。根据SWOT分析矩阵可以形成四种行动对策，分别是最小与最小对策(WT对策)、最小与最大对策(WO对策)、最大与最小对策(ST对策)和最大与最大对策(SO对策)。

四、房地产市场分析的结果

房地产市场分析的结果通常用分析报告的形式表现。市场分析报告根据实际需要包括宏观分析、地区分析、专业市场分析和具体项目分析的不同组合内容。

一般的分析都要说明房地产市场面临的经济环境、政策环境等外部市场环境。宏观分析方面，要准确描述宏观经济的现状，体现宏观经济的发展态势及对房地产市场的影响，具体要分析对房地产市场产生重要影响的财政政策、货币政策、价格政策、土地政策、住房政策等。政策分析要预测一个具体的政策对房地产价格、开发布局、产品形式、开发进度、消费等各个层面的影响。视需要还可根据各种信息预测未来可能出台的政策，这种预测比政策的影响分析更加困难。

地区市场的总体趋势分析报告要对地区房地产市场形势进行总体的概括和描述，包括景气状况、房地产市场行情、市场动态、地区政策分析、规划和基础设施的变化，以及各种因素对房地产市场的影响结果等。

专业市场分析的结果要明确市场的特征，进行市场细分，确定目标市场，分析市场的各种影响因素。如住宅市场，要能够明确住宅类型、区域分布、户型、消费者特征、需求数量及其结构、供给数量及其结构、影响该类住宅供给和需求的各种因素、价格分布与走势等。

具体项目市场的分析结论一般要说明同类项目的开发结构、开发规模、区域分布、产品质量、产品定位、客户情况等竞争市场环境，明确项目的竞争市场，为确定项目市场定位和产品定位、制定价格策略和营销模式提供依据。

总体而言，房地产市场的分析要力求论点明确、结论清晰，能够为政府、开发企业、金融机构、消费者等不同需求主体提供决策依据。

模块小结

房地产市场是指房地产商品交换的领域和场所。房地产市场的基本构成主要包括市场主体、市场客体、组织形式三个要素。房地产市场的功能可以归纳为资源配置功能、信息传递功能、价值实现和价值评价功能三个方面。房地产市场是市场体系中不可缺少的一个重要组成部分，它与消费品市场、生产资料市场、劳动力市场、金融市场联系密切，并相互影响、相互作用，共同促进市场结构均衡。房地产市场体系是指多种房地产市场相互联系、互相制约所形成的市场集合体和系统。房地产市场的功能是通过房地产市场运行机制对房地产生产、流通和消费的调节作用表现出来的。房地产市场分析就是市场的各个参与者收集市场中一切与房地产市场有关的有用信息，按照科学规范的分析方法，通过分析加

工整合处理，透过市场活动的表象，发现市场的特征和内在规律，找出市场运行存在的问题及原因，预测市场未来发展趋势，以指导参与者未来的行为。房地产市场分析的内容有宏观经济、地区市场、专业市场和项目市场的分析四个层次。

模块习题

一、填空题

1. 房地产市场常被划分为_____、_____、_____。
2. 房地产市场的基本构成主要包括_____、_____、_____三个要素。
3. 按照需求的性质，房地产需求可分为_____、_____、_____和_____。
4. 房地产供给的时期一般可分为_____、_____和_____三种。
5. 房地产市场分析的内容有四个层次，即_____、_____、_____和_____的分析。

二、多项选择题

1. 下列属于房地产市场主体的有（ ）。
   A. 开发商　　　　B. 政府机构　　　C. 金融机构　　　D. 建筑承包商
   E. 土地
2. 下列属于房地产市场区别于一般商品市场的特点的有（ ）。
   A. 垄断竞争性　　B. 市场供给弹性大　C. 政府的干预性强　D. 投机性
   E. 交易的权利主导性
3. 下列属于房地产需求特点的有（ ）。
   A. 区域性　　　　B. 整体性　　　　C. 不可替代性　　D. 双重性
   E. 多样性

三、简答题

1. 简述房地产市场体系的内涵。
2. 简述房产市场的重要特点。
3. 房地产市场运行有哪些特征？

模块 4 房地产价格

学习目标

通过本模块的学习，了解房地产价格的含义、特点、基本分类、地位、作用；熟悉影响房地产价格的因素；掌握房地产价格的构成，房地产价格评估的方法。

能力目标

能够分析城市房地产价格存在差异的原因；能够对房地产价格进行简单评估。

单元 1 房地产价格基础理论

价格是市场运行的核心，房地产价格是房地产市场中的重要分析指标，与房地产市场中的供给与需求有着非常密切的关系。认识和理解房地产价格的本质特征和基本变化规律，对于客观地认识房地产市场是非常必要的。

一、房地产价格的含义和特点

1. 房地产价格的含义

房地产价格是建筑物连同其所占土地的价格，是人们和平地获得他人房地产所必须付出的代价，是房地产经济价值（交换价值）的货币表示。房地产价格的形成原因来源于以下两个方面：

（1）房地产的价值。从房地产项目规划设计、施工建造、经营销售等过程凝结了物化劳动和活劳动所形成的地产价值与房产价值。即在社会正常生产条件下，在社会平均的劳动熟练程度和劳动强度下，开发某一土地或建造某一房产所花费的必要劳动时间决定的价值，由开发土地或建造房屋过程中消耗的生产资料的价值，劳动者为自己、为社会创造的价值

三部分构成。

（2）资本化的地租。土地是一种特别商品，土地价格不是对土地实体的购买价格，而是对土地预期收益的购买价格。在拥有土地所有权的情况下，土地价格的计算公式为

$$\text{土地价格} = \frac{\text{地租}}{\text{资本化率}} \tag{4.1}$$

知识链接

地租理论

地租是一个经济范畴，是土地使用者为使用土地而支付给土地所有者的代价。这种代价可以以货币的形式表现出来，也可以是非货币形式。地租是土地所有权在经济上的实现形式。

同时，地租又是一个社会范畴，在不同的社会形态下，由于土地所有权性质的不同，地租的性质、内容和形式也有很大的差异。封建地租、资本主义地租和社会主义条件下的地租，反映了不同的生产关系。地租不仅反映土地所有者与使用者之间的一般经济利益关系，而且在不同的历史发展阶段表现特定的人与人之间的社会关系，是社会关系在土地方面的直接体现。

按经济学的观点分类，地租可分为马克思主义地租和西方经济学地租。马克思主义地租理论是按地租实体即超额利润的形成条件划分类型的，可将地租分为绝对地租、级差地租和垄断地租三类。西方经济学可将地租分为契约地租、经济地租和竞标地租。

2. 房地产价格的特点

房地产价格与一般商品价格相比，既有共同之处，又有不同之处。其共同之处是：一是两者都是价格，通常都用货币表示；二是两者都有波动，受供求等因素影响；三是两者都按质论价，优质优价。房地产价格与一般物价的不同，体现了房地产价格的特征，具体如下：

由于房地产商品本身的特殊性，房地产价格具有自己的特点，具体如下：

（1）房地产价格具有区域性。区域对房地产价格的影响可体现在两个方面：一是地区性，主要反映在不同城市区域之间的房地产差价；二是地段性，主要表现为同一城市市区范围内，不同地段之间存在较大的房地产差价。

（2）房地产价格具有权利价格特征。由于房地产本身空间的固定性和不可移动性，房地产交易实际上是一种权利关系的转移，因而房地产价格实质上是权利价格。房地产权利包括房地产所有权和他项权利，这种权利体系称为"权利束"，即房地产权利是由一束权利组成的。房地产所有权是最完全的、最充分的权利，由此派生出租赁权、抵押权、典当权。同时，又由于房地产使用价值的多样性，对于同一种房地产不同的人所需要的用途是不一样的，相应所需要的权利也就不一定相同，因而可以分享同一房地产的不同权利，这就形成不同权利价格，如所有权价格、租赁权价格等。

（3）房地产价格具有个别性。由于存在房地产的不可移动性、数量固定性、个别性，所以，没有完全相同的房地产，除地理位置绝对不可能相同外，在建造条件、建造标准、设施配套等方面也往往千差万别。同时，房地产商品不能够进行样品交易、品名交易，房地

产价格如何,主要受交易主体之间个别因素(如偏好、讨价还价能力、感情冲动等)的影响,不同的交易主体,会产生不同的房地产价格。

(4)房地产价格是在各种因素长期综合作用下形成的。一宗房地产通常与周围其他房地产构成某一特定地区,但该地区并非固定不变,其社会经济位置经常处于变化过程之中;同时,房地产价格的变化,不仅影响经济的发展,而且还涉及广大人民的生活,涉及社会生活和政治局势等方面。

(5)房地产价格呈现较明显的增值。随着人口增加、经济社会发展和人民生活水平的提高,房地产价格在总体上呈不断上升的趋势。房地产价格的上升呈波浪形而不是直线形。造成房地产价格具有增值性的最主要原因是:土地资源的有限性及土地投资的积累性;房地产开发建造周期长,投资风险大。

在不同社会经济状态和不同区位房地产价格的增值程度不同。一般来说,社会稳定、经济发展的时候,房地产增值性较明显;城市市区和郊区土地的增值性较大。

房地产价格的增值性不是绝对的,在有些情况下可能出现相反的趋势,如土地使用年限接近到期、国民经济处于衰退阶段、矿区遭废弃等。

(6)房地产价格具有多种表现方式。一般商品的交易方式主要是买卖,售价比较单一。而房地产是价值量大的超耐用品,交易方式多种多样,其中房地产买卖和租赁在交易量和市场范围方面占主要地位,此外还有抵押、典当、作价入股等。在这些不同的交易方式中,房地产价格也有不同的表现方式,如售卖价、租赁价、抵押价、典当价等。

二、房地产价格的基本分类

根据不同的标准,可以对房地产价格进行分类。具体如下。

1. 成交价格、市场价格、理论价格和评估价格

(1)房地产成交价格是指一笔房地产交易中交易双方实际达成交易(买者愿意付出、卖者愿意接受)的额度,即买者支付、卖者收取的货币额、商品或其他有价物。

(2)房地产市场价格是指某区域某类房地产在市场上的一般、平均水平价格,是该类房地产大量成交价格的抽象结果。它是已经发生的价格,具有统计的意义。

(3)房地产理论价格是经济学理论中认为的房地产"公开市场价值",即如果将该房地产放到合理的市场上交易,它应该实现的价格。它与市场价格相比,市场价格是短期均衡价格,而理论价格是长期均衡价格。在正常市场情况下,市场价格基本上与理论价格相吻合,围绕着理论价格上下波动。

(4)房地产评估价格是估价人员对房地产客观合理价格作出的估计、判断的结果。评估价格不是已发生的价格,它是市场交易价格的参考依据。同一宗房地产利用不同的评估方法,可能得出不同的评估价格;不同的评估人员,由于知识、经验、职业道德情况等的不同,评估结果也有可能不同。

从理论上来说,一个良好的评估价格应满足评估价格=市场价格=理论价格。

2. 土地价格、建筑物价格、房地价格

(1)土地价格又称地价,是指单纯的土地及附有建筑物的土地的价格。根据土地的生熟程度不同,土地可以粗略地分为生地、毛地和熟地,相应的有生地价、毛地价和熟地价。

(2)建筑物价格是指纯建筑物部分的价格，不包含其占有的土地的价格。

(3)房地价格又称房地混合价，是指建筑物连同其占有的土地的价格，是一宗房地产的总价格。

对于同一宗房地产来说，房地价格＝土地价格＋建筑物价格。

3. 总价格、单位价格、楼面地价

(1)总价格是指一种房地产的总体价格，可以是一宗土地的土地总价格，也可以是一宗建筑物的建筑物总价格，或是房与地合一的房地产整体价格。

(2)单位价格是指分摊到单位面积的价格。房地产的单位价格能反映房地产价格水平的高低，而房地产的总价格一般不能说明房地产价格水平的高低。

(3)楼面地价又称为单位建筑面积地价，是平均到每单位建筑面积上的土地价格。楼面地价往往比土地单价更能反映土地价格水平的高低，因为土地的单价是针对土地而言的，而楼面地价实质上就是单位建筑面积上的土地成本。

4. 买卖价格与租赁价格

(1)买卖价格是消费者购买房地产所有权所支付的货币数额，简称买卖价或买价、卖价。

(2)租赁价格又称为租金，在土地场合成为地租，在房地混合场合称为房租。租金是指房地产权利人将其合法的房地产出租给承租人，由承租人定期向房地产权利人所交纳的款项。

5. 市场调节价、政府指导价、政府确定价

(1)市场调节价是指由房地产经营者自主制定，通过市场竞争而形成的价格。对于实行市场调节价的房地产商品，由于经营者可以自主确定价格，所以，估价应依据市场供求状况进行。

(2)政府指导价是指由政府价格主管部门或其他有关部门，按照定价权限和范围规定基准价及其浮动幅度，指导房地产经营者制定的价格。

(3)政府确定价是指由政府价格主管部门或其他有关部门，按照定价权限和范围制定的价格。

6. 现房价格与期房价格

依据商品交割时间不同，可分为现货价格和期货价格。房地产市场中的现货价格和期货价格通常被称为现房价格和期房价格。一般来说，期房价格＝现房价格－预计从期房达到建成交房所需时间段内可比现房出租的净收益的折现值－风险补偿。

7. 拍卖价格、招标价格、协议价格

(1)拍卖价格是指采取拍卖方式交易(出让)房地产的成交价格。拍卖出让方式由于土地使用权由谁获得完全根据价格高低确定，所以最能抬高地价。

(2)招标价格是指采取招标投标方式交易(或出让)房地产的成交价格。招标出让方式由于不仅考虑投标人的出价，通常还考虑投标人的开发建设方案和资信等，所以选定的土地使用者不一定是出价最高者，从而有抑制地价过快上涨的作用，但投标内容仅为出价的招标出让方式有抬高地价的作用。

(3)协议价格是指采取协议方式交易(或出让)房地产的成交价格。协议出让方式是政府对那些需要扶持的高科技项目等提供土地供应的方式，政府一般会降低地价。

通常协议地价低于招标地价，招标地价低于拍卖地价。

三、房地产价格的地位和作用

1. 房地产价格的基础地位

房地产价格在整个价格体系中属于基础价格。从生产领域的角度分析，房地产是一切商品生产的空间和场所，为使这些房地产所支出的价格（包括租金）能得到价值补偿，必然纳入生产成本，成为商品价格的构成部分。从消费领域的角度分析，住房消费是劳动力再生产费用中的重要组成部分。任何商品生产都离不开劳动力这个生产要素，劳动力的价格是由劳动力生产和再生产的成本费用来决定的，住房作为最基本与价值量最大的生活资料，必然纳入劳动力再生产成本，因而，住房价格作为劳动力要素价格之一，也就影响到商品的生产成本，并最终影响到相关商品的价格。由此可见，房地产价格是整个市场价格体系中非常重要的基础价格之一。

2. 房地产价格的主要作用

房地产价格在市场价格体系中的基础地位决定了它在市场经济中的作用。具体表现在以下几个方面：

（1）作为基础性价格，房地产价格水平一定程度上决定着市场的总体价格水平。房地产价格作为生产要素价格，既影响商品生产的物质成本，又影响工资成本。房地产价格合理与否，不仅决定着生产成本和一切商品市场价格的真实程度，而且由于住房的价值量大并在家庭消费支出中占有较大比重，住房价格在全社会消费价格中的权重相应较大，对整个市场消费价格也具有决定作用。

（2）价格作为市场经济最重要的调节机制，还发挥着调节房地产市场供求总量和结构的重要作用。房地产价格可以调节房地产供求关系，商品房价格高，开发商有利可图，增加开发量，由此增加供给，而商品房价格高，消费者减少购买，也会缩小需求；反之商品房价格低，开发商无利可图，就缩减开发量，由此减少供给，而商品房价格低，促使消费者购买，又会增加需求，这样就可以利用价格杠杆调节商品供求，实现供求总量平衡。

与此同时，不同类型、不同层次的房地产价格结构的合理化，还可以促使商品房供给结构与消费结构相适应，从而达到房地产结构平衡。

在这里，房地产价格机制与供求机制是交互作用、共同发挥其调节功能的。

（3）住房是重要的消费资料，住房价格对调节居民的生活水平具有重要的作用。住房价格高，居民承受能力低，居住水平和居住质量会下降。

单元2　房地产价格的构成

一、典型房地产价格的构成

从房地产开发企业的财务核算上看，典型房地产价格主要有土地费用、前期工程费、

基础设施建设费、建筑安装工程费、公共配套设施建设费、管理费用、贷款利息、税费、其他费用等构成。

(一)土地费用

房地产开发项目土地费用是指为取得房地产项目用地而发生的费用。房地产项目取得土地有多种方式,所以发生的费用各不相同。土地费用主要包含以下几种。

1. 土地征用及迁移补偿费

土地征用及迁移补偿费,是指建设项目通过划拨方式取得无限期的土地使用权,依照《中华人民共和国土地管理法》等规定所支付的费用,其总和一般不得超过被征土地年产值的20倍,土地年产值则按该地被征用前3年的平均产量和国家规定的价格计算。土地征用及迁移补偿费包括以下内容:

(1)土地补偿费。土地补偿费是对农村集体经济组织因土地被征用而造成的经济损失的一种补偿。征用耕地的补偿费,为该耕地被征用前三年平均年产值的6~10倍。征用其他土地的补偿费标准,由省、自治区、直辖市参照征用耕地的土地补偿费标准制定。征收无收益的土地,不予补偿。土地补偿费归农村集体经济组织所有。

(2)青苗补偿费和地上附着物补偿费。青苗补偿费是因征地时,对其正在生长的农作物受到损害而做出的一种赔偿。在农村实行承包责任制后,农民自行承包土地的青苗补偿费应付给本人,属于集体种植的青苗补偿费可纳入当年集体收益。凡在协商征地方案后抢种的农作物、树木等,一律不予补偿。地上附着物是指房屋、水井、树木、涵洞、桥梁、公路、水利设施、林木等地面建筑物、构筑物、附着物等。视协商征地方案前地上附着物价值与折旧情况确定,应根据"拆什么、补什么;拆多少,补多少,不低于原来水平"的原则确定,如附着物产权属于个人,则该项补助费付给个人。地上附着物的补偿标准,由省、自治区、直辖市规定。

(3)安置补助费。安置补助费应支付给被征地单位和安置劳动力的单位,作为劳动力安置与培训的支出,以及作为不能就业人员的生活补助。征收耕地的安置补助费,按照需要安置的农业人口数计算。需要安置的农业人口数,按照被征收的耕地数量除以征地前被征收单位平均每人占有耕地的数量计算。每个需要安置的农业人口的安置补助费标准,为该耕地被征收前三年平均年产值的4~6倍。但是,每公顷被征收耕地的安置补助费,最高不得超过被征收前三年平均年产值的15倍。土地补偿费和安置补助费,还不能使需要安置的农民保持原有生活水平的,经省、自治区、直辖市人民政府批准,可以增加安置补助费。但是,土地补偿费和安置补助费的总和不得超过土地被征收前三年平均年产值的30倍。

(4)新菜地开发建设基金。新菜地开发建设基金是指征用城市郊区商品菜地时支付的费用。这项费用交给地方财政,作为开发建设新菜地的投资。菜地是指城市郊区为供应城市居民蔬菜,连续3年以上常年种菜地或养殖鱼、虾等的商品菜地和精养鱼塘。一年只种一茬或因调整茬口安排种植蔬菜的,均不作为需要收取开发基金的菜地。征用尚未开发的规划菜地,不交纳新菜地开发建设基金。在蔬菜产销放开后,能够满足供应,不再需要开发新菜地的城市,不收取新菜地开发基金。

(5)耕地占用税。耕地占用税是对占用耕地建房或者从事其他非农业建设的单位和个人

征收的一种税收，目的是合理利用土地资源、节约用地，保护农用耕地。耕地占用税征收范围，不仅包括占用耕地，还包括占用鱼塘、园地、菜地及其农业用地建房或者从事其他非农业建设，均按实际占用的面积和规定的税额一次性征收。其中，耕地是指用于种植农作物的土地，占用前三年曾用于种植农作物的土地也视为耕地。

(6)土地管理费。土地管理费主要作为征地工作中所发生的办公、会议、培训、宣传、差旅、借用人员工资等必要的费用。土地管理费的收取标准，一般是在土地补偿费、青苗费、地上附着物补偿费、安置补助费四项费用之和的基础上提取2‰～4‰。如果是征地包干，还应在四项费用之和后再加上粮食价差、副食补贴、不可预见费等费用，在此基础上提取2‰～4‰作为土地管理费。

2. 拆迁补偿费用

在城市规划区内国有土地上实施房屋拆迁，拆迁人应当对被拆迁人给予补偿、安置。

(1)拆迁补偿金。拆迁补偿金的方式可以实行货币补偿，也可以实行房屋产权调换。

①货币补偿的金额，根据被拆迁房屋的区位、用途、建筑面积等因素，以房地产市场评估价格确定。具体办法由省、自治区、直辖市人民政府制定。

⑦实行房屋产权调换，拆迁人与被拆迁人按照计算得到的被拆迁房屋的补偿金额和所调换房屋的价格，结清产权调换的差价。

(2)搬迁、安置补助费。拆迁人应当对被拆迁人或者房屋承租人支付搬迁补助费，对于在规定的搬迁期限届满前搬迁的，拆迁人可以付给提前搬家奖励费；在过渡期限内，被拆迁人或者房屋承租人自行安排住处的，拆迁人应当支付临时安置补助费；被拆迁人或者房屋承租人使用拆迁人提供的周转房的，拆迁人不支付临时安置补助费。

搬迁补助费和临时安置补助费的标准，由省、自治区、直辖市人民政府规定。有些地区规定，拆除非住宅房屋，造成停产、停业引起经济损失的，拆迁人可以根据被拆除房屋的区位和使用性质，按照一定标准给予一次性停产停业综合补助费。

3. 出让金、土地转让金

土地使用权出让金为用地单位向国家支付的土地所有权收益，出让金标准一般参考城市基准地价并结合其他因素制定。基准地价由市土地管理局会同市物价局、市国有资产管理局、市房地产管理局等部门综合平衡后报市级人民政府审核通过，它以城市土地综合定级为基础，用某一地价或地价幅度表示某一类别用地在某一土地级别范围的地价，以此作为土地使用权出让价格的基础。

在有偿出让和转让土地时，政府对地价不做统一规定，但应坚持以下原则：即地价对目前的投资环境不产生大的影响；地价与当地的社会经济承受能力相适应；地价要考虑已投入的土地开发费用、土地市场供求关系、土地用途、所在区内、容积率和使用年限等。有偿出让和转让使用权，要向土地受让者征收契税；转让土地如有增值，要向转让者征收土地增值税；土地使用者每年应按规定的标准交纳土地使用费。土地使用权出让或转让，应先由地价评估机构进行价格评估后，再签订土地使用权出让和转让合同。

土地使用权出让合同约定的使用年限届满，土地使用者需要继续使用土地的，应当最迟于届满前一年申请续期，除根据社会公共利益需要收回该幅土地的，应当予以批准。经批准准予续期的，应当重新签订土地使用权出让合同，依照规定支付土地使用权出让金。

（二）前期工程费

前期工程费主要包括开发项目的前期规划、设计、可行性研究、水文地质勘测和"三通一平"等土地开发工程费。

（三）基础设施建设费

基础设施建设费是指建筑红线内供水、供电、道路、绿化、供气、排污、排洪、电信、环卫等工程费。

（四）建筑安装工程费

建筑安装工程费是指直接用于工程建设的总成本费用。其主要包括建筑工程费、设备及安装工程费与室内装修工程费等。

（五）公共配套设施建设费

公共配套设施建设费是指开发项目内发生的、独立的、非营利性的，且产权属于全体业主的，或无偿赠予地方政府、政府公用事业单位的公共配套设施支出。其主要包括城市规划要求配套的教育（如幼儿园）、医疗卫生（如医院）、文化体育（如文化活动中心）、社区服务（如居委会）、市政公用（如公共厕所）等非营业性设施的建设费用。

（六）管理费用

管理费用是指企业行政管理部门为管理和组织经营活动而发生的各种费用。其主要包括管理人员工资、职工福利费、办公费、差旅费、折旧费、修理费、工会经费、职工教育经费、劳动保险费、待业保险费、咨询费、审计费、诉讼费、排污费、绿化费、房地产税、车船使用税、土地使用税、技术转让费、技术开发费、无形资产摊销、坏账损失、存货盘亏、毁损和报废损失等管理费用。

（七）贷款利息

房地产因开发周期长、投资数额大，需要借助银行的信贷资金。在开发经营过程中通过借贷筹集资金而支付给金融机构的利息是开发成本的一个重要组成部分。

（八）税费

税费包括税收和行政性费用两部分。
（1）与房地产开发建设有关的税收主要有房产税、城镇土地使用税、耕地占用税、土地增值税、增值税、城市维护建设税、教育费附加、契税、企业所得税、印花税等。
（2）行政性费用主要是指由地方政府和各级行政主管部门向房地产开发商收取的费用。其包括征地管理费、商品房交易管理费、煤气水电管理费等。

（九）其他费用

其他费用是指除上述八项外的费用，主要包括销售广告费、不可预见费等。

二、经济适用房的价格构成

经济适用房是指已经列入国家计划，由城市政府组织房地产开发企业或者集资建房单位建造，以微利价向城镇中低收入家庭出售的住房。经济适用房价格按建设成本确定。其价格实行政府指导价，由价格主管部门根据《经济适用住房价格管理办法》有关规定，按照开发企业的开发成本加规定的税费和利润核定。

(1)经济适用房开发成本主要包括以下内容：

①按照法律、法规规定用于征用土地和拆迁补偿等所支付的征地和拆迁安置补偿费。

②开发项目前期工作所发生的工程勘察、规划及建筑设计、通水、通电、通气、通路及平整场地等勘察设计和前期工程费。

③列入施工图预(决)算项目的主体房屋建筑安装工程费。

④在小区用地规划红线以内，与住房同步配套建设的住宅小区基础设施建设费，以及按政府批准的小区规划要求建设的不能有偿转让的非营业性公共配套设施建设费。

⑤管理费按照不超过前面四项费用之和的2%计算。

⑥贷款利息按照房地产开发经营企业为住房建设筹措资金所发生的银行贷款利息计算。

⑦行政事业性收费按照国家有关规定计收。

(2)税费按照国家规定计算。

(3)利润按照不超过(1)中①～④费用之和的3%计算。

三、限价商品房的价格构成

限价商品房是一种限价格限套型(面积)的商品房，主要解决中低收入家庭的住房困难，是限制高房价的一种临时性举措。限价房在土地挂牌出让时就已被限定房屋价格、建设标准和销售对象，政府对开发商的开发成本和合理利润进行测算后，设定土地出让的价格范围，从源头上对房价进行调控。

限价商品房属市场运作开发的商品房项目，其建筑规费、税费、建设等成本与其他商品房项目相同，不同的是限价商品房是在国家有关部门政策的指导下限定价格出售。目前各个城市对限价商品房销售价格的规定不尽相同，有的城市是直接规定销售价格，有的城市则是规定开发商的平均利润率。无论各个城市的规定如何，可以肯定的是限价商品房销售价格一定比正常商品房低。

知识链接

共有产权房的价格构成

共有产权住房，即政府与购房者共同承担住房建设资金，分配时在合同中明确共有双方的资金数额及将来退出过程中所承担的权利义务；退出时由政府回购，购房者只能获得自己资产数额部分的变现，从而实现保障住房的封闭运行。

共有产权房的购买人随着收入的增加，可以申请购买政府部分的产权。按规定，自房

屋交付之日起5年内购买政府产权部分的，按原供应价格结算；5年后购买政府产权部分的，按届时市场评估价格结算。

房屋出售时与此类似，出售所得按购房家庭与政府的产权比例进行分配。当购买者的经济情况发生变化，家庭收入高于政府规定标准，进入中高收入群体时，政府也无须强制其搬出，而是对政府产权部分收取市场租金。

单元3 影响房地产价格的因素

房地产价格受各种因素的影响而发生变动，有的因素变动会使房地产价格上涨，有的因素变动则会使房地产价格下跌，各种因素对房地产价格的影响程度也有差别。全面而深刻地认识这些因素及其特点、作用，有助于正确制定房地产价格。

一、个别因素

个别因素是指构成房地产的个别特性并对其价格产生影响的因素。具体有以下几个方面：

（1）位置。房地产位置优劣的形成，一是先天的自然条件；二是后天的人工影响。在房地产估价中，关键是要弄清楚什么样的位置才算优，什么样的位置才算劣。房地产位置优劣的判定标准虽然因不同的用途而有所差异，但在一般情况下，凡是接近经济活动的中心、要道的通口、行人较多、交通流量较大的位置，房地产价格一般较高；反之，闭塞街巷，郊区僻野，房地产价格一般较低。

（2）地质条件。地质条件决定着地基承载力、稳定性、地下水水位等。土地的承载力是指土地可负荷物品的能力。现代建筑技术的进步在一定程度上可以克服不良地质条件造成的地基承载力小、不稳定等问题。因此，地价与地质条件关系的实质是地质条件的好坏决定着开发建设费用的高低。建造同样的建筑物，地质条件好的土地，需要的地基加固处理等费用低，从而地价高；相反，则地价低。

（3）地形、地势。地形是指同一块土地上的地面起伏状况；地势是指本块土地与相邻土地的高低关系，特别是与邻接道路的高低关系。与地质条件相似，地形地势的高低、起伏差异影响房地产开发建设成本或土地的利用价值，从而影响其价格。

（4）土地面积和形状。地块面积的大小，在特定的利用方式下会影响土地的单位价格。一般来说，凡是面积过于狭小而不利于经济使用的土地，价格较低。但在特殊情况下也可能有例外，如面积狭小的土地因与相邻土地合并后，可能会大大提高相邻土地的利用价值，于是该土地价格可能就会被抬高。地价与土地面积大小的关系是可变的。一般来说，在城市繁华地段对面积大小的敏感度较高；而在市郊或农村则相对较低。土地形状是否规则，对地价也有一定影响。一般形状规则的土地较易利用，形状、大小不规则的土地由于不利于土地的有效利用，其价格较低。通常为改善这类土地的利用，多采用土地调整或重划措施。土地经过调整或重划之后，利用价值提高，地价立即随之上涨，这反过来也说明了土地形状对地价的影响。

(5)气候条件。

①日照。日照有自然状态下的日照和受人为因素影响下的日照两种。日照与房地产价格的关系既有正面影响，又有负面影响。一般来说，受到周围建筑物或者其他物体遮挡的房地产的价格（尤其是住宅的价格），要低于无遮挡情况下的类似房地产的价格。日照对房地产价格的影响还可以从住宅的朝向对其价格的影响中看出。

②风向。城市通风条件与地形及建筑物的布置有关。风向与房地产价格的关系较为明显，在上风地区房地产价格一般较高，在下风地区房地产价格一般较低。

③降水量。降水量与地势相结合，对房地产价格的影响就会比较明显。城市中地势较低的地段在降水量大时易受水淹，价格因此较低。

④天然周期性灾害。凡是有天然周期性灾害的地区，如有天然周期性水灾的江、河、湖、海边，土地利用价值低，甚至不能利用。如果勉强利用，一旦天灾袭来，人们的生命财产都无法保障。因此，这类土地的价格必然很低。但这类土地上一旦建设了可靠的防洪工程，不再受周期性灾害的影响，其价格就会逐渐上涨。甚至由于靠近江、河、湖、海的缘故，可以获得特别的有利条件，如风景、水路交通，从而这类土地的价格要高于其他土地的价格。

二、系统因素

系统因素是指构成房地产整体特性并对其价格产生非个别影响的因素。具体有以下几个方面。

1. 行政因素

影响房地产价格的行政因素，是指影响房地产价格的制度、政策、法规等方面的因素。其包括土地制度、住房制度、城市规划、税收政策、交通管制、行政隶属变更、特殊政策等方面。

(1)土地制度。土地制度对土地价格的影响非常大。如严禁买卖、出租或以其他形式转让土地的土地政策，可能使地租、地价根本不存在。而在允许地价存在的制度中，科学合理的土地制度和政策可以刺激土地利用者或投资者的积极性，形成合理的土地价格。

(2)住房制度。住房制度对房地产价格的影响也相当大。住房制度改革使住宅走向社会化、市场化和商品化，从而在一定程度上刺激了人们的购房欲望，同时伴随着购房能力的不断提高及居住需求的增加使房地产价格上涨。而中国为改善城市中低收入及住房困难户而实行的安居工程、经济适用房、共有产权房开发计划，又在一定程度上对房地产价格的上涨起了降温作用。住房制度对房地产市场特别是住宅市场有着深远的影响。

(3)城市规划。城市规划是指为了实现一定时期内城市的经济社会发展目标，确定城市性质、规模和发展方向，合理利用城市土地和空间资源，协调城市各项用地和空间布局以及对城市各项建设活动的综合部署、具体安排和实施管理。城市规划对房地产价格有很大影响，特别是对城市发展方向、土地使用性质（用途）、建筑高度、建筑密度、容积率、绿地率等的规定。

(4)税收政策。国家通过税收政策调控房地产业的发展，直接或间接地对房地产课税实际上减少了利用房地产的收益，因而降低了房地产的价格。不同的税种和税率，对房地产

价格的影响是不同的。

（5）交通管制。交通方便程度直接影响房地产价格，所以，某些房地产所处的位置，看似交通方便，而实际上并不方便，这可能是受到了交通管制的影响。交通管制主要有严禁某类车辆通行，实行单行道等。交通管制对房地产价格的具体影响，要看这种管制的内容和该房地产的使用性质。例如，在住宅区内的道路禁止机动车辆通行，可以减少噪声和行人的不安全感，因此有可能会提高房地产的价格；而对商业用途房地产由于造成出行不便，从而降低了价格。

（6）行政隶属变更。行政隶属变更一般都会促进当地房地产价格的上涨。行政隶属变更通常可分为两类：一类是级别升格，如某一城市由县级市升为地级市，或者非建制镇上升为建制镇等；另一类是级别不变，其管辖权由原地区划归另一地区。

（7）特殊政策。对于某些地区实行开放、优惠政策，往往会提高该地区的房地产价格。如深圳市变为经济特区，享受特区政策，开发上海浦东政策，都使这些地区的房地产价格大幅度上涨。

2. 经济因素

经济因素对房地产价格的影响是多方面的，而且较为复杂，各种经济因素影响的程度和范围也不尽相同。一般来说，影响房地产价格的经济因素主要有以下几个方面：

（1）经济发展。经济发展预示着投资、生产经营活动活跃，对厂房、写字楼、商店、住宅和各种娱乐设施等的需求增加，由此会引起房地产价格上涨，尤其是引起地价上涨。但是经济发展也很可能带来房地产价格的泡沫式上涨，一旦经济发展出现波动，就会出现泡沫破灭式的价格急剧下滑。因此，经济发展与房地产价格的波动并非简单的对应关系，各自的比例和速度变化往往也是不一致的。

（2）物价变动。房地产价格与物价之间关系非常复杂：在物价普遍波动时，实质上是货币购买力在变动，即币值发生变动，房地产价格也随之变动，在其他情况不变的条件下，房地产价格变动的百分比相当于物价变动的百分比，并且变动方向相同。就房地产商品与其他商品的关系而言，其他商品物价的变动可以影响房地产价格的变动，如建筑材料价格上涨，建筑人工费用增加，即货币供应量的增加引起物价上涨，从而带动了房地产价格上涨。国内外统计资料表明，房地产价格的上涨率要高于一般物价的上涨率和国民收入的增长率。这被人们归为房地产的保值增值性。

（3）居民收入。通常，居民收入的真正增长（为非名义增加，名义增加是指在通货膨胀情况下的增加），意味着人们的生活水平将随之提高。至于对房地产价格影响的程度，则要由收入水平及边际消费倾向（指增加的消费在增加的收入中的比例）的大小来定。如果收入增加的主力是中、低收入者，则因其边际消费倾向较大，且衣食等基本生活已有了较好的基础，将增加的收入用于提高居住水平，自然促使居住房地产价格上涨。但如果收入增加的主力是高收入者，那么因其生活设施已具备完备性，其边际消费倾向甚小，增加收入的大部分甚至全部都用于储蓄或其他投资，在这种情况下对居住房地产的价格变动影响不大；但如果利用剩余收入从事房地产投机（或投资），如购买住宅后用于出租或将住宅当作保值、增值的手段，则必然引起房地产价格上涨。

（4）利率。房地产是资金占用量很大的商品，因而，房地产价格高低与利率水平密切相

关。由于房地产具有生产、消费双重特性，利率水平对房地产价格的影响就有双重意义。一方面，利率水平高低影响房地产消费代价大小。由于房地产消费中借贷资金的比例大，若利率水平高，则使用者需支付高额的利息，导致房地产消费意愿低、房地产需求不强；反之，则导致需求增加。另一方面，利率水平的高低影响到社会上投资收益水平的高低。当利率较低时，对社会投资意愿较强之余，对收益率的要求也较低。投资者愿意支付更高的价格去购买产生同样收益的房地产，导致房地产的价格上升。

3. 人口因素

房地产（特别是居住房地产）的需求主体是人，人的数量、素质、构成等状况，对房地产价格有很大影响。

（1）人口数量。随着人口数量的增长，人们对房地产的需求必然增加，从而促使房地产价格上涨。反映人口数量的相对指标是人口密度。

人口密度与房地产价格关系密切，它决定了房地产的总体需求规模。人口密度大的地区，对房地产的求多于供，因而房地产价格水平较高。人口密度是人口数量与土地可利用面积的比值。人口密度高对房地产价格的影响表现为：购买力强，有利于促进商业中心的形成。只有人口密度达到一定的程度，城市基础设施和社会服务设施才能产生规模效益，才能得以完善和发展。因此，人口密度越高，土地利用的集约化程度也越高，土地的区位就越好。

（2）人口素质。人们的文化教育水平、生活质量和文明程度，标志着社会的文明程度与经济的发展水平，从而影响房地产价格的高低。随着文明的发展，文化的进步，人们对公共服务设施的要求必然越来越高，同时对居住环境也必然力求宽敞舒适，凡此种种都足以增加对房地产的需求，从而导致房地产价格升高。

在择邻而居现象的影响下，如果一个地区中居民素质低、构成复杂、社会秩序欠佳，人们大多不愿意在此居住，则该地区的房地产价格会相应回落。

（3）家庭人口规模。这里所说的家庭人口规模，是指全社会或某一地区的家庭平均人口数。家庭规模的变化，即使人口总数不变，也影响居住的数量从而导致房地产需求的变化。

4. 社会因素

社会发展状况和安定状况对房地产价格有很大的影响。具体来说，影响房地产价格的社会因素包括以下几个方面：

（1）政治安定状况。政治安定状况是指现有政权的稳固程度，包括不同政治观点的政党和团体，以及不同宗教团体的冲突情况等。通常，政治不安定、社会动荡，必然造成房地产价格低落。

（2）社会治安状况。社会治安状况是指偷窃、抢劫、强奸、绑架、杀人等方面的刑事犯罪情况。房地产所处的地区如果经常发生此类刑事犯罪案件，则意味着人们的生命财产缺乏保障，因此会造成该地区房地产价格低落。

（3）房地产投机。房地产投机是指不是为了使用而是为了出售（或再购买）而暂时购买（或出售）房地产，利用房地产价格的涨落变化，以期从价差中获利的行为。房地产投机是建立在对未来房地产价格预期的基础上的。一般来说，房地产投机对房地产价格的影响可分为两种情况：一种是引起房地产价格上涨。如预计房地产价格有上涨空间的投机者抢购房地产，可能引起价格上涨。另一种是引起房地产价格下跌。如预计房地产价格会下跌的

投机者抛售房地产，可能会使价格下跌。

（4）城市化。城市化是指人类生产和生活方式由乡村型向城市型转化的过程，也称城镇化、都市化。改革开放以来，我国的城市化进程十分迅速。城市化的结果是越来越多的农民离开土地，搬到城镇和城市，人口向城市日益集中，依靠房地产市场解决住房的人也日益增多，客观上增加了对房地产的需求；城市化还改变了人们的价值观念，使越来越多的农村人口接受了城市生活方式，投身到房地产市场中，从而扩大了房地产市场，带动房地产价格上升。

5. 心理因素

心理因素对房地产价格的影响，也是一个不可忽视的因素。影响房地产价格的心理因素主要有价格预期、购买或出售心态、欣赏趣味、时尚风气、接近名家住宅心理、讲究门牌号码心理、讲究风水心理等。

6. 国际因素

现代社会，国际交往日益频繁，某个国家或地区的政治、经济、文化等，常常会影响到其他国家和地区。国际经济、军事、政治等环境如何，对房地产价格也有影响。影响房地产价格的国际因素主要有世界经济状况、国际竞争状况、政治对立状况和军事冲突状况等。

知识链接

房地产主要差价关系

（1）位置差价。同种用途的房地产，其位置有优劣之分，可给生产经营单位带来极差收益，给住房带来不同的便利程度，这些在价格上都有所反映。

（2）朝向差价。根据我国独特的地理环境和文化背景，一般来说，坐北朝南的房子价格较贵，东西朝向或坐南朝北的房子相对便宜。

（3）楼层差价。对多层楼房而言，一般三、四、五层较贵，而一层、二层和高层相对便宜。在台湾地区，五层公寓内，一层、五层相对较贵，二、三层次之，四层最便宜。高层楼更要注意楼层差价。

（4）边向差价。通常情况，可三边采光的房屋，价格比较贵；两边采光稍次；一边采光更次；不能采光的地下室最便宜。

（5）面积差价。房屋的面积大小，给予生活其中的人们的舒适感和方便程度是不同的，因而房屋面积有一个适度规模。适宜于人们生活所需空间尺度的房屋较贵，面积太大或太小的房屋价格次之。

（6）视野差价。面临公园、湖泊等优美风光，视野较佳，使人感到生活在这种房屋内轻松自然，这种房屋价格一般较贵；而面临都市、视野较差的房屋，即使与前者在同一栋楼，其价格也相对会便宜一些。

（7）材料及设备差价。房地产由建筑材料构成，不同档次的建材价格差异较大，如木制门窗同铜铸门窗、高级铝制门窗的价格差很多；瓷砖地面与大理石、花岗岩地面难以比拟；进口的厨房设备、卫生设备往往比国产贵几倍。

(8)设计差价。户型选择室内格局、公共设施配置、开放空间、休闲空间的设计都可提高质量品质,从而提高房地产价格。

单元4　房地产价格评估

一、房地产价格评估的概念

房地产价格评估又称房地产估价,是指专业的房地产估价人员,根据特定的估价目的,遵循估价原则,按照规范的估价程序,采用科学的估价方法,并结合经验,通过对影响房地产价格因素的分析,对特定房地产的真实、客观、合理的价格所做的估计、推测和判断。

二、房地产价格评估的必要性

1. 土地使用权出让的需要

国家将国有土地使用权在一定年限内按照招标、拍卖、挂牌、协议等方式出让给土地使用者,由土地使用者向国家支付土地使用权出让金的行为叫作土地使用权出让。

在土地使用权出让中,出让人需要根据土地估价结果确定标底或底价等(如确定招标底价,拍卖和挂牌的底价、起叫价、保留价)。作为欲取得土地使用权的投标人、竞买人等如何报出适当的价格,也需要通过科学的房地产估价结果提供参考。

2. 房地产转让租赁的需要

房地产转让是指房地产权利人通过买卖、互换、赠与或以房地产出资作价入股、偿还债务(抵债)等合法方式将其所拥有的房地产转移给他人的行为。

房地产转让、租赁价格评估,应依据《中华人民共和国城市房地产管理法》《中华人民共和国土地管理法》《城市房地产转让管理规定》《商品房屋租赁管理办法》,以及当地制定的实施细则和其他有关规定进行。

3. 房地产抵押的需要

房地产抵押是债务人或第三人(即抵押人)以其合法的房地产用不转移占有的方式向债权人(即抵押权人)提供债务履行担保的行为,当债务人无法履行到期债务时,债权人有权依照法律和抵押合同的规定将该房地产折价变卖或以拍卖、变卖该房地产所得的价款优先受偿。上述债务人为抵押人,债权人为抵押权人,提供担保的房地产为抵押房地产。房地产具有不可移动、寿命长久、价值量大、保值增值的特性,是一种良好地提供债务履行担保的物品。因此,债权人在民间借贷活动中,一般会要求债务人将其有权处分的、法律和行政法规规定可以抵押的房地产抵押给债权人,而贷款金额则低于抵押房地产的价值。为了知道该提供担保的房地产价值,债权人一般会要求债务人提供估价机构出具的估价报告,以作为放款限额的参考依据。

4. 房地产保险的需要

房地产保险估价应依据《中华人民共和国保险法》《中华人民共和国城市房地产管理法》

和其他有关规定进行。房地产保险估价可分为房地产投保时的保险价值评估和保险事故发生后的损失价值或损失程度评估。

房地产是一种重要的财产，容易受到自然灾害或意外事故所带来的损毁或灭失，如火灾、爆炸、雷击、暴风、暴雨、泥石流、地面突然塌陷、岩崩、突发性滑坡或空中运行物体坠落等，而遭受损毁或灭失，从而需要保险。在房地产保险时，以下两种情况需要对房地产进行估价：一是在投保时需要评估保险价值，为确定保险金额提供参考依据；二是在保险事故发生后需要评估所遭受的损失或重置价格、重建价格，为确定赔偿金额提供参考依据。

5. 房地产课税的需要

房地产课税估价应按相应税种来核定其计税依据。

有关房地产税的估价，应按相关税法具体执行。房地产课税估价宜采用公开市场价值标准，并应符合相关税法的有关规定。

6. 征收和征用补偿的需要

房地产是生产和生活都不可缺少的基础要素，国家有时为了公共利益的需要，或者因救灾、战争等紧急需要，不得不征收、征用自然人、法人的房地产。

(1) 征收的实质是强制购买——主要是所有权的改变，不存在返还的问题。例如，依法将集体土地转为国有土地，或者收回国有土地使用权。征用的实质是强制使用——只是使用权的改变，被征用的房地产使用完毕，应当及时返还被征用人，即是一种临时使用房地产的行为。

(2) 征用房地产不仅应当给予使用上的补偿(补偿金相当于租金)，被征用的房地产受到损失的，还应当按照实际损失给予补偿。例如，发生毁损的，补偿金应相当于毁损前后的价值之差；灭失的，补偿金应相当于被征用房地产的价值。

对上述征收、征用的补偿金的确定，就需要房地产估价机构提供相关服务。

7. 房地产分割合并的需要

房地产分割、合并估价应注意分割、合并对房地产价值的影响。分割、合并前后的房地产整体价值不能简单等于各部分房地产价值之和。

房地产分割一般发生在共有财产分割、遗产分割之时。因为许多情况下房地产在实物形态上难以分割，通常采用折价等方法处理。如夫妻离婚，原来共有的一套住房不宜实物分割，多数情况下由其中的一方获得该住房，获得房屋一方再按照该套住房市场价值的一半向对方支付现金。

8. 房地产纠纷的需要

有的房地产纠纷是有关当事人对房地产买卖、租赁、抵债、土地征收征用补偿、城市房屋拆迁补偿、损害赔偿等有关房地产的价格、租金、评估价值、补偿金额、赔偿金额等持有不同的看法。房地产纠纷估价，应按相应类型的房地产估价进行。房地产纠纷估价，应注意纠纷的性质和协议、调解、仲裁、诉讼等解决纠纷的不同方式，并将其作为估价依据，协调当事人各方的利益。

9. 房地产拍卖底价的需要

房地产拍卖底价评估为确定拍卖保留价提供服务，应依据《中华人民共和国拍卖法》《中华人民共和国城市房地产管理法》和其他有关规定进行。房地产拍卖底价评估，首先应以公

开市场价值标准为原则确定其客观合理价格，之后再考虑短期强制处分（快速变现）等因素的影响确定拍卖底价。

10. 企业发生有关经济行为的需要

以房地产出资设立企业及企业对外投资、合资、合作、合并、分立改制、资产重组、产权转让、租赁清算等经济行为，往往需要对相关房地产或企业整体资产进行估价。这种估价首先应了解房地产权属是否发生转移，若发生转移，则应按相应的房地产转让行为进行估价；其次应了解是否改变原用途及这种改变是否合法，并根据原用途是否合法改变，按"保持现状前提"或"转换用途前提"进行估价。

11. 其他方面的需要

现实对房地产估价的需要除以上列举的还有很多，包括房地产损害赔偿估价等。

房地产损害赔偿估价，应把握被损害房地产在损害发生前后的状态，对于其中可修复部分，宜估算其修复所需的费用并作为损害赔偿价值。

三、房地产价格评估原则

1. 合法原则

合法原则要求：房地产价格评估的前提是估价对象具有的合法权益。合法权益包括合法产权、合法使用、合法处分三个方面。

2. 最高最佳使用原则

最高最佳使用原则要求房地产价格评估在遵循合法原则的前提下，应以估价对象的最高最佳使用为前提进行。所谓最高最佳使用，是指法律允许、技术可能、市场支持、财务可行并达到房地产最高价值的条件。

3. 替代原则

替代原则要求房地产价格评估结果不应存在不合理偏离类似房地产在同等条件下的正常价格的情况。所谓类似房地产，是指与估价对象处在同一供求范围内，并在用途、规模、档次、建筑结构等方面与估价对象相同或相近的房地产。

4. 估价时点原则

估价时点原则要求房地产价格评估结果应是估价对象在估价时点的价值。由于房地产价格具有很强的时间性，每个价格对应着一个具体的时间。房地产价格评估不是求取估价对象所有时间上的价值，而是在特定时间上的价值。这个特定时间不是估价人员随意假定的，必须依据估价目的来确定。

5. 变动原则

变动原则主要是指在对房地产的价格把握上要以变动为基础，估价时必须分析该房地产的效用、稀缺性、个别性与有效需求，以及使这些因素发生变动的一般因素、区域因素和个别因素。无论采用何种估价方法，评估结果能否客观准确地反映评估对象的市场价格，在很大程度上取决于评估者对变动原则的把握。与其他商品相比，房地产价格的变动更加频繁和复杂，主要是由于其价格构成复杂，影响因素众多。

6. 谨慎原则

谨慎原则是房地产抵押估价应当遵循的一项原则。当存在不确定因素时做出估价相关

判断，应当保持必要的谨慎，充分估计抵押房地产在抵押权实现时可能受到的限制，未来可能发生的风险或损失，不高估假定未设立法定优先授权下的价值，不低估估价人员知悉的法定优先受偿权。

知识链接

房地产价格评估的基本程序

第一，获取估价业务。
第二，确定房地产估价的基本事项。
第三，拟订评估作业计划。
第四，实地勘察和收集整理资料。
第五，选择估价方法。
第六，确定估价结果（最终估价）。
第七，完成估价报告。

四、房地产价格评估的方法

房地产价格评估不能单纯依靠估价人员的经验及其主观判断，应借助科学的估价方法进行严谨的测算。房地产价格通常通过市场途径、成本途径、收益途径等来确定，这形成房地产价格评估的三大基本方法。

1. 市场比较法

所谓市场比较法，是指将估价对象与在估价时点近期有过交易的类似房地产进行比较对照，从已经发生交易的类似房地产已知价格，修正得出估价对象房地产最可能实现合理价格的一种估价方法。

市场比较法的理论依据是替代原理。根据经济学理论，在同一市场上，具有相同效用的物品，应具有同一价格，即具备完全的替代关系。这样，在同一市场上，两个以上具有替代关系的商品同时存在时，商品的价格就是由这种有替代关系的商品相互竞争，使其价格相互牵制而趋于一致，这就是替代原理。这一原理作用于房地产市场，便表现为效用相同、条件相似的房地产价格总是相互牵制，并趋于一致。因此，在房地产市场上，任何有理性的当事人都会以已成交的房地产的价格作为参考依据来决定其行动。采用比较法求得的房地产价格又称可比价格。

2. 成本法

成本法又称逼近法、原价法，是以房地产重新开发建设成本为导向求取估价对象价格的一种估价方法。

成本法是房地产估价的基本方法之一，其理论依据是生产费用价值论——商品的价格依据生产其所必需的费用而决定。从卖方的角度来看，房地产的价格是基于其过去的"生产费用"，重在过去的投入，具体地讲是卖方愿意接受价格的下限，不能低于卖方为开发建设该房地产已花费的代价，如果低于该代价，卖方就要亏本。从买方的角度来看，房地产的价格是基于社会上的"生产费用"，类似于替代原则。具体讲是买方愿意接受价格的上限，

如果高于该代价，还不如自己开发建设。采用成本法求得的房地产价格又称积算价格。

成本法测算的价格是买卖双方都能接受价格，一方面不低于开发建造已花费的代价；另一方面不高于预计重新开发建造所需花费的代价。此时，计算出的估价是一个正常的价格（包括正常的费用、税金和利润），因此，在实际评估时，可以根据开发建造待估房地产所需的正常费用、税金和利润之和来估算其价格。

3. 收益法

收益法是房地产估价中预测评估对象的未来收益，然后利用报酬率或资本化率、收益乘数将其转化为价值来求取估价对象价值的方法。

收益法又称收益资本化法、收益现值法、收益还原法等，是房地产估价中最常用的方法之一，是对房地产和其他具有收益性质资产评估的基本方法，其本质是以房地产的预期未来收益为导向求取估价对象的价值。运用收益法评估的价格被称为收益价格。

根据将未来预期收益转换为价值的方式的不同，收益法可分为报酬资本化法和直接资本化法两种形式。报酬资本化法即现金流量折现法，是通过预测估价对象未来各期的净收益（净现金流量），选用适当的报酬率（折现率）将其折算到估价时点后相加来求取估价对象价值的方法。直接资本化法是将估价对象的某种预期收益除以适当的资本化率或者乘以适当的收益乘数来求取估价对象价值的方法。其中，将某种预期收益乘以适当的收益乘数来求取估价对象价值的方法，也被称为收益乘数法。

模块小结

房地产价格是建筑物连同其所占土地的价格，是人们和平地获得他人房地产所必须付出的代价，是房地产经济价值（交换价值）的货币表示。房地产价格在整个价格体系中属于基础价格。从房地产开发企业的财务核算上看，典型房地产价格主要有土地费用、前期工程费、基础设施建设费、建筑安装工程费、公共配套设施建设费、管理费用、贷款利息、税费、其他费用等构成。影响房地产价格的因素有个别因素、行政因素、经济因素、人口因素、社会因素、心理因素、国际因素、环境因素等。房地产价格评估又称房地产估价，是指专业的房地产估价人员，根据特定的估价目的，遵循估价原则，按照规范的估价程序，采用科学的估价方法，并结合经验，通过对影响房地产价格因素的分析，对特定房地产的真实、客观、合理的价格所做的估计、推测和判断。房地产价格通过三个途径求取，即市场途径、成本途径、收益途径，这些形成房地产价格评估的三大基本方法。

模块习题

一、填空题

1. _____是指一笔房地产交易中交易双方实际达成交易（买者愿意付出、卖者愿意接受）的额度，即买者支付、卖者收取的货币额、商品或其他有价物。

2. _____又称为单位建筑面积地价，是平均到每单位建筑面积上的土地价格。

3. _____是指由房地产经营者自主制定，通过市场竞争而形成的价格。

4. _____是指开发项目内发生的、独立的、非营利性的，且产权属于全体业主的，或无偿赠予地方政府、政府公用事业单位的公共配套设施支出。

5. 人口密度大的地区，对房地产的_____多于_____，因而房地产价格水平_____。

6. 房地产价格评估原则包括_____、_____、_____、_____、_____、_____。

7. 房地产价格评估的方法有_____、_____、_____。

二、单项选择题

1. 征用耕地的补偿费，为该耕地被征用前三年平均年产值的( )倍。
   A. 4～7　　　　　B. 5～8　　　　　C. 6～10　　　　　D. 7～12

2. 土地管理费的收取标准，一般是在土地补偿费、青苗费、地上附着物补偿费、安置补助费四项费用之和的基础上提取( )。
   A. 1%～2%　　　B. 2%～4%　　　C. 3%～5%　　　D. 4%～6%

3. 下列不属于影响房地产价格经济因素的是( )。
   A. 经济发展　　　B. 物价变动　　　C. 利率　　　　　D. 房地产投机

三、简答题

1. 房地产价格的主要作用是什么？
2. 简述经济适用房开发成本的主要内容。
3. 影响房地产价格的行政因素有哪些？

模块 5 房地产企业

学习目标

通过本模块的学习，了解房地产企业的概念、分类、特征；熟悉房地产企业经营管理；掌握房地产开发企业、房地产中介服务企业、物业服务企业的含义、机构与管理。

能力目标

能够对房地产企业的业务范围、作用产生一定的认识。

单元 1 房地产企业概述

一、房地产企业的概念

房地产企业是指从事房地产开发、经营、管理和服务活动，并以盈利为目的进行自主经营、独立核算的经济组织。房地产企业是房地产产品的直接供应者，是房地产市场的主体，对房地产业的发展和房地产市场的发育起着不可替代的推动作用。

二、房地产企业的分类

1. 从经营内容和经营方式的角度划分

从经营内容和经营方式的角度划分，房地产企业主要可以划分为房地产开发企业、房地产中介服务企业和物业服务企业等。

(1)房地产开发企业是以营利为目的、从事房地产开发和经营的企业，主要业务范围包括城镇土地开发、房屋营造、基础设施建设及房地产营销等。

(2)房地产中介服务企业主要包括房地产咨询企业、房地产价格评估企业、房地产经纪企业等。

（3）物业服务企业是指以住宅小区、商业楼宇等大型物业管理为核心的经营服务型企业。这类企业的业务范围包括售后或租赁物业的维修保养、住宅小区的清洁绿化、治安保卫、房屋租赁、商业服务以及其他经营服务等。

2. 从经营范围的角度划分

根据经营范围的广度不同，房地产企业可以划分为房地产综合企业、房地产专营企业和房地产项目企业。

（1）房地产综合企业是指综合从事房地产开发、经营、管理和服务的企业。

（2）房地产专营企业是指长期专门从事如房地产开发、租售、中介服务，以及物业管理等某一方面经营业务的企业。

（3）房地产项目企业是指针对某一特定房地产开发项目而设立的企业。许多合资经营和合作经营的房地产开发公司即属于这种类型。

3. 按现阶段房地产企业性质划分

从所有权的角度来看，在多种经济成分并存的条件下，我国现阶段房地产企业可划分为国有企业、集体所有制企业、股份制企业、股份合作制企业、私营企业、外资企业等。

（1）国有企业。国有企业是指依法自主经营、自负盈亏、独立核算的生产和经营单位。企业的财产属于全民所有，国家依照所有权和经营权分离的原则授予企业经营管理权。企业对国家授予其经营管理的财产承担民事责任。目前，这种类型的房地产企业在我国占有的比重较小。

（2）集体所有制企业。集体所有制企业是资产属于劳动群众集体所有、实行共同劳动、在分配方式上以按劳分配为主体的社会主义经济组织。

（3）股份制企业。股份制企业又称为股份有限公司，它的全部资本分为等额股份，采取发起设立和募集设立的方式筹集资本金。

（4）股份合作制企业。股份合作制企业是指以企业职工出资为主或全部由企业职工出资构成企业法人财产，是合作劳动、民主管理、按劳分配和按股分红相结合的企业法人，其性质是劳动者的劳动联合和劳动者的资本联合相结合的集体经济。

（5）私营企业。私营企业是指企业资产属于私人所有、雇工8人以上的营利性经济组织。私营企业可分为独资企业、合伙企业和有限责任公司三类。

（6）外资企业。外资企业包括中外合资经营企业、中外合作经营企业和外商独资企业。中外合资经营企业是指我国的公司、企业或其他经济组织与外国的公司、企业或其他经济组织及个人按照中外合资经营企业法的规定，在我国境内共同投资、共同经营，并按投资比例分享利润、分担风险及亏损的企业。中外合作经营企业是指我国的公司、企业、其他经济组织与外国企业、其他经济组织或个人根据有关法律在我国境内设立的，依照合同联合经营的企业。外商独资企业是指依照外资企业法在我国境内设立的，全部资本为外国投资者所投入的企业。

三、房地产企业的特征

由于房地产企业经营产品和服务的特殊性，房地产企业有以下四个方面特征。

1. 经营对象的不可移动性

无论是房地产开发企业、中介服务企业，还是物业管理企业，其经营对象都是不动产，且具有固定性和不可移动性。这种特殊性使房地产企业在经营活动中受到十分巨大的影响，受周围环境的影响也较大，经营绩效与所处区位状况关系密切。由于一般商品属于动产，具有实体的流动性，可以随时在地区之间，甚至是不同国家之间进行流动，因而通常面对的市场竞争范围比较大，在不受国家对外贸易政策、国家安全等贸易壁垒影响的条件下，竞争范围是世界性的，企业要根据国际市场的情况进行决策，国际市场环境发生变化会对这类企业产生直接的影响。但对于房地产企业而言，不动产不具有实体的流动性，房地产企业提供的产品不可能移动，相关的房地产服务也附着于固定的房地产上面，因此其面对的市场竞争范围要小一些。另外，由于房地产产品的价值量大，资产转移需要经过较长时间，从而使市场竞争关系无法充分展开，因此，房地产企业经营成功的关键在于把握当地市场的需求。

2. 业务形态的服务性

在房地产开发企业从事经营活动的过程中，即征地，拆迁，土地开发，土地出让、转让，房屋开发，房屋出售、出租、转租，房地产抵押及房地产建设过程中必然会产生大量谈判、协调、筹划等劳务相应的法律事务，这些是房地产开发企业经营活动的主要内容。

房地产中介服务企业主要围绕房地产产品进行一系列咨询、筹划、代理和服务活动，沟通与房地产产品相关的各类信息，撮合买卖双方，节约交易各方的交易成本，并从节约的成本中获取佣金，因此，中介企业提供的是各类房地产服务。物业管理企业实际上就是对房地产物业及其设施和周边环境进行管理并提供各种保安、保洁、维修和保养服务的企业。这种特性决定了房地产企业的服务态度和服务质量至关重要。

3. 经营活动过程的行业限制性

在房地产企业经营管理活动中，行业特征对其产生的影响主要表现在以下六个方面：

(1)行业的市场规模较大，对企业发展具有巨大的推动作用。

(2)行业的竞争范围主要是本地市场，是面向区域的，全国及世界性的竞争主要来源于资金流动。

(3)目前房地产行业竞争者的数量众多，但有较强实力的企业数量则相对较少，市场竞争激烈，企业经营过程中面临的不确定性较强。

(4)房地产用户的数量较多，是领域较为广阔的一个市场。

(5)房地产业进入障碍比较大。一方面，由于进入房地产业需要较高的启动资金，因此存在较高的进入壁垒障碍；另一方面，房地产的固定性也决定了退出房地产业的转移成本相当之高。

(6)房地产企业由于其资金量投入大、风险高，如果企业经营得当，其盈利水平就会较高，这种较高水平的盈利是对其承担的高风险的补偿。这也是吸引其他行业资金进入房地产业的要素之一。

4. 经营活动资金和人才的密集性

房地产企业在经营管理过程中需要大量的资金和人才，房地产开发企业的每个经营项目蕴涵的价值量极大，需要大量资金的运筹，是一种资金密集型的企业。房地产业与金融

业的密切联系带来的后果包括两个方面：一方面，房地产企业需要大量资金为银行等金融机构提供一种优良的投资渠道；另一方面，二者结合使整体经济的抗风险能力下降，一旦房地产价格下跌或房地产企业经营不善，可能会造成金融体系动荡，从而危及整个国民经济的安全。

所谓人才密集，是指在房地产开发、中介咨询、代理、物业管理过程中，需要大量的各种各样的专业人才。房地产开发企业在实际经营活动中涉及建筑安装方面的技术知识，也涉及市场调研、项目管理、各专业领域协调等知识和技能，往往只有借助各类专业人员的协同合作才能完成房地产开发。对于普通房地产需求者而言，无法在短时间内掌握与房地产相关的专业知识，通常在交易过程中需要依赖相关专业人士的协助，这样就为专业化的中介服务企业提供了经营空间。

四、房地产企业经营管理

（一）房地产企业经营目标

房地产企业经营目标是房地产企业一切计划与管理的基础，因此，为达到动态平衡，房地产企业决策者应该遵循一定的目标制定原则，通过对历史、现状及未来的分析、判断和预测，选择可行的目标，明确企业经营目标的内容，并根据房地产企业内外环境的变化适时进行目标调整。

房地产企业经营目标是指企业在经营中所要达到的预期效果，按其重要程度可分为经营的战略目标和战术目标。

房地产企业经营的战略目标是指企业长远发展方向、规划的总目标或基本目标，由成长性目标、盈利性目标和竞争性目标构成。

(1) 成长性目标。成长性目标代表房地产企业经营发展水平和未来发展潜力，其内容由营业总收入及其增长率、资产总额及其增长率、开发规模及其开发范围、土地储备面积四个方面构成。其中，前三项反映了房地产企业的经营发展水平，土地储备面积反映了企业的发展潜力。

(2) 盈利性目标。盈利性目标代表房地产企业经营的盈利能力和偿债能力，其内容由利润总额及其增长率、净利润、净利润率、净资产回报率、资产负债率五个方面构成。其中，前四项反映了房地产企业的盈利能力，资产负债率反映了企业的偿债能力。

(3) 竞争性目标。竞争性目标代表房地产企业经营的竞争能力和企业形象，其内容由市场占有率、行业影响率、品牌价值三个方面构成。其中，市场占有率反映了企业的竞争能力，行业影响率和品牌价值反映企业形象。

（二）房地产企业经营决策

决策是房地产企业经营管理的核心，房地产企业整个经营管理过程通常都是围绕着决策的制定和组织实施而展开的。由此可见，决策在房地产企业经营管理中具有非常重要的地位。

房地产企业经营决策是指企业管理层为了实现企业经营目标对未来一定时期内有关企

业经营活动的方向、内容及方式的选择或调整过程。决策需要选择或调整的对象，可以涉及房地产企业经营方向、内容或方式，具体包括选择房地产企业经营范围、对原有业务的调整、项目方案调整及多方案的优选等。

房地产企业经营决策对于企业适应激烈的市场竞争、提高企业经济效益等方面有着重要作用。随着房地产企业经营环境的变化，包括国家有关房地产政策的变化、竞争企业数量的增加、房地产企业融资渠道的变化、消费者需求的个性化与多元化等方面，为了适应激烈的市场竞争，均需要选择合理的决策方法，以提高房地产企业经营决策的正确性。

(三)房地产企业经营计划

一般来说，房地产企业经营计划是以决策为前提，将企业一定时期内的活动任务分配给各个部门和个人，从而为部门及个人的阶段工作提供具体的依据，进一步提高部门及个人的工作效率。

房地产企业经营计划是以提高企业经济效益为中心、以企业的经营活动为对象的计划安排，它是以市场为导向、实现企业经营目标的多种计划组成的综合计划体系，是企业在计划阶段内进行生产经营活动的奋斗目标及行动纲领。

房地产企业经营计划的内容可分为两大部分：一是房地产企业长期经营计划内容；二是房地产企业短期经营计划内容。由于我国目前房地产企业规模、成长性、盈利性及人员素质等方面差异巨大，各个企业的经营目标、经营方针及经营战略也有所不同，因此，各个企业计划编制的内容也各具特色。

（1）房地产企业长期经营计划的基本内容。房地产企业长期经营计划是在依据国家社会经济发展规划、方针政策、行业发展规划、市场信息、技术发展趋势及企业自身素质的基础上编制而成的。一般来说，其基本内容包含企业生产发展规划、企业发展规模规划、企业人员培训规划和企业某些重要或专门性问题的规划等。

①企业生产发展规划包括企业未来主要经营业务，开发各类物业类型的比例，各类物业类型在市场中的占有率，企业的产值、净产值、利润和纯收入水平，以及其他的技术经济指标。

②企业发展规模规划是指在企业生产发展规划的基础上制定企业发展规模规划，包括企业固定资产总值、企业在行业中的影响力、企业人员数量和素质及技术革新等方面。

③企业人员培训规划包括企业人员技术水平、文化素质在规划期内要达到的程度，培养各类人才的比例，以及要采取的措施和需要的条件等。

④企业某些重要或专门性问题的规划。例如，成立新型建筑材料应用技术研究中心，以确保企业在技术方面的领先地位，为客户提供差异化产品。

（2）房地产企业短期经营计划的基本内容。短期经营计划是在企业长期计划要求及各项技术经济指标的基础上，依据近期市场研究资料、相关部门政策及上年度经营计划的有关资料编制而成。其基本内容主要包含生产经营综合计划和专业计划两大部分。

①生产经营综合计划是长期经营计划的年度具体化和数量化，并不是执行计划，它主要确定了房地产企业在该年度应该实现的各项技术经济指标。

②专业计划依据生产经营综合计划编制，它是将年度计划转化为生产计划的执行性计划，包括材料供应计划、财务计划、成本计划及技术组织措施计划等。

单元 2　房地产开发企业

一、房地产开发企业含义

房地产开发企业参与并控制从策划到建筑产品售后服务的全部开发过程，是项目的出资者、组织者、管理者与协调者，是房地产开发全部工作的直接决策人、受益人和责任人。房地产开发企业开发房地产产品的目的是在注重社会效益和环境效益的前提下，通过实施开发过程来获取直接的经济利益。

二、房地产开发企业的资质管理

根据《房地产开发企业资质管理规定》，房地产开发企业按照企业条件分为一、二、三、四四个资质等级。

1. 各资质等级企业的条件

(1) 一级资质。
①从事房地产开发经营 5 年以上；
②近 3 年房屋建筑面积累计竣工 30 万平方米以上，或者累计完成与此相当的房地产开发投资额；
③连续 5 年建筑工程质量合格率达 100%；
④上一年房屋建筑施工面积 15 万平方米以上，或者完成与此相当的房地产开发投资额；
⑤有职称的建筑、结构、财务、房地产及有关经济类的专业管理人员不少于 40 人，其中具有中级以上职称的管理人员不少于 20 人，持有资格证书的专职会计人员不少于 4 人；
⑥工程技术、财务、统计等业务负责人具有相应专业中级以上职称；
⑦具有完善的质量保证体系，商品住宅销售中实行了《住宅质量保证书》《住宅使用说明书》制度；
⑧未发生过重大工程质量事故。

(2) 二级资质。
①从事房地产开发经营 3 年以上；
②近 3 年房屋建筑面积累计竣工 15 万平方米以上，或者累计完成与此相当的房地产开发投资额；
③连续 3 年建筑工程质量合格率达 100%；
④上一年房屋建筑施工面积 10 万平方米以上，或者完成与此相当的房地产开发投资额；
⑤有职称的建筑、结构、财务、房地产及有关经济类的专业管理人员不少于 20 人，其中具有中级以上职称的管理人员不少于 10 人，持有资格证书的专职会计人员不少于 3 人；
⑥工程技术、财务、统计等业务负责人具有相应专业中级以上职称；

⑦具有完善的质量保证体系，商品住宅销售中实行了《住宅质量保证书》《住宅使用说明书》制度；

⑧未发生过重大工程质量事故。

(3) 三级资质。

①从事房地产开发经营 2 年以上；

②房屋建筑面积累计竣工 5 万平方米以上，或者累计完成与此相当的房地产开发投资额；

③连续 2 年建筑工程质量合格率达 100%；

④有职称的建筑、结构、财务、房地产及有关经济类的专业管理人员不少于 10 人，其中具有中级以上职称的管理人员不少于 5 人，持有资格证书的专职会计人员不少于 2 人；

⑤工程技术、财务等业务负责人具有相应专业中级以上职称，统计等其他业务负责人具有相应专业初级以上职称；

⑥具有完善的质量保证体系，商品住宅销售中实行了《住宅质量保证书》《住宅使用说明书》制度；

⑦未发生过重大工程质量事故。

(4) 四级资质。

①从事房地产开发经营 1 年以上；

②已竣工的建筑工程质量合格率达 100%；

③有职称的建筑、结构、财务、房地产及有关经济类的专业管理人员不少于 5 人，持有资格证书的专职会计人员不少于 2 人；

④工程技术负责人具有相应专业中级以上职称，财务负责人具有相应专业初级以上职称，配有专业统计人员；

⑤商品住宅销售中实行了《住宅质量保证书》《住宅使用说明书》制度；

⑥未发生过重大工程质量事故。

2. 房地产开发企业的设立

新设立的房地产开发企业应当自领取营业执照之日起 30 日内，持下列文件到房地产开发主管部门备案：

(1) 营业执照复印件；

(2) 企业章程；

(3) 企业法定代表人的身份证明；

(4) 专业技术人员的资格证书和劳动合同；

(5) 房地产开发主管部门认为需要出示的其他文件。

房地产开发主管部门应当在收到备案申请后 30 日内向符合条件的企业核发《暂定资质证书》。《暂定资质证书》有效期为 1 年。房地产开发主管部门可以视企业经营情况延长《暂定资质证书》有效期，但延长期限不得超过 2 年。自领取《暂定资质证书》之日起 1 年内无开发项目的，《暂定资质证书》有效期不得延长。

三、房地产开发企业的业务范围

一级资质的房地产开发企业承担房地产项目的建设规模不受限制，可以在全国范围承

揽房地产开发项目；二级资质及以下的房地产开发企业可以承担建筑面积为 25 万平方米以下的开发建设项目，承担业务的具体范围由省、自治区、直辖市人民政府建设行政主管部门确定。

各资质等级企业应当在规定的业务范围内从事房地产开发经营业务，不得越级承担任务。

四、房地产开发项目工程建设管理

房地产开发项目工程建设管理是指房地产开发企业在整个项目的开发建设过程中，通过计划、指挥、检查和调整等手段进行质量、进度、成本、合同与安全等方面的全面管理，并与社会各相关部门进行联络、协调，以实现项目的经济效益、社会效益和环境效益。房地产开发企业对开发项目的管理可以采用自建和委托施工两种方式。每个房地产开发项目的类型、地理位置、开发程度各不相同，并且和一般制造业不同，每个开发项目所完成的均是一个完整的产品和服务，包括决策、开发、建设、销售的所有流程。

房地产项目管理的目标是寻求项目成本、时间、资源、质量等要素的最优均衡控制，其基本职能包括计划、组织、控制和协调。

通常，将房地产项目管理中的质量控制、进度控制、成本控制、合同管理及安全管理合称为"三控两管"。其中，质量控制、进度控制、成本控制是三大管理核心，它们是相互联系又彼此对立的统一体。

（1）三大管理核心之间存在对立关系。在通常情况下，如果对工程质量有较高要求，就需要投入较多的资金和花费较长时间；如果要抢时间、争进度，以较短的时间完成项目，势必会增加投资或使工程质量下降；如果要减少投资、节约费用，势必会考虑降低项目的功能要求和质量标准。上述表明，三大管理目标之间存在着矛盾的对立面，不能片面强调某一方面的目标，顾此失彼。

（2）三大管理核心的目的是统一的。在通常情况下，适当增加投资以加快进度，能缩短工期、早日收回投资，使项目全寿命周期的经济效益得到提高；另外，适当提高项目功能要求和质量标准，虽然会造成一次性投资和建设工期的增加，但能够节约项目建成后的维修保养费用，获得更好的投资经济效益。

单元 3　房地产中介服务企业

一、房地产中介服务的含义

房地产中介行业是房地产业的重要组成部分，它贯穿于房地产业经济运行的全过程，为房地产业的生产、流通和消费提供了多元化的中介服务。

房地产中介服务的定义有广义和狭义之分。广义的房地产中介服务是指在房地产投资、

开发、管理、消费等经济运行的各个环节中，为资金供需双方、租赁双方、房地产纠纷双方、物业所有者与使用者等房地产当事人提供居间服务活动的总称；狭义的房地产中介服务是指在房地产市场中，以提供房地产供需咨询、协助供需双方公平交易、促进房地产交易形成目的而进行的房地产租售的经济活动、委托代理业务或价格评估等活动的总称。

综上所述，房地产中介服务是为房地产投资、开发和交易提供各种媒介活动的总称。其包括房地产咨询、房地产价格评估、房地产经纪等活动。

二、房地产中介服务机构

房地产中介服务机构是指房地产市场运行中，在房地产投资、经营、管理、消费活动的各个环节和各个方面，为租赁双方、买卖双方、资金供需双方、房地产纠纷双方、房地产所有者与使用者之间进行居间活动或委托代理业务的机构。

1. 房地产咨询机构

房地产咨询机构是指为房地产活动当事人提供法律法规、政策、信息、技术等方面服务的经营活动。目前，我国的房地产咨询业可以为房地产投资者提供包括政策咨询、决策咨询、工程咨询、管理咨询等在内的各种咨询服务，也可为房地产市场交易行为中的客户提供信息咨询、技术咨询等中介服务。

从事房地产咨询业务的人员，必须是具有房地产及相关专业中等以上学历，有与房地产咨询业务相关的初级以上专业技术职称并取得考试合格证书的专业技术人员。房地产咨询人员的考试办法，由省、自治区人民政府住房城乡建设主管部门和直辖市房地产管理部门制定。

2. 房地产估价机构

房地产估价机构是指以房地产为对象，由专业估价人员根据一定的估价目的，遵循估价原则，按照估价程序，选用适宜的估价方法，并在综合分析影响房地产价格因素的基础上，对房地产在估价时点的客观合理价格或价值进行测算和判定的经营活动。

目前，国家实行房地产价格评估人员资格认证制度。房地产价格评估人员可分为房地产估价师和房地产估价员。房地产估价师必须是经国家统一考试、执业资格认证，取得《房地产估价师执业资格证书》，并经注册登记取得《房地产估价师注册证》的人员。未取得《房地产估价师注册证》的人员，不得以房地产估价师的名义从事房地产估价业务。房地产估价师的考试办法由国务院住房城乡建设主管部门和人事主管部门共同制定。房地产估价员必须是经过考试并取得《房地产估价员岗位合格证》的人员。未取得《房地产估价员岗位合格证》的人员，不得从事房地产估价业务。房地产估价员的考试办法，由省、自治区人民政府住房城乡建设主管部门和直辖市房地产管理部门制定。

3. 房地产经纪机构

房地产经纪机构是指以收取佣金为目的，为促成他人房地产交易而从事居间、代理、信托等业务的经营活动。居间业务是指经纪人受委托人委托为其成交提供居间撮合服务；代理业务是指经纪人受委托人委托，在代理权限内以被代理人的名义同第三人进行民事活动；信托业务是指经纪人受信托人委托，按其要求以自己的名义代他人购销、经营，并取得报酬的经营活动。房地产经纪人必须是经过考试、注册并取得《房地产经纪人资格证》的

人员。未取得《房地产经纪人资格证》的人员,不得从事房地产经纪业务。房地产经纪人的考试和注册办法,由省、自治区人民政府住房城乡建设主管部门和直辖市房地产管理部门制定。

三、房地产中介服务机构管理

1. 房地产中介服务机构的设立

(1)从事房地产中介业务应当设立相应的房地产中介服务机构。房地产中介服务机构应是具有独立法人资格的经济组织。《中华人民共和国城市房地产管理法》对房地产中介服务机构的设置进行了规范,规定房地产中介服务机构应当具备下列条件:

①有自己的名称和组织机构;
②有固定的服务场所;
③有必要的财产和经费;
④有足够数量的专业人员;
⑤法律、行政法规规定的其他条件。

(2)设立房地产中介服务机构应当向当地的工商行政管理部门申请设立登记,领取营业执照后,方可开业。房地产中介服务机构在领取营业执照后的一个月内,应当到登记机关所在地的县级以上人民政府房地产管理部门备案。跨省、自治区、直辖市从事房地产估价业务的机构,应到该业务发生地的省、自治区人民政府建设行政部门或者直辖市人民政府房地产行政主管部门备案。设立有限责任公司、股份有限公司从事房地产中介业务的,还应当执行《中华人民共和国公司法》(以下简称《公司法》)的有关规定。

(3)房地产管理部门应当每年对房地产中介服务机构的专业人员资格条件进行一次检查,并于每年年初公布检查合格的房地产中介服务机构名单。检查不合格的,不得从事房地产中介业务。

2. 房地产中介服务机构的义务

(1)遵守相关的法律法规和政策;
(2)遵守自愿、公平、诚实信用的原则;
(3)按照核准的业务范围从事经营活动;
(4)按照规定标准收取费用;
(5)依法交纳税费;
(6)接受行业主管部门及其他有关部门的指导、监督和检查。

四、房地产中介业务管理

1. 房地产中介业务管理的一般要求

房地产中介服务人员承办业务,由其所在中介机构统一受理并与委托人签订书面中介服务合同。经委托人同意,房地产中介服务机构可以将委托的房地产中介业务转让委托给具有相应资格的中介服务机构代理,但不得增加佣金。

房地产中介服务费用由房地产中介服务机构统一收取,房地产中介服务机构收取费用应当开具发票,依法纳税。

房地产中介服务机构开展业务时应当建立业务记录,设立业务台账。业务记录和业务台账应当载明业务活动中的收入、支出等费用,以及省、自治区住房城乡建设主管部门和直辖市房地产管理部门要求的其他内容。

2. 房地产中介服务合同

房地产中介服务合同应当包括下列主要内容:
(1)当事人的姓名或者名称、住所;
(2)中介服务项目的名称、内容、要求和标准;
(3)合同履行期限;
(4)收费金额和支付方式、时间;
(5)违约责任和纠纷解决方式;
(6)当事人约定的其他内容。

3. 房地产中介服务的禁止行为

房地产中介服务人员开展业务,可以根据需要查阅委托人的有关资料和文件,查看现场。房地产中介服务人员在房地产中介活动中不得有下列行为:
(1)索取、收受委托合同以外的酬金或其他财物,或者利用工作之便,牟取其他不正当的利益;
(2)允许他人以自己的名义从事房地产中介业务;
(3)同时在两个或两个以上中介服务机构执行业务;
(4)与一方当事人串通损害另一方当事人利益;
(5)法律、法规禁止的其他行为。

另外,房地产中介服务人员与委托人有利害关系的,应当回避。委托人有权要求其回避。因房地产中介服务人员的过失,给当事人造成经济损失的,由所在中介服务机构承担赔偿责任,所在中介服务机构可以对有关人员进行追偿。

单元4 物业服务企业

一、物业服务企业的含义

物业服务企业是指具有法人资格,根据合同接受业主或业主委员会的委托,依照有关法律、法规的规定或合同的约定,对特定区域内的物业实行专业化管理,以获取相应报酬的经济实体。从总体上说,我国物业服务企业的发展是伴随着社会化、专业化和市场化的物业管理从产生到逐渐普及的过程。

物业服务企业的性质是和物业管理的性质分不开的。物业管理属于服务性行业,同时又是经营性的行为,因此,物业服务企业既是服务性机构,又是经营性的企业组织。

二、物业服务企业的设立

根据《公司法》的规定，企业设立须向工商管理部门进行注册登记，在领取营业执照后，方可开业。因此，物业服务企业在营业前必须到工商管理部门注册登记。登记手续与其他企业相同。

(1)企业名称预先审核。物业服务企业可结合行业特点，根据所管理物业的名称、地域、公司发起人等取名，但在起名时，必须符合《公司法》的有关规定。根据公司登记管理的有关规定，物业服务企业应当由全体股东或发起人指定的代表或委托的代理人申请企业名称的预先核准，经工商行政管理部门批准后，获得《企业名称预先核准通知书》。

(2)公司住所。对企业法人的住所进行登记，其主要目的是界定行政管辖和诉讼管辖。物业服务企业应以其主要的办事机构所在地作为公司的地址。

(3)注册资本金。《公司法》规定，科技开发、咨询、服务性有限责任公司最低限额的注册资本为10万元，物业服务企业作为服务性企业应符合此规定。同时，考虑到企业注册后即应办理物业服务企业资质证书，因此，注册资本还应符合各资质等级关于注册资本的规定。

(4)法定代表人。法定代表人是指依法律或法人章程规定代表法人行使职权的负责人。企业法定代表人在国家法律、法规以及企业章程规定的职权范围内行使职权、履行义务，代表企业参加民事活动，对企业的生产经营和管理全面负责，并接受本企业全体成员和有关机关的监督。

(5)公司人员。物业服务企业的人数和从业资格应该符合相关法规的要求。

(6)公司章程。物业服务企业章程是明确企业宗旨、性质、资金、业务、经营规模、组织机构以及利益分配、债权债务、内部管理等内容的重要法律文件，是设立企业的最重要的基础条件之一。

企业章程的内容因企业性质和业务的实际情况不同而有所不同，主要包括以下十一项内容：

①总则、公司名称和地址等。
②企业的经营范围。
③公司注册资本。
④股东的姓名或名称。
⑤股东的权利和义务。
⑥股东的出资方式和出资额，股东转让出资的条件。
⑦公司的机构及产生办法、职权、议事规则。
⑧公司的法定代表人。
⑨公司解散事由和清算办法。
⑩职工录用方式、待遇、管理办法。
⑪企业的各种规章制度。

三、物业服务企业的权利与义务

1. 物业服务企业的权利

(1)根据有关法规结合实际情况，制定物业管理办法。物业服务企业应当根据有关法律

法规、物业服务合同和物业管理区域内物业共用部位和共用设施设备的使用、公共秩序和环境卫生的维护等方面的规章制度，结合实际情况，制定管理办法。

（2）依据物业管理委托合同和管理办法对物业实施管理。物业管理委托合同中明确规定了管理项目和管理内容，物业服务企业有权根据合同中有关条款的规定，通过管理办法对物业实施具体管理。

（3）依照物业管理委托合同和有关规定收取管理费。在物业管理委托合同中，一般就物业管理费作出了明确规定，物业服务企业将以物业管理委托合同为依据，向业主和物业使用人收取物业管理服务费。

（4）有权制止违反规章制度的行为。物业服务企业虽然不是执法机构，但是为了保障业主和物业使用人的合法权益，业主大会根据通过的业主公约和物业管理委托合同，授权使物业服务企业具有制止业主和物业使用人违反规章制度行为的权利。

（5）有权要求业主委员会协助管理。业主委员会和物业服务企业是物业管理委托合同签约的双方，总的目标都是要设法把物业管理工作落到实处。因此，需要相互配合，在一些问题上，物业服务企业有权要求业主委员会协助。如物业服务企业按规定收费，个别人无故拒绝交纳，则物业服务企业有权要求业主委员会协助收缴。

（6）有权选聘专业公司承担专项管理业务。在物业管理过程中，对一些专项管理和服务（如保洁、保安、维修），物业服务企业可以自己设置部门从事这方面的工作，也可以选聘专业公司负责。当然，不得将整体管理责任及利益转让给其他人或单位，不得将专项业务承包给个人。选聘专业公司的权利应当属于物业服务企业，这样做便于物业服务企业统一管理。

（7）可以实行多种经营，以其收益补充管理经费。对于商业楼宇或高档别墅，管理费收费标准较高。但住宅小区居民对管理费承受能力有限，因此，管理费收费标准较低，不能满足管理经费的支出。物业服务企业为了补充管理经费不足，有权实行多种经营。但是，实行多种经营不得损害业主的合法权益。

2. 物业服务企业的义务

（1）履行物业管理委托合同，依法经营。物业服务企业在日常管理工作中，必须按照合同的要求进行管理，达到合同规定的各项服务标准。特别是多种经营时，一定要依法经营。

（2）接受业主委员会和业主及使用人的监督。物业服务企业的主要职责是：既对业主及使用人提供全方位服务，又对物业进行管理。要想实现这一目标，就要接受业主及物业使用人及其代表——业主委员会的监督。

（3）重大管理措施应提交业主委员会审议批准。有关物业管理的重大措施，物业服务企业无权自行决定。物业服务企业应将制定措施的报告提交业主委员会审议，获得通过后方可实施。

（4）接受行政主管部门监督指导。根据对物业管理实行属地管理和行业管理相结合的原则，物业服务企业应当接受物业管理行政主管部门及有关政府部门的监督和指导。

（5）至少每6个月向全体业主公布一次管理费收支账目。

（6）提供优良生活环境，搞好社区文化。对于商业楼主要应提供良好的工作环境，而对于居住区则应提供良好的生活环境，搞好生活服务，致力于开展社区文化活动。

（7）发现违法行为要及时向有关行政管理机关报告。物业服务企业不是国家执法机构，它只能约束业主和使用人因居住活动而引发的一些行为。物业服务企业对业主和使用人的其他违法行为无权干涉和无法追究时，有义务向有关行政管理机关报告并协助采取措施进行制止或追究。

（8）物业管理委托合同终止时，业主大会选聘了新的物业服务企业的，物业服务企业之间要做好交接工作。同时，业主委员会有权指定专业审计机构对物业管理财务状况进行审计。

模块小结

房地产企业是指从事房地产开发、经营、管理和服务活动，并以盈利为目的进行自主经营、独立核算的经济组织。从经营内容和经营方式的角度划分，房地产企业主要可以划分为房地产开发企业、房地产中介服务企业和物业服务企业等。房地产企业经营目标是指企业在经营中所要达到的预期效果，按其重要程度可分为经营的战略目标和战术目标。房地产企业经营决策是指企业管理层为了实现企业经营目标对未来一定时期内有关企业经营活动的方向、内容及方式的选择或调整过程。房地产企业经营计划是以提高企业经济效益为中心、以企业的经营活动为对象的计划安排，它是以市场为导向、实现企业经营目标的多种计划组成的综合计划体系，是企业在计划阶段内进行生产经营活动的奋斗目标及行动纲领。房地产开发企业参与并控制从策划到建筑产品售后服务的全部开发过程，是项目的出资者、组织者、管理者与协调者，是房地产开发全部工作的直接决策人、受益人和责任人。房地产中介服务机构是指在房地产市场运行中，房地产投资、经营、管理、消费活动的各个环节和各个方面，为租赁双方、买卖双方、资金供需双方、房地产纠纷双方、房地产所有者与使用者之间进行居间活动或委托代理业务的机构。物业服务企业是指具有法人资格，根据合同接受业主或业主委员会的委托，依照有关法律、法规规定或合同约定，对特定区域内的物业实行专业化管理，以获取相应报酬的经济实体。

模块习题

一、填空题

1. 从经营内容和经营方式的角度划分，房地产企业主要可以划分为_____、_____和_____等。

2. _____是指长期专门从事如房地产开发、租售、中介服务，以及物业管理等某一方面经营业务的企业。

3. 房地产中介服务机构是指房地产市场运行中，在房地产投资、经营、管理、消费活动的各个环节和各个方面，为租赁双方、买卖双方、资金供需双方、房地产纠纷双方、房地产所有者与使用者之间进行_____或_____的机构。

二、多项选择题

1. 下列属于房地产企业特有特征的有(　　)。
   A. 经营对象的不可移动性　　　　B. 业务形态的服务性
   C. 经营活动过程的行业限制性　　D. 经营活动盈利的目的性
   E. 经营活动资金和人才的密集性

2. 下列符合房地产开发企业一级资质条件的有(　　)。
   A. 从事房地产开发经营 5 年以上
   B. 近 3 年房屋建筑面积累计竣工 15 万平方米以上,或者累计完成与此相当的房地产开发投资额
   C. 连续 5 年建筑工程质量合格率达 100%
   D. 工程技术、财务等业务负责人具有相应专业中级以上职称,统计等其他业务负责人具有相应专业初级以上职称
   E. 未发生过重大工程质量事故

3. 下列属于房地产中介服务的禁止行为的有(　　)。
   A. 索取、收受委托合同以外的酬金或其他财物
   B. 允许他人以自己的名义从事房地产中介业务
   C. 同时在两个或两个以上中介服务机构执行业务
   D. 与一方当事人串通损害另一方当事人利益
   E. 利用工作之便,牟取利益

三、简答题

1. 简述房地产企业经营的战略目标。
2. 简述房地产开发企业的业务范围。
3. 简述房地产中介服务机构的义务。
4. 简述物业服务企业的义务。

模块 6　房地产产权与房地产制度

学习目标

通过本模块的学习，了解产权的含义；熟悉产权界定方式的发展、演进，建筑物区分所有权；掌握土地所有权、房屋产权、土地制度和住房制度等内容。

能力目标

能够对各类房地产的权属关系进行分析；能够对房地产开发经营与管理中涉及的我国土地和住房制度基本内容有清楚认识。

单元 1　产权理论概述

一、产权的含义

产权是社会经济生活中广泛应用的概念。基于各学科使用目的的不同，以及认识问题和研究问题角度的不同，不同学科对产权的理解是存在差异的。

一般认为，产权是指财产权，即存在或设定在一切客体之中或之上的完全权利。对产权的解释多种多样，不同专业、不同人士从不同角度都可以给出不同的界定。

我国《现代实用民法词典》中将"产权"定义为"人身权"的对称，指具有事物财富的内容，直接和经济利益联系的民事权利。

《中国大百科全书》（法学卷）将"财产权"定义为："人身权的对称，即民事权利主体所享受的具有经济利益的权利。财产权包括以所有权为主的物权、准物权、债权、继承权及知识产权等。在婚姻、劳动等法律关系中，也有与财物相联系的权利，如家庭成员间要求赡养费、抚养费的权利；夫妻间的财产权和基于劳动关系领取的劳动报酬、退休金、抚恤金

的权利等。财产权是一定社会的物质资料占有、支配、流通和分配关系的法律表现。"

产权关系并非人与物之间的关系,而是指由于物的存在和使用而引起的人与人之间的一些被认可的行为性关系。产权制度是界定每个人在稀缺资源利用方面的地位的一组经济和社会关系,由此决定的产权分配格局则具体规定了人们那些与物相关的行为规范,每个人在与他人的相互交往中都必须遵守这些规范,或者必须承担不遵守这些规范而引起的后果。因此,产权制度的功能就在于作为一种规则决定了人们进行竞争与合作的条件与方式,并通过这种对人的行为方式的影响而影响资源配置、产权结构和收入分配。

知识链接

产权与所有权

产权与所有权既有联系又有区别。所有权是产权的基础,产权是由所有权派生出来的。

所有权主体是产权主体形成的前提,没有所有权就谈不上产权,离开所有权的产权也是不存在的。产权与所有权两者是密切相连的。

产权与所有权的区别具体表现为以下几个方面:

(1)着眼点不同。所有权强调的是财产的归属问题,产权强调的是交易中所必须遵循的规则,是解决所有权如何实现的问题。

(2)运用的领域不同。产权客体的范围要较所有权更为广泛,在所有权明确的条件下,产权却有可能是不确定的。同时,某些不属于所有权内容的权利,如对清新空气的享有权或特定空间上的享用权等,也可以成为产权的一种形式。

(3)归属权不同。所有权是一定的,依法确定的财产只能归属于某一特定的主体,不能同时归属于其他主体,所有权主体对其财产的权利是全面和充分的;而依法确定的产权则是多元的,它反映不同经济主体在交易中对一定财产的不同方面的权利。产权的主体对财产的权利不一定是全面的和充分的。

二、产权界定方式的发展、演进

产权界定源于产权的不确定性与所有权的确定性之间的矛盾,以及产权主体之间的矛盾,它是产权理论研究的核心内容之一。通过产权界定,即依据初始财产所有权的重要程度划分产权,是相对合理地解决以上矛盾的基本途径。

产权界定方式的选择是与人类社会生产活动的不同阶段相适应的。人类社会出现过的产权界定方式大体有习俗界定方式、暴力界定方式、国家(政府)界定方式、市场界定方式和法律界定方式。

1. 习俗界定方式

习俗界定是在一定道德力量的约束下,依靠风俗习惯界定产权的方式。原始社会是最初的农业社会,土地作为第一生产力,人们已经意识到它的重要性,人为地去划清本部落或氏族土地的边界,本着"先占为主""井水不犯河水"等习俗来约束自己和他人。这种界定方式作为界定产权最原始的方式,适用于产权不确定程度最低的场合。

2. 暴力界定方式

随着社会的发展，物质财富越来越丰富，人们对财产的占有欲已非道德标准所能约束，于是自奴隶社会以后，经常会发生以扩大土地边界为目的的暴力战争。这种靠暴力界定的边界无法从根本上加以保障，各方对现实的产权感到从未有过的不确定，然而越感到不确定，越求助于武力。故而此阶段战争是多发的，产权的归属极其不稳定。

3. 国家（政府）界定方式

社会的发展使国家这个概念在人们的心目中越来越清晰，作用越来越大。国家（政府）界定产权是指政府依靠国家强制力用行政的手段来确定某些范围财产权利主体的产权边界。国家界定方式的出现，是巨大的历史进步，保障了各产权主体的利益，并从总体上节省了产权界定费用。但随着社会生产力的发展，产权关系越来越复杂，政府依靠国家强制力的界定已远不能与复杂的产权结构相适应，表现出极大的高误差性；而且，随着产权主体的增长化，客体的复杂化，产权纠纷也越来越多，政府机构越来越难以约束，并且整个社会围绕产权界定所花费的成本越来越高。

4. 市场界定方式

随着经济的发展，市场的调节功能在经济活动中发挥的作用越来越大，于是人们自主决策、公平交易，根据市场行情自主选择最能实现自己所拥有财产价值的交易方式。人们在自愿的基础上进行交易合作，受到边际均衡原理调节，从而在当时市场条件下使自己受益最大化

5. 法律界定方式

法律界定是将源于习俗和市场的行之有效的通行界定惯例用法律的形式确定下来，以约束产权主体不得随意违反惯例，或免除产权主体一方对另一方道德上的忧虑。它要求产权主体不得随意违犯惯例，解决了其他产权界定方式所无法解决的问题；同时，也减少了市场成本和界定费用，稳定了市场秩序，是适应当今市场经济发展的一种较为有效的界定方式。

单元2 土地产权

一、土地所有权

土地所有权属财产所有权的范畴，它具有一般所有权的属性，是财产所有权中最重要的一种。土地所有权发展到今天，经历了漫长、复杂的演变过程，也形成了不同国家、地区特有的土地产权制度和土地所有权形式。

（一）所有权的属性

所有权是物权中最重要、最完整的一种权利，它在全部物权中起着主导作用。

（1）所有权的完整性。随着经济的发展，所有权内部结构的不可分割性与社会经济发展的要求之间的矛盾越来越需要所有权内部占有、使用、收益、处分权能进行分离。为了适

应社会的发展，土地所有权的完整性、绝对性将趋于形式化。

（2）所有权的显要性。早期所有权相对于其他物权，始终处于"对物显要的主宰"。这是其他物权存在的条件，并受其制约。

所有权的完整性、显要性构成了所有权的绝对性，故所有权又被称为绝对权。但所有权的这种绝对权地位越来越受到挑战。

（二）所有权的权能

在产权经济学中，权利由权能和利益组成，权能是可以做什么，利益是权能的目的和结果。在现代社会，权能具有可分性，相对应利益也有可分割性。根据我国民法学普遍采用的"四项权能"理论，土地所有权可以分解为占有权能、使用权能、收益权能和处分权能。

（1）占有权能。占有是指对物的实际控制。在所有权法律关系上，占有表现为权利人不受他人侵犯的对物的实际控制。这种占有是为自己的利益而实施的，它可以排除他人的干扰或请求他人消除干扰、危害。在现代社会，一些国家将占有赋予法律地位，并使占有权成为单独的物权，可以同所有权分离。

（2）使用权能。使用是指依法对土地利用的权利。土地只有被利用，才有价值，才会产生收益。因此，土地使用权是实现土地所有权目的的唯一途径。土地实际使用、利用的方式依据土地所有权或土地使用权人的不同要求，不同目的，以及使用土地的客观条件而有各种不同的方式。土地使用权可由所有权人行使，也可由所有权人让渡给他人行使。

（3）收益权能。收益权能是指权利人可以由物之使用或者物之自然产生而获得经济利益的权利。在法律上主要表现为权利人可以获取土地收益或主张他人归还土地收益的权利。收益权是一项独立的权能，在土地占有权、使用权出让后，仍然可以保留收益权。

（4）处分权能。处分权能是指权利人对物（土地）的权利变化有权作出决定。它可以决定土地权利的出让、转让、出租、抵押等。而权利人对土地利用状态的改变不属于处分权能。

土地所有权的四项权能可以统一由所有权人行使，这时会形成绝对、统一的所有权，也可以分别由不同人行使，形成分离、分割的状态，如土地使用权出让等。

以上土地的占有权能、使用权能、收益权能及处分权能构成了土地所有权权能的完整结构，一般情况下，这些具体权能与土地所有权密不可分。但在一定条件下，土地所有权人出于某种目的是可以将某些权能与土地所有权进行分离。这种分离，一方面满足土地所有权人不同的目的和需要，并不使其丧失土地所有权；另一方面它能使土地所有权中的各项具体权能得到充分行使，以便充分实现土地的价值和使用价值，使土地这种宝贵资源尽可能产生最大的综合效益。

实践中，土地所有权与其具体权能分离的情形主要有以下几项：

（1）土地所有权与土地占有权、使用权、部分收益权分离，这是最普遍存在的一种情形，如土地出租。

（2）所有权与收益权部分或完全分离，如在一些西方国家，土地所有者将土地收益中的一部分以税费的形式上缴国家，这实际上是变相地将部分收益权让渡于国家。

（3）土地所有权与部分土地处分权分离，如在我国以出让方式取得的土地使用权，可以

将土地使用权抵押给他人，作为履行某种债务的担保。在这种情况下，抵押的期限不得超过受让的土地使用权的剩余期限。

（三）土地所有权的取得和转移

从历史上看，土地所有权的取得和转移方式多种多样，有暴力和非暴力的方式，也有有偿和无偿的方式，有的发生在国与国之间，有的发生在国内各地区、不同种族之间，是人地关系中一个永恒的话题。但无论具体形式如何，从讨论问题的角度来看，可以将这些形式进行如下划分：

（1）根据取得方式划分为原始取得和继受取得。原始取得是以政府为后盾，强制性地取得土地所有权，如通过没收获取土地等；继受取得是通过出卖、赠送、继承等非强制性方式取得土地所有权，在允许土地所有权自由转移的国家里，这是经常发生的土地取得方式。

（2）根据经济实现方式划分为有偿取得和无偿取得。有偿取得的方式主要有买卖、征用等；无偿取得的方式则有没收、征收或赠与等。

（四）我国国家土地所有权

1. 国家土地所有权的性质和功能

（1）国家土地所有权是国家享有的一种民事权利。国家土地所有权关系属于民事法律关系的范畴，受民法的制约；在财产关系方面，国家同其他民事主体处于平等地位。在土地管理的行政法律关系中，政府作为管理者，与行政相对人一方的地位是不平等的。

（2）国家土地所有权不同于国家领土主权。前者为土地资产所有权主体，后者是国际法上的权利；前者可以对抗其他民事主体，后者可以对抗其他国家的侵犯。

国家土地所有权的主要功能是为全民服务。国家拥有土地的主要目的是为社会服务。如公路、铁路、国家公园、学校、体育馆等是公共财产，国家提供兴办这些公共设施的土地，是为公众服务。当然，国家也有一些土地是营利性的，如国有企业用地等。一般在西方国家，前者占主导地位；而在我国，后者占较大的比例。

2. 国家土地所有权的主体

国家土地所有权主体随国家经济制度、文化传统的不同而变化，新中国成立以来，国家土地所有权的行使主体也发生了多次变化。

（1）国家土地所有权主体的形式。按国家或公有土地所有权主体的不同，可以将世界各国的土地所有权主体分成一元制和多元制。

①一元制。一元制是指在一个国家或地区，仅存在单一的国家土地所有权。按照所有权主体的代表者或行为者，又可以将其分成一元一级制和一元多级制。

a. 一元一级制是指国家土地的所有权由单一主体代表或行使，它又可以分成两种情况：一是元首制，如古代中国和目前的英国，但现代社会的元首制多半是名义上的而非实际的；二是中央政府制，中央政府是国有土地的产权代表和行使者，如日本、新西兰等国。

b. 一元多级制是指单一的国家土地所有权由多级主体代表或行使。

②多元制。多元制土地所有权多发生在联邦制国家或地方政府有较大自治权的国家，

在这些国家，联邦政府能够拥有自己的国有土地，各地方政府也都独立拥有自己的公有土地，各级政府对自己拥有的土地行使管理、使用、经营等权利。

（2）我国的国家土地所有权。我国是单一制国家，在长期的计划经济时期，我国推行经济的集中统一管理体制，国家工业的发展、基础设施的建设都按照国家的计划进行，形成典型的土地所有权一元制。但当时法律中没有规定国家土地所有权的主体。

随着改革开放的推行和经济体制改革的深入，在财政方面采取"分灶吃饭"，在资产管理方面制定了"国家统一所有、分级管理"的制度，国有企业也按照隶属关系分级管理、经营，税收体制也由过去的国家统一征收返还的体制转变成分税制。这样地方政府和地方的利益便越来越显现出来，国家在企业改制中将土地资产处置、土地出让等的收入让与地方政府，且地方政府有规划、出让、处置等权利（但要受到上级政府的制约）。这样，就形成了国有土地权利的多元化：国家统一的所有权，地方政府的管理、出让、收益等权利。我国的这种土地所有权制度既不是完整的一元一级制，也不是一元多级制，更不是多元制。实际上，我国的国家土地所有权是一个权利多元化的体制，不同的权利被不同的政府或利益群体所拥有，如国有企业用地的所有权在国家，管理权在地方政府，收益权在企业或地方政府（视处置方式而异）。

（五）我国集体土地所有权

我国农村土地的所有制问题经历了多次变革，形成了目前的农村集体土地所有权制。由于快速的社会变革，目前我国农村集体土地所有权还存在很多问题有待解决。

1. 农村集体土地所有权人

我国幅员辽阔，区域自然条件和社会发展水平差别较大，所以，我国各地区农业在土地利用与管理方面存在不同的矛盾，土地所有权人和土地利用状况明显不同。

目前，我国农村集体土地所有权主要存在以下三种情况：

（1）村民集体所有。在一些原来以大队为核算单位的村，在推行家庭联产承包责任制以后，原来的生产大队建制消失，代之以村民委员会，它成为农村集体土地的产权代表。

（2）村民小组所有。在一些村庄较大或居住分散的山区，原来的生产队是农业生产的基本核算单位，土地由生产队经营管理；实行家庭联产承包责任制后，生产队变成村民小组，由村民小组行使产权人的权利。按产权人数量分析，以村民小组为产权代表的比例约为65%，占大多数。

（3）乡镇农村经济组织所有。已经属于乡镇农民集体经济组织所有的土地，由乡镇农村集体经济组织经营管理。这主要是指乡镇企业所占用的土地。

2. 集体土地和集体土地所有权

集体土地主要包括集体农地和集体建设用地。农地包括耕地和其他直接或间接用于农业生产的土地。直接用于农业生产的土地如林地、饲养场等，间接用于农业生产的土地如水库、晒谷场、农产品加工设施用地等。农村建设用地主要包括宅基地，乡村企业用地，乡村公用事业和乡村公益事业用地等，以及已确认归集体的分散的荒山荒地。

集体土地的所有权人可以行使土地的占有、使用、收益和处分权利。集体土地使用权和处分权受到法律法规的限制：

（1）集体土地的使用必须服从国家的农业政策和耕地保护政策，耕地不能抛荒。

（2）集体土地使用权可以让与村内经济组织、个人兴办企业，耕地也可以承包给家庭使用。

（3）集体土地所有权不能出让，只有在国家需要时通过征用程序让渡给国家。

二、土地使用权

我国的土地所有权属国家或集体所有，不能进入市场进行交易。为了实现土地所有权的价值，促进土地的合理利用，有必要将土地所有权中的使用权能和收益权能从所有权中分离出来，形成新的财产权，这就是目前所讲的具有相对独立性的土地使用权。它是我国新的土地使用制度下产生的一种新的土地产权。在我国，土地使用权是指全民所有制单位、集体所有制单位、其他性质的单位或个人等土地使用者在法律允许的范围内对依法获得使用的国有土地或集体所有土地所享有的占有、使用及部分收益和处分的权利。

1. 土地使用权的特征和属性

（1）土地使用权的特征。土地使用权作为一种基本民事权利，具有以下特征：

①物权。因此，它具备一切物权的基本属性。

②土地使用权是土地所有权派生出来的一种权利。由于土地使用权是一种派生权利，它的发生、变更和消灭是受所有权支配的；土地所有权是土地使用权的基础，土地使用权人的行为不能违背土地所有权人的意志。土地使用权的分离是对土地所有权的一种削弱。

③土地使用权可以在法律规定和合同约定下转让。土地使用权是可以在不同主体间转移的，但要符合法律规定，同时又不能违背原出让合同的约定。土地所有权人在出让土地使用权后，也不能不顾合同和法律的规定而干预土地使用权人的正常使用和经营行为。

（2）土地使用权的属性。土地使用权具有从属性、直接性、派生性、期限性及可转让性。

①土地使用权的从属性。土地使用权的从属性主要表现在它的发生以土地所有权为前提，以土地所有权人的意思表示为条件，主要表现在以下三点：

第一，土地使用权的发生需要有所有权人的设定行为，要有具有法律意义的意思表示。另外，要有登记程序，没有国家机关的登记、确认，该权利不能得到法律的保护。这两点缺一不可。

第二，土地使用权附有一定的义务，如交纳相关税费等。

第三，土地使用权受到土地所有权一定的限制。

②土地使用权的直接性。土地使用权的直接性是指土地使用权同客体——土地直接相联，权利人可以占有和使用土地。土地使用权的直接性，一方面表明它不会受合同的限制而丧失其物权特性；另一方面，表明土地使用权具有排他性。

③土地使用权的派生性。土地使用权是在一定条件下与土地所有权相分离而形成的一种权利。这种分离是由法律法规和土地使用合同约定的，所以，派生权行使的范围、时间、条件和保护等都由法律和合同作出规定。

④土地使用权的期限性及可转让性。土地使用权的期限是法律和合同规定的；土地使用权的可转让性是在法律、合同和土地所有权人的同意下的行为。

2. 土地使用权的法律特征

（1）土地使用权的权利主体是特定的。国有土地使用权的主体非常广泛，任何单位和个人，包括外国单位和个人，符合依法使用我国国有土地条件的，都有可能成为我国的国有土地使用者。

集体土地建设用地使用权的主体有较为严格的限制。集体所有的土地，一般只能由本集体及其所属成员享有使用权，不允许其他单位和个人拥有集体土地建设用地使用权。但以下情况可以例外，并可成为集体土地建设用地使用权的主体：

①企业单位或个人与农民集体举办的联营企业。

②农民集体的土地已由其他农民集体按协议使用的。

③非农业户口居民和其他农民集体的农民，按照有关法律、政策规定使用集体所有土地作为宅基地的。

农业用地的承包经营权是使用土地的一种特定权利，通过签订合同的方式使用土地。

（2）土地使用权具有稳定性。土地使用权的稳定是土地使用制度本身的需要，首先，土地使用者使用土地必然要在土地上投资，法律规定土地使用权长期稳定，才能取信于民，使用人才能放心使用土地，进行必要的生产生活设施投资；其次，土地利用和保护要求有稳定的土地使用权，否则使用权不稳定，土地使用者必然会产生短期行为，不利于土地的合理利用和保护；最后，土地使用权的长期稳定也体现了我国政治制度和经济制度的稳定，这对维护国家威信、争取外商投资具有特殊意义。但是，土地的长期稳定使用并不等于无限期使用。无限期使用不符合土地使用的本身要求。因此，我国今后实行的是有期限的、长期稳定的土地有偿使用制度。

（3）土地使用权限于地面。土地使用权和土地所有权一致，它的权利不及地下。地下的矿藏、文物、埋藏物的所有权均属国家，并不因地面的使用权不同而受影响。土地使用者一旦发现他所使用的土地下层有矿藏、文物、埋藏物时，必须向国家报告，由国家来开发或发掘。

（4）土地使用权是一种特定使用权。土地使用可分为一般使用和特定使用两类，一般使用是人人所共有的一项权利，如只要是没有明文禁止并且不损害土地的特定使用人的利益，人们有权在一切土地上通行。但特别使用土地上一项特殊权利，必须依法办理法定手续，取得该项权利后才能使用。因此，土地使用权是指对土地的特定使用权，使用权人只有经过特定的审批手续才有土地使用权。

（5）土地使用权具有一定的限制性。由于土地是自然资源，它与人类的生产生活和自然环境都有密切的关系，土地使用者的权利必然要受到人类社会其他因素的限制。土地使用权也必须依照法律、法令和其他规范性文件的规定行使。土地使用权一般从使用范围、使用条件、程序和使用年限等方面运用法律手段加以限制。我国对土地使用权所做的限制是从既维护国家权益、社会效益、生态环境，又要使使用人有利可图的原则出发，实事求是地加以规定。

知识链接

城市土地使用权出让的最高年限

根据现行相关法律、法规、条例的有关规定，城市土地使用权出让的最高年限如下：

①居住用地 70 年；
②工业用地 50 年；
③教育、科技、文化、卫生、体育用地 50 年；
④商业、旅游、娱乐用地 40 年；
⑤综合用地或其他用地 50 年。

但土地使用者在使用期满时可申请续期，重新签订合同，支付出让金并办理登记之后，可继续享受土地使用权。

三、土地的他项权利

我国推行土地所有权同使用权相分离，土地使用权可以单独出让、转移的土地使用制度，这就决定了我国土地的他项权利是土地所有权和使用权以外的各项土地权利。土地他项权利是指土地所有权和土地使用权以外与土地有密切联系的权利。土地他项权利是在他人土地上享有的权利，主要有地役权、地上权、空中权、地下权、土地租赁权、土地借用权、耕作权、土地抵押权等。

(1) 地役权是指为自己使用土地的需要，而使用他人土地的权利。地役权主要包括通行权、用水权、建筑物地役权等。

①通行权是指人、畜和车辆不受妨碍地通过他人土地的权利。

②用水权是指由他人土地或者经他人土地获得水的利用的权利。用水权包括排水权、饮水权、取水权和饮畜权。

③建筑物地役权是指为自己土地上的建筑物的建造、使用而利用他人土地的地面、地上建筑物或者地上空间的权利。

(2) 地上权是指在他人的土地上建筑、种植的权利。如建造厂房、住宅、种树、种竹等。

(3) 空中权是指在他人土地上空建造设施的权利。如桥梁、渡槽、高架线等。

(4) 地下权是指在他人土地之下埋设管线、电缆、建设地下设施的权利。如地铁、隧道、人防工程等。

(5) 土地租赁权是指出租人将土地提供给承租人使用，土地承租人按合同规定支付租金并对土地占有、使用的权利。

(6) 土地借用权是指无偿占有、使用他人土地的权利。如历史形成的土地借用权。

(7) 耕作权是指在他人土地上进行种植并获取收获物的权利。如单位征而不用的土地，应当退给农民继续耕种。农民耕种期间，不得在该土地上兴建永久性建筑物或种植多年生作物，在国家建设需要时须无偿退还。退还时土地上有青苗的，建设单位要付给青苗补偿费。

(8) 土地抵押权是指土地使用人依照法律规定，不转移抵押土地的占有，向债权人提供一定的土地作为清偿债务的担保所产生的担保物权，当债务人不履行债务时，债权人有权依法将土地折价或以变卖方式从所得的价款中优先受偿。接受抵押的人是抵押权人，提供土地抵押的人，是抵押人。

单元3　房屋产权

一、房屋所有权的概念和性质

房屋所有权是指以房屋为客体的所有权，是房屋所有权人在法律规定范围内，对房屋行使的占有、使用、收益、处分并排除他人干涉的权利。房屋所有权具有下列性质：

（1）所有权具有最充分的物权。房屋所有权是一种物权，且是物权中起主导作用的一种权利。

（2）所有权具有绝对性。房屋所有权主体是特定的，即所有权人。所有权人可以按照自己的意志控制和支配其房屋，如自住或自营等；也可以将房屋交由他人支配，如委托经营、租赁等。所有权的义务主体不是特定的，而是除所有权人外的一切人；义务主体都应承担不侵犯其所有权的义务。

在现代社会，土地所有权已失去其现实的绝对性，而房屋所有权的绝对性仍然被保持下来，这是房屋所有权同土地所有权明显的不同之处。

（3）所有权具有排他性。同一房屋仅有一个所有权，不能有两个所有权主体。但是，不排除两个或两个以上法人、家庭或机构同时拥有一栋房屋的现象，这时它们组成房屋所有权主体，形成按份共有或共同共有。所有房屋所有权人是唯一的，而不应是多个的。

（4）房屋所有权是建筑物所有权和土地产权的结合体。广义的房屋所有权就是房地产所有权；狭义的房屋所有权就是建筑物所有权。广义的房屋所有权是土地所有权或使用权同建筑物所有权的结合。

二、房屋所有权的取得和丧失

房屋所有权是一种物权，它的取得和丧失需要经过一定的程序，要遵守法律法规，这同一般商品的取得、消费是不同的。

1. 房屋所有权的取得

按取得的不同途径，房屋所有权可分为原始取得和继受取得两种。

（1）原始取得是指房屋出现时取得房屋所有权，不是以原所有权人的所有权为前提的。原始取得的方式又可分为新建和没收两种。新建是原始取得房屋所有权的最主要形式，也是所有房屋所有权的最初来源；没收仅发生在特定时期和特定情况下。

（2）继受取得是指从原所有权人手中以合法的方式取得房屋所有权。在这个过程中，房屋所有权发生了转移，所有权人出现了变更。它可分为有偿取得和无偿取得。有偿取得是指房屋购买者在市场上通过交易而取得房屋所有权的形式，包括购买、交换、一方出资、一方让出所有权，出现资金和所有权的逆向流动；无偿取得主要包括赠与和继承，它是按照一定的法律法规进行的。

2. 房屋所有权的丧失

通过自然的、法律的和行为的事件，房屋所有权又是可以被取消的。

(1)房屋所有权客体的消失。由于自然灾害等原因，房屋可能倒塌、毁灭等。房屋消失，房屋所有权随之丧失。有目的的房屋拆除，也会导致其所有权的丧失。无论人为因素还是自然灾害，一般情况下不会改变土地所有权或土地使用权。在因他人不合法行为而导致房屋消失的情况下，原所有权人有请求赔偿的权利。

(2)所有权主体的消失。公民的死亡和法人的解散都会导致所有权主体的消失。公民死亡，他的财产可以通过继承归继承人所有。法人解散，经过清产，房屋归新的所有权人所有。

(3)房屋所有权的转让。所有权人通过其自身的行为，如出卖、交换、赠与等方式，将房屋所有权转让给受让人。

三、房屋所有权和产权的类型

1. 房屋所有权的类型

(1)根据所有权权利主体的内部构成，房屋所有权可分为房屋单独所有、房屋共有和房屋区分所有。

(2)根据房屋所有权权利主体所享有的全能是否充分，房屋所有权可分为完全房屋所有权和房屋部分所有权。

(3)根据我国的房产登记，房屋所有权可分为公有房产、私有房产、中外合资房产、外资房产和其他房产。

2. 房屋产权的类型

由于我国目前尚处于住房体制改革时期，出现了各种形式的住房价格，与此相适应，同样出现了各种形式的房屋产权。

(1)标准价产权。标准价最早始于 1991 年国务院办公厅批转的国务院住房制度改革领导小组《关于全面推进城镇住房制度改革的意见》，此标准价包括住房造价、征地和拆迁补偿费用。1994 年《国务院关于深化城镇住房制度改革的决定》中明确规定：以标准价购买的住房权称为部分产权。部分产权的房屋所有权人对房屋有占有、使用的权利，以及有限的收益权和处分权，可以继承。购买 5 年后可以进入市场流通，在同等条件下，原单位有优先购买权。售房收入扣除有关税费后的收益，按政府、单位、个人的产权比例进行分配。这里的产权比例不是出资比例，而是三者的产权份额比例。从法律上说，部分产权是房屋的一种按份共有权。标准价每年由各地方政府颁布，且渐渐向成本价靠近。自 1998 年以后，标准价逐渐从市场消失，也就不再产生新的部分产权。

(2)成本价产权。成本价包括住宅建造中的征地和拆迁费用、勘察设计和前期工程费用、建筑安装工程费、住宅小区基础设施费、管理费、贷款利息和税金七项费用，旧住宅的成本价按售房当年新房成本价扣除折旧后的价格计算。

按成本价购买的住房，产权归个人所有，属于狭义上的房屋完全产权，一般住用 5 年后，可以入市交易，其收益在补交土地使用权出让金或所含土地收益后，按规定完税后归个人所有，政府、单位不参与收益分配。

(3)微利房产权。微利房是在建设房屋的过程中政府给予一定的优惠政策，使房屋的造价降低，以此来换取开发商销售时的低房价。在我国，经济适用房就是典型的微利房，在

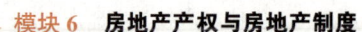

开发过程中政府免收地价。微利房是面向中低收入家庭的。不管是微利价还是市场价，购买房屋都是正常的房地产交易行为，所以，从产权上来看并没有太多的区别，只不过在房屋转让时的受让人有所不同。所以，微利房的产权是一种较完整的产权，只有这样才能促进房地产市场的正常发展，也才能让购房者放心地购买。

（4）市场价房屋产权。按市场价购买的房屋是完全产权房屋，所有权人有充分、完全的所有权。

（5）共有产权。共有产权房是低收入住房困难家庭购房时，可按个人与政府的出资比例，共同拥有房屋产权。房屋产权可由政府和市民平分，市民可向政府"赎回"产权。

单元4　建筑物区分所有权

建筑物区分所有权，指的是权利人即业主对于一栋建筑物中自己专有部分的单独所有权、对共有部分的共有权及因共有关系而产生的管理权的结合。

一、专有所有权

专有所有权是指区分所有权人对其独自专门使用的建筑空间所拥有的所有权。专有权的标的物首先是四周上下均为封闭的建筑空间；其次，该建筑空间具有独立性，能自成一个单元，并且具有独立的使用价值和功能；再次，该建筑空间能够成为区分所有权人的专有部分。在不能独立使用的建筑空间上不能设定专有权，如一间居室、一个阳台；在结构上自然供全体或部分所有人使用的共有部分，如一段楼梯，也不能设定专有权。根据《中华人民共和国民法典》规定，业主对其建筑物专有部分享有占有、使用、收益和处分的权利。业主行使权利不得危及建筑物的安全，不得损害其他业主的合法权益。

二、对共有部分的共有权

共有权是指区分所有权人对建筑物共用部分所拥有的所有权。共有权包括法定共有和约定共有。法定共有是指在性质上属于维持建筑物本身牢固安全与完整的部分（如地基、外墙、楼顶、梁柱等建筑部分）和性质上属于区分所有权人共同使用的部分（如大门，楼梯，走廊，电梯，供电、供水、供气、供暖系统等）所设定的共有权。约定共有则是指区分所有权人之间通过合意，将可以设定专有权的部分设定为共有权。共有权可以为全体区分所有权人拥有，也可以为部分区分所有权人拥有。各区分所有权人的应有份额，即对共用部分享有权利和承担义务的大小程度，由其拥有的专有权标的物的大小来决定。根据《中华人民共和国民法典》规定，业主对建筑物专有部分以外的共有部分，享有权利，承担义务；不得以放弃权利为由不履行义务。业主转让建筑物内的住宅、经营性用房时，其对共有部分享有的共有和共同管理的权利也一并进行转让。

三、成员权

成员权是区分所有权人基于因专有权和共有权而产生的共同关系所拥有的权利。建筑物区分所有权成员权人具有表决权、参与订立规约权、选举及解任管理人的权利、请求权等权利，同时，具有执行建筑物区分所有权人管理团体组织的集会所做出的有关决议、遵守管理规约、接受管理人管理、支付共同费用等义务。

单元5　房地产制度

一、土地制度

土地制度是关于土地所有权、土地使用权等方面的制度规定，即以土地为核心，对由于占有、利用土地等行为而产生的人与人之间的关系的制度性的规定。土地制度是反映人与人、人与地之间关系的重要制度。它既是一种经济制度，也是一种法权制度，是土地经济关系在法律上的体现，是构成上层建筑的有机组成部分。

我国的土地制度是以社会主义土地公有制为基础和核心的土地制度。

（一）土地所有制

土地所有制是在一定的社会条件下拥有土地的经济形式，是土地制度的核心和基础。其法律体现形式是土地所有权。

根据《中华人民共和国土地管理法》规定，中华人民共和国实行土地的社会主义公有制，即全民所有制和劳动群众集体所有制。

土地的全民所有制采取社会主义国家所有的形式，国家代表全体劳动人民占有属于全民的土地，行使占有、使用、收益和处分的权利。农村集体经济组织代表该组织的全体农民占有属于该组织的农民集体所有的土地，并对该集体所有的土地行使经营、管理权。

为了使土地这种宝贵的自然资源得到更优化的配置，我国实行土地所有权和土地使用权分离制度，虽然土地所有权不能转让，但使用土地的权利可以转让。

（二）土地使用制

土地使用制是指人们在使用土地时所形成的经济关系，由对土地使用的程序、条件和形式的规定等组成。土地使用制的法律体现的是土地使用权。土地使用权的法律形式主要有土地使用权证书及土地使用合同等国家认可的法律文件。

土地使用制是土地制度中的重要内容之一，是土地制度中最活跃的成分。

我国土地使用制度的形成与变动，与国家的经济体制及国家的社会经济发展状况是紧

密相连的。我国的土地使用制度经历了新中国成立初期(基本上是市场经济条件下的土地使用和流动时期),也经历了计划经济条件下土地使用的无偿、无限期、无流动的时期。目前的土地使用制度是经济体制改革以后,重新实行土地有偿使用所形成的与市场经济相适应的土地使用制度。

1. 国有土地使用制度

(1)土地使用权出让。土地使用权出让是指国家以土地所有者的身份将国有土地使用权在一定年限内出让与土地使用者,由土地使用者向国家支付土地使用权出让金的行为。

(2)土地使用权划拨。土地使用权划拨是指经县级以上人民政府依法批准,在土地使用者交纳补偿、安置等费用后取得国有土地使用权,或者经县级以上人民政府依法批准后无偿取得国有土地使用权。

(3)土地使用权转让。土地使用权转让是指土地使用者将土地使用权再转移的行为,包括出售、交换和赠与。未按土地使用权出让合同规定的期限和条件投资开发、利用土地的,土地使用权不得转让。

(4)土地使用权出租和抵押。土地使用权出租是指土地使用者作为出租人将土地使用权随同地上建筑物、其他附着物租赁给承租人使用,由承租人向出租人支付租金的行为。土地使用权抵押是指土地使用者(抵押人)以其合法取得的土地使用权,以不转移占有的方式作为抵押财产向债权人(抵押权人)履行债务做出的担保行为。

(5)国有土地租赁。国有土地租赁是指国家将国有土地出租给使用者使用,由使用者与县级以上人民政府土地行政主管部门签订一定年限的土地租赁合同,并支付租金的行为。

(6)土地使用权作价出资(入股)和授权经营。土地使用权作价出资(入股)是指国家根据需要,以一定年限的国有土地使用权作价,作为出资投入改组后的新设企业,该土地使用权由新设企业持有,可以依法转让、出租、抵押。土地使用权作价出资(入股)形成的国家股股权委托给有资格的国有股权持股单位统一持有。

(7)土地使用权终止。土地使用权终止是指因土地使用权出让合同规定的使用年限届满、提前收回、不履行土地使用权出让合同及土地灭失等原因而终止。土地因自然原因造成土地消失的,土地使用权自然终止。

2. 集体土地使用制度

(1)农村土地承包经营制度。根据《中华人民共和国农村土地承包法》的规定,国家实行农村土地承包经营制度。农村土地承包采取农村集体经济组织内部的家庭承包方式,即在土地所有权归集体的条件下,将土地使用权平均承包给农户,以户为单位独立经营,自负盈亏,除向集体上交提留和向国家交纳农业税外,其余全部收入归农户个人。通过家庭承包取得的土地承包经营权可以依法采取转包、出租、互换、转让或者其他方式流转。

根据《中华人民共和国土地管理法》的规定,农民集体所有和国家所有依法由农民集体使用的耕地、林地、草地,以及其他依法用于农业的土地,采取农村集体经济组织内部的家庭承包方式承包,不宜采取家庭承包方式的荒山、荒沟、荒丘、荒滩等,可以采取招标、拍卖、公开协商等方式承包,从事种植业、林业、畜牧业、渔业生产。家庭承包的耕地的

承包期为三十年，草地的承包期为三十年至五十年，林地的承包期为三十年至七十年；耕地承包期届满后再延长三十年，草地、林地承包期届满后依法相应延长。国家所有依法用于农业的土地可以由单位或个人承包经营，从事种植业、林业、畜牧业、渔业生产。发包方和承包方应当依法订立承包合同，约定双方的权利和义务。承包经营土地的单位和个人，有保护和按照承包合同约定的用途合理利用土地的义务。

(2) 农村集体非农建设用地使用制度。根据《中华人民共和国土地管理法》的规定，乡镇企业、乡(镇)村公共设施、公益事业、农村村民住宅等乡(镇)村建设，应当按照村庄和集镇规划，合理布局，综合开发，配套建设；建设用地，应当符合乡(镇)土地利用总体规划和土地利用年度计划，并依照规定办理审批手续。

农村集体经济组织使用乡(镇)土地利用总体规划确定的建设用地兴办企业或与其他单位、个人以土地使用权入股、联营等形式共同举办企业的，应当持有关批准文件，向县级以上地方人民政府自然资源主管部门提出申请，按照省、自治区、直辖市规定的批准权限，由县级以上地方人民政府批准；其中，涉及占用农用地的，依照规定办理审批手续。

农村村民一户只能拥有一处宅基地，其宅基地的面积不得超过省、自治区、直辖市规定的标准。人均土地少、不能保障一户拥有一处宅基地的地区，县级人民政府在充分尊重农村村民意愿的基础上，可以采取措施，按照省、自治区、直辖市规定的标准保障农村村民实现户有所居。农村村民建住宅，应当符合乡(镇)土地利用总体规划、村庄规划，不得占用永久基本农田，并尽量使用原有的宅基地和村内空闲地。农村村民出卖、出租、赠与住宅后，再申请宅基地的，不予批准。国家允许进城落户的农村村民依法自愿有偿退出宅基地，鼓励农村集体经济组织及其成员盘活利用闲置宅基地和闲置住宅。国务院农业农村主管部门负责全国农村宅基地改革和管理有关工作。

(三) 土地管理制度

土地管理制度，是国家对全国(或某一区域)的土地权属、地籍、土地利用、土地市场和土地税费等在宏观上进行管理、监督和调控的制度、机构和手段的总称。土地管理的主要内容如下：

(1) 地籍管理。地籍管理的内容包括土地调查、土地登记、土地统计、土地分等定级和地籍档案管理。地籍管理为土地管理的各项工作提供基础资料和科学依据，是整个土地管理工作的基础。

(2) 土地权属管理。土地权属管理的内容包括土地所有权或使用权的审核和确认、土地权属变更(土地征用、划拨、出让、转让等)、土地权属纠纷的调处、对违法侵犯土地所有权与使用权行为的查处等。

(3) 土地利用管理。土地利用管理的内容包括土地利用总体规划、土地利用专项规划(土地的开发、整治、保护规划)、土地利用计划(中期和年度计划)、土地利用动态监测等。土地利用管理主要是合理组织土地利用，实现土地的宏观控制和计划管理，是土地管理工作的核心内容。

二、住房制度

我国住房制度包括以福利、实物分配为特征的传统住房制度和通过住房制度改革后形成的住房商品化、社会化、市场化的新制度。

自 1954 年以来，我国住房制度发生了多次变化。传统计划经济时期的住房制度是以国家投资建房、单位分配住房、职工家庭无偿或低租金使用为主要内容，这种制度的长期运行，必然难以维持住房的简单再生产和扩大再生产，难以形成住房资金的良性循环，这是长期制约我国住房建设的主要问题。

自 20 世纪 80 年代以来，住房制度改革大大提高了我国城镇居民的居住水平，改革中推出的分层供应体系也是基本可行的，但由于过度依赖市场，很多地方政府忽视了低收入阶层的住房保障问题，造成了住房供应结构失衡、住房保障不力的现象，这种现象自 2005 年以后逐渐表现出来。因此，根据经济社会发展状况对住房制度进行不断改革，保障广大人民群众的居住需求是亟待解决的问题。

（一）我国住房制度的演变

从新中国成立到现在，我国住房制度经历了新中国成立初期的由社会主义国有经济、半社会主义合作经济、个体经济、私人资本主义经济和国家资本主义经济并存的所有制结构，到 20 世纪 60 年代后期单一的房产公有制结构，再到改革开放以后多种住房所有制并存的演变过程。我国实践的发展证明，运行单一的房产公有制存在容纳过量、机理失调等问题，难以适应经济体制的改革与发展的需要。因此，对始于 20 世纪 80 年代初的住房制度进行改革是及时的，也是必要的。大体上看，新中国成立以来，我国城镇住房体系经历了四大阶段。

1. 单一的行政供给制阶段（改革开放前）

这个阶段，我国处于计划经济体制时期，当时的住房供应体制与住房实物福利分配制度相联系，新建住房资金全部来源于国家的公共积累，住房建设计划由国家统一下达，住房由政府部门或企业、事业单位组织建设，然后以低租金方式无偿分配给城镇职工使用。这种住房供应体制在新中国成立初期，对于迅速改善广大城镇职工的住房条件、维护社会稳定、推进社会主义建设发挥了重要的作用。随着我国工业化、城镇化步伐的加快，城镇人口迅速增加，这一体制的弊端逐步显现。国家投入住宅建设的大量资金无法收回，还需要再拿出一大笔资金用于补贴住房的维修管理费用。受国家财力的制约，单一的住房行政供给制越来越难以满足群众日益增长的住房需要，居住条件改善进展日益缓慢。

2. 住房市场化供应的探索和试点阶段（1978—1998 年）

这个阶段，我国主要采用两种方式实行住房市场化供应。一种是 1982 年以前新建住房成本价出售；另一种是补贴出售。1982 年以前的新房出售是由政府直接面向个人，售房价格在 120～150 元/平方米，一套住房价格相当于双职工家庭年收入的 5～6 倍，尽管房价与家庭总收入的比例较为合理，这一措施却因公房租金低、工资制度没有改革、居民收入水平有限、"买房不如租房""住宅建设部门担心地方补助越来越多"等原因，出现了群众不愿买房、建设部门不愿卖房的现象。这一期间，出售的新建住宅只占同期建设住宅的两千三

百分之一。1982年以后，国家在总结前两年新房出售试点的经验基础上，采用"三三三制"原则，即原则上个人负担售价的1/3，职工所在单位及地方政府各补贴1/3，售价确定仍然以土建成本价为标准，规定公共设施建设费用、建筑税和能源交通费不摊入成本，大致为150~200元/平方米。

但由于低租金制度没有改变，租售比价悬殊，买房远不如租房，加上传统观念难以改变，所以人们买房的积极性也不高。而且，在补贴出售中个人的负担轻了，但是政府或企业的负担却过重。建房越多，补贴也就越多，因而没能持续推行下去。

3. 以经济适用房为主的阶段（1998—2003年）

1998年，《国务院关于进一步深化城镇住房制度改革加快住房建设的通知》在明确停止住房实物分配、实行住房分配货币化的同时，提出建立和完善以经济适用房为主的住房供应体系，对不同收入家庭实行不同的住房供应政策。其主要包括：低收入家庭租赁由政府或单位提供的廉租房；中低收入家庭购买经济适用房；高收入家庭购买、租赁市场价商品房。文件还明确了经济适用房建设保本微利的定价原则，以及土地划拨、税费减免等扶持政策，并要求加快推进住宅产业现代化步伐；对廉租房的来源、供应主体、定价方式和审核制度等也做了原则规定。文件还对培育住房二级市场、发展住房金融提出了要求，从而初步构建了以市场机制为基础、住房保障相配套的社会化的住房供应体系框架。文件指出深化城镇住房制度改革工作的基本原则是"坚持在国家统一政策目标指导下，地方分别决策，因地制宜，量力而行；坚持国家、单位和个人合理负担；坚持'新房新制度、老房老办法'平稳过渡，综合配套。"

从总体上看，我国已确定城镇住房制度改革的目标，建立了与社会主义市场经济体制相适应的新的城镇住房制度，实现了住房商品化、社会化，加快了住房建设，满足了城镇居民逐步增长的住房需求，发展住房金融，建立和规范交易市场，促进住宅业成为新的经济增长点。

4. 多主体供给、多渠道保障、租购并举的阶段（2003年至今）

随着经济形势的持续好转与房地产市场的快速发展，经济适用房作为经济增长助推器的历史使命已基本完成。与此同时，健全宏观调控机制，促进房地产市场持续健康发展，完善住房保障体系，更好地解决低收入群体住房问题，成为新的发展阶段的重要任务。

2005年5月，国务院办公厅转发原建设部第七部门《关于做好稳定住房价格工作意见书的通知》，进一步提出了：强化宏观调控，改善住房供应结构；加大土地供应调控力度，严格土地管理，明确享受优惠政策普通住房标准，合理引导住房建设与消费；加强经济适用房建设，完善廉租住房制度；鼓励发展并规范出租业，多渠道增加住房供给，提高住房保障能力。

针对房价上涨过快、百姓住房难的问题，2007年出台的《国务院关于解决城市低收入家庭住房困难的若干意见》，提出要建立多层次住房保障体系建设，加快住房分类供应体制的实施。

2017年党的十九大报告强调"坚持房子是用来住的、不是用来炒的定位，加快建立多主体供给、多渠道保障、租赁并举的住房制度，让人民住有所居"。目前，这一住房制度已经

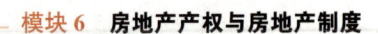

初具雏形,广州等多个城市被确定为加快发展住房租赁市场的试点城市,其中广州还明确提出了租售同权,北京将原有自住型商品房升级为共有产权住房,这些都将对未来住房市场结构产生深远的积极影响。

(二)住房保障制度

住房保障制度是指由政府和社会负担起给所有社会成员提供最基本的居住条件的责任,即由政府作为责任主体,以解决国民住房困难和改善住房条件为目的,具有经济福利性的国民居住保障系统。住房保障和失业保障、养老保障、医疗保障等都是社会保障体系的组成部分。

住房保障制度的基本体系如下。

1. 住房公积金制度

住房公积金制度是一种强制性的住房储蓄制度,实行专户存储,专项用于职工购买、建造、大修自住住房,具有义务性、互助性和保障性的特点。住房公积金制度包括企业与员工共同缴付、对公积金部分免征个人所得税、在购房时除个人账户累积部分外还可利用公积金贷款购房以及公积金贷款实行优惠利率等组成部分。

2. 经济适用房制度

经济适用房制度是针对低收入群体的半市场化方式的保障制度,是指政府提供政策优惠,限定建设标准、供应对象和销售价格,具有保障性质的政策性商品住房制度。经济适用房是一种"政策房",在档次、面积以及购房者收入水平上有一定限制。

3. 廉租住房制度

廉租房是指政府以租金补贴或实物配租的方式,向符合城镇居民最低生活保障标准且住房困难的家庭提供社会保障性质的住房。廉租住房制度是针对困难群体的非市场化保障方式,是政府向城镇最低收入居民家庭提供的基本住房保障,属于完全的政府保障性质。

4. 公共租赁住房制度

公共租赁住房制度是指由国家提供政策支持、限定建设标准和租金水平,面向符合规定条件的城镇中等偏下收入住房困难家庭、新进就业无房职工和在城镇稳定就业的外来务工人员出租的保障性住房。公共租赁住房不是归个人所有,而是由政府或公共机构所有,用低于市场价或承租者承受得起的价格,向新就业职工出租,包括一些新的大学毕业生、退休老人及残疾人,还有一些从外地迁移到城市工作的群体。

5. 限价商品房制度

限价商品房是一种限价格限套型(面积)的商品房,主要解决中低收入家庭的住房困难,是限制高房价的一种临时性举措,并不是经济适用房。限价商品房制度旨在按照"以房价定地价"的思路,采用政府组织监管、市场化运作的模式。限价房在土地挂牌出让时就已被限定房屋价格、建设标准和销售对象,政府对开发商的开发成本和合理利润进行测算后,设定土地出让的价格范围,从源头上对房价进行调控。

6. 共有产权房制度

共有产权房是地方政府让渡部分土地出让收益,然后低价配售给符合条件的保障对象家庭所建的房屋。保障对象与地方政府签订合同，约定双方的产权份额及保障房将来上市交易的条件和所得价款的分配份额。共有产权住房将为转换房地产调控方式起到积极作用。

模块小结

　　产权是指财产权，即存在或设定在一切客体之中或之上的完全权利。人类社会出现过的产权界定方式大体有习俗界定方式、暴力界定方式、国家（政府）界定方式、市场界定方式和法律界定方式。土地所有权属财产所有权的范畴，它具有一般所有权的属性，是财产所有权中最重要的一种。在我国，土地使用权是指全民所有制单位、集体所有制单位、其他性质的单位或个人等土地使用者在法律允许的范围内对依法获得使用的国有土地或者集体所有土地所享有的占有、使用，以及部分收益和处分的权利。土地他项权利是在他人土地上享有的权利，主要有地役权、地上权、空中权、地下权、土地租赁权、土地借用权、耕作权、土地抵押权等。房屋所有权是指以房屋为客体的所有权，是房屋所有权人在法律规定范围内，对房屋行使的占有、使用、收益、处分并排除他人干涉的权利。建筑物区分所有权，是指权利人即业主对于一栋建筑物中自己专有部分的单独所有权、对共有部分的共有权以及因共有关系而产生的管理权的结合。土地制度是关于土地所有权、土地使用权等方面的制度规定，即以土地为核心，对由于占有、利用土地等行为而产生的人与人之间的关系的制度性的规定。住房保障制度是指由政府和社会负担起给所有社会成员提供最基本的居住条件的责任，即由政府作为责任主体，以解决国民住房困难和改善住房条件为目的，具有经济福利性的国民居住保障系统。

模块习题

一、填空题

1. 人类社会出现过的产权界定方式大体有_____、_____、_____、_____和_____。
2. 土地所有权属_____的范畴。
3. 集体土地主要包括_____和_____。
4. 按取得的不同途径，房屋所有权可分为_____和_____两种。
5. _____是指权利人即业主对于一栋建筑物中自己专有部分的单独所有权、对共有部分的共有权及因共有关系而产生的管理权的结合。
6. _____是指区分所有权人对其独自专门使用的建筑空间所拥有的所有权。
7. 我国实行土地的社会主义公有制，即_____和_____。
8. 家庭承包的耕地的承包期为_____年，草地的承包期为_____年，林地的承包期为_____年。
9. 农村村民一户只能拥有_____处宅基地。

二、多项选择题

1. 下列属于土地使用权属性的有( )。
   A. 从属性　　　　B. 间接性　　　　C. 派生性　　　　D. 期限性
   E. 不可转让性
2. 下列属于土地他项权利的有( )。
   A. 地役权　　　　B. 地上权　　　　C. 空中权　　　　D. 土地所有权
   E. 土地使用权

三、简答题

1. 简述土地所有权的权能。
2. 什么是土地使用权作价出资(入股)和授权经营？
3. 简述土地管理制度及其主要内容。

模块 7 房地产金融

学习目标

通过本模块的学习，了解房地产金融的概念、特点与作用，房地产业与金融业的关系。房地产金融市场的含义、特点与分类；掌握房地产开发融资与消费融资途径，房地产金融市场的构成要素。

能力目标

能够正确选择房地产融资方式；能够进行房地产开发银行贷款的申请。

单元1 房地产金融概述

一、房地产金融的概念与特点

（一）房地产金融的概念

房地产金融是房地产开发、流通和消费过程中通过货币流通和信用渠道所进行的筹集资金、融通资金、结算或清算资金并提供风险担保或保险及相关金融服务的一系列金融活动的总称。房地产金融的基础任务是运用多种金融方式和金融工具筹集与融通资金，以支持房地产开发、流通和消费，促进房地产再生产过程中资金的良性循环，保障房地产再生产过程的顺利进行。其业务主要包括吸收房地产存款、开办住房储蓄、办理房地产贷款业务，特别是房地产抵押贷款业务，从事房地产投资、发行房地产股票和债券、房地产保险、房地产担保等。

目前，我国房地产金融包括政策性房地产金融和商业性房地产金融。

(1)政策性房地产金融主要是房改金融，它是与住房制度改革有关的一系列金融活动，其资金的筹集具有强制性，资金的运用具有较强的专向性和政策性。政策性房地产资金的运作不应以盈利为目的。

(2)商业性房地产金融是以盈利为主要目的的金融业务。商业性房地产金融资金来源的渠道和方式多样，不具有强制性和地方性，而且商业性房地产金融要比政策性房地产金融涉及的范围更广。

(二)房地产金融的特点

由于房地产金融的融资对象——房地产，具有与普通商品不同的特点，因此房地产金融与其他金融业务相比，一般具有以下五个特征：

(1)资金融通量大。由于房地产商品价值很高，无论是房地产企业的开发经营贷款，还是居民个人住房消费贷款，都会遇到使用支出的集中性和来源积累的长期性、分散性的矛盾。为了解决这一矛盾，需要房地产金融市场为房地产企业和个人进行大量的融资。

(2)资金运用具有中长期性。以房地产为抵押品进行的贷款，其资金多用于土地和房屋的购置、开发、改良、建设等，而土地的开发、改良及房屋的建设往往需要很长的时间。例如，一块土地要进行开发，无论其规划内容是建造房屋还是其他构筑物，从规划之初到达到目标，必须经过可行性研究、编制设计任务书、选择建设地点、进行技术设计、选择施工队伍、编制年度计划、组织施工生产、竣工验收、交付使用等过程和环节。资金的投入从可行性研究开始，到项目投入使用，其周期往往很长，这就决定了其资金占用时间也比较长，一般需1~10年，在此过程中资金往往是只能不断投入，却无法收回。另外，由于土地和房屋是不动产，它们作为抵押品不会遗失，也不会毁损，而且一般情况下土地和房屋具有保值甚至增值性，所以，许多金融机构在向房地产开发项目贷款时多敢于放宽贷款偿还期限。

(3)债权可靠，风险较小。房地产金融一般属于中长期信用，因此，房地产金融机构在从事房地产贷款时，首先考虑的是债权的安全性问题。为了保证债权的安全性，金融机构通常要求借款人提供担保。房地产具有位置的固定性、使用的耐久性。房地产位置的固定性可产生区位价值，功能的耐久性能充分体现其使用价值。这两个价值因素可以为房地产金融提供进一步的信用支持。另外，随着社会经济的发展和市场供求关系的变化，房地产在多数情况下会不断增值。这将大大提高债权的可靠性和房地产金融的安全性。

(4)具有较强的政策性。房地产金融受政府政策干预较强，并且它是国家和政府实行有关房地产政策的重要依托。一方面国家城市规划、城市发展计划、固定资产投资计划和产业政策等对房地产金融有诸多限制；另一方面，居民的住房问题关系到社会安定团结和政局的稳定。因此，政府通常会在不同发展阶段通过税收、利率杠杆及相关经济政策，采取相应措施来鼓励支持房地产市场的发展或抑制住房房价的上涨等市场情况。自2004年以来，我国房地产开发投资持续在高位运行，在房价上涨过快的形势下，为了保持房地产业的稳定发展，促进国民经济领域的协调发展，国家相关部门先后出台了一系列支持房地产

健康发展、防范金融风险的政策措施。

（5）具有较好的收益性。一般来说，房地产资金占用量大，资金周转期较长，房地产金融业务收益率较高。同时，一宗房地产抵押贷款操作较为复杂，涉及的步骤较多，使得房地产金融业务派生性较强，可带动一些银行中间业务的发展，为金融部门带来可观的手续费收入和稳定的优质客户群。

二、房地产金融的作用

房地产金融主要是为房地产业生产、流通、消费等环节进行资金筹集和分配，保障房地产业的稳定、健康发展，同时也是国家调控房地产市场和促进房地产消费的主要手段。具体来讲，房地产金融的作用主要体现在以下五个方面。

1. 住房抵押贷款促进了居民住房消费的提高

居民住房消费与家庭预期收入有直接关系，如果预期收入增加，家庭就可能会通过信贷来增加当前的住房消费。住房是一种能够在一个较长时间内提供消费服务的耐用品，住房条件的改变不仅取决于当前收入，还取决于预期收入。在预期收入增加的条件下，居民就可以通过住房抵押贷款来购买住房，使家庭的福利得到增加。

2. 能够有效筹集社会资金，促进房地产业的发展

由于房地产业具有投资规模大、生产周期长和商品价值大等特点，房地产的开发、建设、经营、消费等都离不开金融业的有力支持。房地产金融机构利用其优良的信用服务和多种资金融通手段筹集社会闲散资金，集中对房地产开发经营企业发放房地产经营贷款，满足房地产商品生产和流通领域对资金的巨额需求，同时，也大量采用房地产抵押贷款的方式向房地产消费者发放住房抵押贷款，解决房地产业消费领域的居民收入与房地产价值悬殊的矛盾。

3. 能够利用房地产金融政策对房地产业进行宏观调控

房地产业是关系到国计民生的大事，国家总是在宏观上给予指导或调控。目前，我国还处于经济转型期，调控措施以行政命令为主，并辅以一定的法规和经济措施。由于可以利用金融政策调控房地产市场，所以房地产金融又被称为房地产市场的"调节器"。

4. 对国民经济的稳定和发展起重要作用

国民经济的发展形式是有增长期与衰退期的。在经济衰退时期，价格和利率会呈下降趋势。房地产价格和房地产信贷的成本有所降低，在一定程度上会刺激住房消费和对房地产信贷的要求，从而可以扩大消费需求，减少由于经济衰退带来的影响，减缓经济衰退的速度，为经济振兴发挥积极的作用；在经济增长时期，职工的收入增长加快，住房消费需求增加，随之住房消费信贷也增加，房地产价格开始上升，银行房地产信贷的发放量随之增加，直接刺激房地产业的发展，为国民经济平稳、有序地发展做出贡献。

5. 对金融业起支持作用

房地产金融对金融业的支持主要表现在调整银行信贷资产结构、改善资产质量、促进金融创新与推动金融体制改革等方面。个人住房消费贷款是银行质量高、效益好的信贷品种之一。从国外商业银行发展来看，商业银行信贷业务的重点通常是放在流动性较

模块 7　房地产金融

强的中短期企业贷款上。但随着金融市场竞争的日益加剧，商业银行的业务逐步向包括个人住房贷款在内的非传统业务领域延伸，并逐步成为住房金融市场上的主要资金提供者。

三、房地产业与金融业的关系

房地产业是一个资金密集型的行业，而金融业是经营货币的单位，二者通过资金纽带，建立了互相依赖和互相促进的密切关系。

1. 房地产业的发展需要金融业的介入和支持

（1）任何一项房地产开发，从取得土地使用权、土地开发直到建筑安装、销售，每一环节都需要占用大量的资金。如果仅依赖于开发商本身的自有资金，没有金融机构的参与和支持，舍弃财务杠杆的巨大作用，对所有房地产开发项目来说几乎是不可想象的。

（2）房地产经营和消费需要长期占用巨额资金。房地产价值量巨大，一般消费者无一次性付款的财力。因此，需要借助住房抵押贷款的支持来提高居民购房能力，扩大住宅市场的有效需求。

（3）房地产是不动产，资金的流动性不足。往往出现资本充裕的地方不需要发展房地产业，或者房地产业的发展已经达到了较高的水平，而要发展房地产业的地方缺乏资本。金融业介入房地产业之后，利用其庞大的机构网络，通过建立建设贷款制度，建立抵押贷款的初级市场和二级市场，并发行以房地产为后盾的抵押贷款证券等融资手段，可以吸引国内乃至国际资金，进入区域房地产市场，从而大大提高资金的流动性。

2. 房地产业的发展又可以促进金融业的发展

房地产具有保值增值的功能，由此，房地产成为金融贷款的最佳抵押品和投资品。同时，在房地产再生产资金运作过程中，当房地产产品销售出去以后，也会有大量回收资金沉淀，需要存入银行等金融机构备用，扩大银行的存贷款业务。因此，随着房地产业的发展，房地产业和金融业的相互融合、相互渗透是不可避免的。

单元 2　房地产融资

一、房地产开发融资

筹集资金和运用资金是每个企业资金运行的主要环节。房地产投资由于资金需求量巨大，资金占用时间长，客观上要求房地产企业建立多样化的筹资渠道。目前，我国房地产企业筹资仍以银行贷款为主，但一些大型房地产企业在证券市场筹集资金方面也已获得明显的发展。

（一）银行贷款融资

房地产银行贷款是指商业银行向房地产开发商发放的用于开发、建造向市场销售与

出租等用途的房地产项目的贷款。其是商业银行公司类贷款中非常重要的贷款类别之一。房地产企业在从事房地产开发之前，必须拥有一定数额的股本金。股本金可以来源于企业的自有资金、合资股东的注入资金和通过发行股票从资本市场上募集的资金。房地产开发企业在具备一定股本金之后才可以向银行申请贷款。申请贷款的类型主要有以下三种：

(1)房地产开发企业流动资金贷款。房地产开发企业流动资金贷款是商业银行向为社会提供房地产产品的房地产开发企业发放的用于生产周转的流动资金贷款。这种贷款为短期贷款，主要用于垫付城市综合开发、商品房开发、土地开发及旧城改造等项目所需的生产性流动资金。房地产开发企业开发经营周转资金不足的部分，可向银行申请贷款。

(2)房地产开发贷款。房地产开发贷款是商业银行向房地产开发企业开发的房地产项目发放的贷款。由于房地产开发项目开发期长，相应的，占有资金时间也较长，这种贷款属于中长期贷款。

(3)房地产抵押贷款，包括土地开发抵押贷款和房屋开发抵押贷款。前者是土地开发企业以其拟开发的土地使用权作抵押而向银行取得的贷款；后者是房屋开发企业以其开发的房屋产权作抵押而向银行取得的贷款。

银行向房地产开发企业发放贷款一般要遵循以下程序：

(1)房地产开发贷款申请。房地产开发贷款的申请可以是开发企业主动到银行申请信贷业务，也可以是银行受理人员向开发企业营销信贷业务。贷款申请的内容涉及贷款合同中的主要条款，如贷款金额、贷款方式、贷款用途、使用期限和还款方式等。

(2)房地产开发贷款受理调查。商业银行在受理房地产开发企业贷款申请时，一般要求银行对企业提交申请贷款的相关资料进行初步审查，并展开对申贷企业和开发项目的贷前调查。银行为把握房地产开发项目的实际情况，需要了解企业的经营管理状况、资信状况、资质等级和法定代表人的素质，判断项目市场前景等，以此作为决定"是否贷款"和"贷多少"的依据。

(3)房地产开发贷款项目评估。房地产开发贷款项目评估是指项目建设情况评估、项目市场评估、项目投资估算与融资方案评估等。

(4)房地产开发贷款审查及审批。贷款审查是银行的贷款审查部门根据贷款"三性"原则和贷款投向政策，对贷款调查部门提供的资料进行核实，评价贷款风险，提出贷款决策建议，提供给贷款决策人参考。

房地产开发类贷款实行审贷分离制度，审批管理坚持严谨、科学、高效的原则。信贷经营部门负责开拓市场、发展客户、受理贷款申请、调查评估、信贷发放与回收等前台业务，不参加贷款的审批决策；信贷审批部门专职负责贷款审批、督促贷款相关条件落实等后台业务。

(5)房地产开发贷款发放。当房地产开发贷款获得审批通过后，贷款人将通知借款人、担保人正式签订贷款合同、担保合同或抵(质)押合同，并按照规定办理各种手续。

(二)证券市场融资

证券融资是指通过房地产债券、股票等证券的发行和流通来融通房地产资金的一种金

融活动，它是房地产企业融资的重要形式。

1. 房地产债券融资

房地产债券是指企业或政府为筹集房地产开发经营资金，依照法定程序发行，约定在一定期限内还本付息的有价证券，是企业债券的一种。它是各级政府、房地产金融机构（包括住房金融机构）和房地产开发经营企业为解决房地产开发资金而向投资者开具的具有借款证书性质的有价证券。

利用债券来筹集房地产开发和经营资金，是加快房地产业发展的有效途径。不过，房地产公司发行债券应严格遵守有关规定，并保证还本付息，因为债券所体现的实际上仍是借贷关系。因此，房地产债券融资也是一项较重要的房地产金融业务。

2. 房地产股票融资

房地产股票是房地产股份有限公司为筹集资金而发行的证明股东投资入股所持股份的法律凭证，是投资者据以取得股息和红利的一种有价证券。房地产股票作为经有关部门批准、可证明投资者在房地产公司投资入股并可据以取得报酬的一种凭证，在不同的企业、针对不同的经营情况，有着不同的分类形式。但是，无论何种性质的房地产股票，除了具有一般股票所共有的特征外，还存在一个与其他股票不太一致的地方，即具有高成长性和高增值性。随着时间的推移，将会有越来越多的房地产企业被改组成股份有限公司，也会直接诞生许多房地产股份有限公司。

（三）房地产信托

房地产信托是指以房地产项目为对象的一种信托产品。其从经济实质上看是一种融资、融物与财产管理相结合的金融性质的信托业务，受托人一般是银行或非银行金融信托机构，其业务经营以获取手续费、代理费为目的，其标的物是客户的资金、房屋或土地的财产和权利。

在信托关系中，将货币或房地产委托给他人管理和处置的一方称为"委托人"；接受委托的金融机构称为"受托人"；被委托的房地产或证券称为"委托标的物"；享受信托利益的人称为"受益人"，受益人可以是自然人，也可以是法人。

房地产信托业务在整个房地产金融业务中所占的比重不大，但在金融信托业务中的比重却值得一提。房地产信托业务大致包括实物信托和资金信托两类，但随着信托业务的发展和社会的演进，单纯的实物信托已不多见，更多的是融物与融资结合的信托形式。

（四）房地产投资信托基金

房地产投资信托基金（REITs）是一种以发行收益凭证的方式汇集特定多数投资者的资金，由专门投资机构进行房地产投资经营管理，并将投资综合收益按比例分配给投资者的一种信托基金。它实质上是一种证券化的产业投资基金，通过发行收益凭证或收益单位，吸引社会大众投资者的资金，并委托专业化的投资机构和人员进行具体经营管理，通过多元化的投资，选择各种不同的房地产证券、项目和业务进行组合投资。

二、房地产消费融资

(一)购房抵押贷款

1. 购房抵押贷款的概念和分类

购房抵押贷款又称为房地产按揭,是购房者以所购买的房地产为抵押物,在支付一定数量的款额(首期付款)后,向金融机构申请的长期贷款,购房者承诺以年金形式定期偿付贷款利息。当借款人违约时,贷款人有权取消借款人对抵押房地产的赎回权,并将抵押房地产拍卖,从中获得补偿。

购房抵押贷款品种繁多,但是从本质上来看,可以根据贷款期间的贷款利率是否参照市场利率指数进行调整,将购房抵押贷款分为固定利率购房抵押贷款和可调利率购房抵押贷款。固定利率购房抵押贷款是指贷款利率在整个贷款期内固定不变的方式;可调利率购房抵押贷款是指将贷款利率参照某些利率指数,根据预先确定的调整方式,对贷款利率和每月付款额进行调整的方式。

2. 购房抵押贷款证券化

购房抵押贷款证券化是指商业银行等金融机构在信贷资产流动性缺乏的情况下,将其持有的购房抵押贷款债权进行结构性重组,形成抵押贷款资产池,经政府和私人机构担保和信用增级后,在资本市场上发行和销售由抵押贷款组合支持的证券的融资过程。它是房地产抵押贷款债权证券化的主要形式。

住房抵押贷款证券化作为一种金融创新,有力地促进了金融市场效率的提高及金融分工的深化。它的实施对于住房抵押贷款市场的发展有着极其重要的意义,具体可体现为以下四个方面:

(1)住房抵押贷款证券化改善了金融机构资产的流动性。住房抵押贷款的贷款期限一般比较长,属于流动性比较差的资产业务;而住房抵押贷款的主要资金来源存款负债的期限一般比较短,并且存款负债的期限又缺乏刚性,金融机构资产与负债期限的不匹配使其容易陷入资金周转不畅的困境。住房抵押贷款证券化的实施,能够使相关金融机构及时调整自己的资产负债结构,改善其资产的流动性,并为满足新的住房抵押贷款需求提供新的资金来源。

(2)住房抵押贷款证券化可有效转移金融机构的贷款风险。住房抵押贷款发放过程天然具有的"借短贷长"、流行动性差的风险。然而,如果引入证券化技术,通过在二级市场将住房抵押贷款出售变现,将彻底打破一级市场固有的流动性约束。金融机构不仅可以利用未来的贷款本息转化成的现金,选择新的、效益更高的投资项目;而且通过贷款资产转移,可将与贷款相关的利率风险和信用风险进行转嫁,从而有效改善信贷资产结构,提高信贷资产的安全性。

(3)住房抵押贷款证券化可促进银行业的健康发展。住房抵押贷款证券化在减少银行的风险的同时,信贷资金的迅速回笼提高了银行的资本利用率,扩大了银行的经营范围。银行可以将不良资产打包出售,从而改善自身的资产负债结构。住房抵押贷款证券化使得银行可以加强与其他非银行金融机构的合作,其资本经营多元化增加,提高了银行的经营效益。

(4)住房抵押贷款证券化有利于刺激居民购买的有效需求。住房抵押贷款证券化,为我国的

住房贷款资金供给提供了新的资金来源。资金来源的增多，有助于降低住房贷款的筹资成本，进而降低居民住房贷款成本，提高居民的支付能力和有效需求，促进房地产及相关产业的发展。

（二）住房公积金

1. 住房公积金的概念

住房公积金是指国家机关、国有企业、城镇集体企业、外商投资企业、城镇私营企业及其他城镇企业、事业单位、民办非企业单位、社会团体及其在职职工按照规定缴存的具有保障性和互助性的一种长期住房储金。

知识链接

住房公积金制度的产生和发展

1. 住房公积金制度的产生

住房公积金制度是国务院对住房公积金的缴存、提取、使用和监督形成的相关制度的总称。我国住房公积金制度是在住房资金运行模式由计划经济向市场经济转换的过程中提出来的。这一制度初期是为服务住房制度改革而建立的。当时提出，实行住房公积金制度是城镇住房制度改革的重要内容和中心环节，直接关系到城镇住房制度改革工作的成败，要在全国全面推进住房公积金制度。经过实践，住房公积金制度具有了更多的职能，国务院提出了实行住房公积金制度新的制度框架，认为住房公积金制度有利于转变住房分配体制，有利于住房资金的积累、周转和政策性抵押贷款制度的建立，有利于提高职工购建住房的能力，促进住房建设。围绕上述目标，在实践中逐步形成了住房公积金制度体系。

2. 住房公积金制度的发展

自1991年5月上海首先建立住房公积金制度以来，我国住房公积金制度不断发展完善，覆盖面日益扩大，已成为住房制度改革的一项基本制度。回顾住房公积金的发展历程，可以将其概括为以下四个阶段：

（1）住房公积金制度试点阶段（1991年5月—1994年6月）。1991年5月，上海市借鉴新加坡的住房公积金制度的成功经验，结合我国国情，率先建立了具有中国特色的住房公积金制度。这是我国在福利住房制度向住房市场化、商品化改革的推进过程中，完善城镇住房制度的重大突破，标志着一个由国家支持、单位资助、依靠职工群众自己力量解决住房问题的市场化机制开始形成。住房公积金在住房资金的筹集方面发挥的现实的和潜在的作用，使得这一制度在全国各地迅速得到推广。1992年住房公积金制度就被扩展到北京、天津、江苏、浙江等地，1993年陆续扩展到辽宁、吉林、黑龙江、河北和湖北等地。

（2）住房公积金制度全面发展阶段（1994年7月—1996年8月）。1994年7月，国务院转发的《关于深化城镇住房制度改革的决定》（以下简称《决定》）中明确指出要"全面推行住房公积金制度"。《决定》发布之后，全国35个大中城市、213个地级以上城市建立了住房公积金制度。针对住房公积金制度推进过程中的问题，1996年8月国务院办公厅转发了国务院住房制度改革领导小组《关于加强住房公积金管理的意见》，明确了住房公积金管理的若干基本原则，包括住房公积金不纳入预算外管理，实行"房委会决策、中心运作、银行专户、

财政监督"的管理原则。

住房公积金制度促进了住宅建设的发展,也为政策性住房金融体系的建设创造了条件,使政策性住房抵押贷款制度在全国主要大城市中得以推广。

(3)住房公积金制度规范完善阶段(1996年9月—2002年3月)。各地按照《关于加强住房公积金管理的意见》要求逐步规范了住房公积金管理,促进了住房公积金的健康发展。上海、天津等地先后制定实施了住房公积金管理的地方性法规,国务院也开始了住房公积金立法工作。1999年4月,国务院《住房公积金管理条例》发布实施,标志着住房公积金步入规范化管理的新阶段。

(4)住房公积金制度法制化管理阶段(2002年3月至今)。2002年3月,国务院根据全国住房公积金制度的发展情况,在总结各地经验的基础上,对全国统一的《住房公积金管理条例》做了相应修改。2019年3月24日,根据《国务院关于修改部分行政法规的决定》又对《住房公积金管理条例》进行了第二次修订。与此相适应,各地的住房公积金制度也进行了许多不同程度的调整。同时,各地也在各自的住房公积金制度操作上进行了一些结合实际情况的改革,进一步推动了住房公积金制度的发展,进入了法制化管理阶段。

2. 住房公积金制度实施的现实意义

住房公积金制度实质上是一种住房保障制度。它的建立开拓了一个由国家、集体和个人三者共同负担的稳定的持续的住房基金渠道,调动和发挥了作为住房消费主体的职工在住房投资上的作用,开辟了职工用自身积累投资住房的新局面。住房公积金制度实施的现实意义主要表现为以下五个方面:

(1)有利于刺激职工住房有效需求,促进住房商品化的实现。我国住房公积金制度改变原有的无偿分配、低租金使用的住房制度,形成新的住房机制,逐步实现住房商品化,这是住房制度改革的要求。但是,相对于现在的房地产市场,我国城镇职工的住房购买力明显不足,而住房公积金的建立却为解决住房问题找到了一条捷径。因为住房公积金制度通过个人努力、国家和单位支持,以长期储蓄的形式,不仅将为职工购房准备好一笔相当规模的首期付款。同时,由于公积金的来源稳定,成本较低,使得发放长期、低利率的政策性抵押贷款成为可能。正是因为实行公积金制度能够提高职工住房的支付能力,所以住房公积金制度将成为实现住房商品化的一条有效途径。

(2)有利于加快住房建设速度,解决居民的居住问题。实行住房公积金制度,城市可筹集一笔稳定的住房资金,加快城市经济适用住房建设,包括安居工程建设。通过向个人提供政策性抵押贷款可以提高职工个人购建住房的支付能力,也有利于住房资金的周转。住房公积金制度从供给和需求两个方面推动了住房的生产和消费,促进了住房市场的繁荣,推动了住房建设的发展。

(3)实现了住房分配体制的转换。住房公积金制度是对住房分配制度的改革,是把住房实物分配转变为货币工资分配的重要手段之一,增加了职工工资中住房消费的比例,实现了分配体制的转换。

(4)有利于优化家庭消费结构,抑制通货膨胀。在低租金制度下,由于住房消费占居民生活消费的比重过低,居民将用于住房的消费转向住房以外的消费领域,不仅严重扭曲了

租房结构,致使住宅产业及其相关产业的发展停滞不前,而且使社会消费资金变得很不合理,增加了通货膨胀的压力。建立住房公积金制度,就是强制性地使居民的住房支出维持在一个合理的比例,有利于整个国民经济的协调运行,能够促进国民经济健康发展,这也是广大居民的根本利益所在。

(5)有利于政策性抵押贷款制度的建立。住房公积金目前实行低存低贷的原则。由于住房公积金存储利率相对较低,利用住房公积金积累发放的贷款利率也相对较低,这样就为政策性抵押贷款提供了资金来源,同时,也提高了职工贷款的承受能力,可以鼓励职工利用贷款实现购房,有利于政策性抵押贷款制度的建立。

3. 住房公积金的运作机制

住房公基金的运作机制包括以下内容:

(1)住房公积金的缴存。住房公积金的月缴存额由职工住房公积金月缴存额和单位住房公积金月缴存额两部分组成。职工住房公积金月缴存额为职工月平均工资乘以职工住房公积金缴存比例。单位住房公积金月缴存额为职工月平均工资乘以单位住房公积金缴存比例。职工月平均工资,按照职工本人上一年1月1日至12月31日期间的工资总额除以12确定。住房公积金的月缴存额每年核定调整一次。住房公积金的缴存由职工所在单位经办,每月从职工工资中扣除住房公积金,连同单位交纳的住房公积金一起向指定办理住房公积金金融业务受托银行办理缴存手续,记入职工个人住房公积金账户。

(2)住房公积金的归集。住房公积金的归集是指住房公积金管理中心作为住房公积金管理的法定机构,依据《住房公积金管理条例》,将职工个人按照规定比例缴存的住房公积金及其所在单位按照规定比例为职工缴存的住房公积金,全部归集于管理中心在受托银行开立的住房公积金专户,存入职工个人账户内并集中管理运用的行为。

(3)住房公积金的管理。缴存的住房公积金由各地方政府设立的住房公积金管理机构根据责权利一致的原则进行统一管理。它可以委托金融机构代办相关业务,自己负责策划、监督,使住房公积金保值增值。

(4)住房公积金的提取。住房公积金的提取是有限制条件的。住房公积金的提取一般基于两类情况:一类是公积金存款人发生住房消费需要而提取住房公积金使用;另一类是公积金存款人丧失缴存住房公积金的能力,相应地就应当允许其提取住房公积金。

(5)住房公积金贷款。住房公积金贷款是为推进城镇住房制度改革而发放的政策性住房贷款,是为职工购买、建造、大修理自住房发放的住房抵押贷款。

①住房公积金贷款的类型。住房公积金贷款可分为以下两种类型:

a. 个人住房公积金贷款。个人住房公积金贷款是住房公积金管理中心用住房公积金,委托商业银行向购买、建造、翻建、大修自住房、集资合作建房的住房公积金存款人发放的优惠贷款。

b. 个人住房公积金组合贷款。个人住房公积金组合贷款是指当住房公积金基本贷款额度不足以支付购房款时,借款人在申请住房公积金贷款的同时又向受托银行申请商业性个人住房贷款,两部分贷款一起构成组合贷款。组合贷款中,住房公积金贷款由管理中心审批,商业性贷款由受托银行审批。

②住房公积金贷款的使用及偿还。

a. 贷款的使用。借款人到贷款银行办理贷款使用手续。用于购房的，贷款银行将所贷款项以转账方式划入售房单位、卖房人或置换企业账户；用于新建和大修私房的贷款，由借款人按借款合同规定支取。

b. 贷款的偿还。住房公积金贷款为分期偿还，有等额本息还款法、等额本金还款法和自由还款法三种方式。借款人取得贷款之后按约定按期还款，借款人未按照借款合同规定的期限、额度偿还贷款本息的，对逾期部分，按照中国人民银行和委托人的有关规定计收罚息。

借款人可多次提前偿还贷款或一次性提前还清贷款。提前偿还贷款的，借款人应事先告知贷款人，经贷款人同意后，由贷款人根据约定的利率和贷款余额，按实际占用天数计收利息，已计收的利息不做调整。

单元 3　房地产金融市场

一、房地产金融市场的含义

房地产金融市场是与房地产业有关的筹资、融资和结算等金融活动的市场。其是金融市场的重要组成部分。在为房地产的生产、流通、消费筹集和分配资金的过程中，房地产金融市场不仅满足了资金供求者的各种投融资需求，而且为投融资人转移和规避风险提供了便利。通过多渠道、多层次的资金运动，房地产金融市场不断地优化资金配置，提高了资金利用的经济效益，广泛且及时地传递及反馈着各种房地产产业信息和金融信息。另外，政府可以通过房地产金融市场对房地产业和金融业实施宏观调控。

房地产金融市场是指房地产资金供求双方运用金融工具进行各类房地产资金交易的总和。一般来说，任何一种有关商品和劳务的交易机制都可以形成一种市场。随着商品市场和商品交易的发展，各种货币借贷、票据和有价证券的买卖等融资活动日益增多，金融市场逐渐产生并日渐繁荣。由于房地产业资金运动存在需求量大、投入集中、周转期长、风险性高等特点，其广泛而活跃的融资活动必须通过各类房地产金融机构借助市场关系才能顺利展开。

房地产金融市场可以是一个固定的场所，也可以是无形的交易方式；交易的方式可以是直接的，也可以是间接的。随着信用工具的日益发达和不断创新，房地产金融市场的业务范围日益扩大，包括住房储蓄存款、住房贷款、房地产抵押贷款、房地产信托、房地产保险、房地产证券、房地产典当等多种业务。多种多样的房地产金融活动，不仅为房地产金融市场增添了活力，而且将金融业与房地产业密切结合起来，便于国家运用有关金融运行机制对我国房地产业的发展进行宏观调控。

二、房地产金融市场的特点

房地产金融市场是金融市场的重要组成部分。由于房地产金融市场是围绕房地产业开

展金融活动的，受房地产的特点影响，房地产金融市场表现出以下六点不同于其他金融市场的特点。

1. 融资数额巨大

相对于一般商品而言，房地产产品单项价值较大，因此在房地产生产和再生产的过程中，每一个环节都要花费大量资金。特别是在城市化进程较快、经济发展水平较高的城市和地区。以北京为例，2008 年全年一手商品住宅成交均价为 13 457.68 元/平方米。受这个特点的影响，无论是开发商生产房地产商品，还是消费者要购买房地产商品，向金融机构一次性融通的资金数额都比较大。

2. 专业性强、成本高、收益好

一方面，房地产金融业务大多操作复杂、专业性强。以房地产开发贷款为例，其操作流程包括贷前调查、贷款项目评估、抵押物价值评估、授信审查、审批放款和贷后管理等多个环节，涉及保险机构、评估机构、房地产管理及产权登记机关等多个部门，需要资信评估人员、房地产估价师、律师等各类专业人员的配合。特别是在进行贷款项目评估和抵押物价值评估时，对操作人员的房地产专业知识和经验的要求较高。由于环节多、业务专业性强，这类业务的经营成本也相对较高。

另一方面，由于房地产的保值增值性较强，以这类资产为基础的房地产金融业务风险低、收益率高。另外，这类业务涉及的步骤多、流程长，可能产生的派生业务多，从而为金融机构带来不菲的中间业务收入。

3. 资产证券化需求迫切

资产证券化是构建房地产金融市场的前提条件，巨额的房地产资产经过证券化之后就可以实现分割交易，从而极大地改善了资产的流动性。开展此类信贷业务的银行等金融机构可能面临资金的流动性风险。通过房地产抵押贷款证券化，可以使这部分长期资产短期化，流动性得到极大改善。同时，由于资金需求量大且回收期长，房地产开发商青睐于以发行房地产股票、债券或借助房地产投资信托基金等方式从证券市场募集资金，特别是当面临银根紧缩的融资困境时。因此，与一般金融市场相比，房地产金融市场中以各种有价证券的形式进行资本融通的需求更为迫切。

4. 房地产信贷资金流动过程中期限结构不对称

房地产信贷资金主要来源于银行等金融机构吸纳的存款，大部分属于短期资金，而且来源相对分散。但是，房地产项目的开发建设周期较长、资金回收慢，住房消费类贷款的还款期限最长可达 30 年。因此，房地产信贷资金来源短期性和资金运用长期性之间的矛盾较为明显。

5. 融资市场格局多元化

随着房地产行业的不断发展和融资政策的逐步放宽，以银行信贷为主导的单一融资格局将会逐步被多元化的融资格局所替代，除银行信贷外的信托、上市、债券、基金等融资渠道的发展空间将被进一步打开。

6. 受政府宏观调控政策影响大

住宅具有商品和社会保障品的双重属性，即使是自由的市场经济国家，也不会完全听凭市场机制对住房市场的调节。各国或各地区政府都会结合本国或本地区情况，制定各项

住房政策，促进住房市场的发展。其中，住房抵押贷款的贴息、贷款担保制度等住房金融政策对住房市场通常产生较大影响。由于金融市场与房地产市场互相根植的关系，信贷等金融政策也多成为政府对住房市场进行宏观调控的重要手段。

三、房地产金融市场的分类

房地产金融市场作为金融市场的一个重要组成部分，基于不同的研究角度，其类别划分也不同，如按服务对象、市场层次、交易方式、资金来源、融资工具、有无中介机构参与等标准分类，具体内容见表 7-1。

表 7-1　房地产金融市场的分类

序号	项目		具体内容
1	按服务对象分类	房产金融市场	房产金融市场是指银行或其他金融机构为房屋再生产所进行资金融通的市场。其中，住宅金融市场在房产金融市场中占据非常重要的位置。根据金融体制的不同模式，住宅金融市场一般可分为自由的住宅金融市场和国家指导的住宅金融市场
		地产金融市场	地产金融市场又称土地金融市场，是以土地为媒介进行资金融通的市场，主要包括发生在土地开发、利用、经营过程中的贷款、存款、投资、信托、租赁、抵押、贴现、保险、证券发行与交易，以及土地金融机构办理的各类中间业务等活动。土地金融又包括农地金融与市地金融两大类，前者以农地为媒介；后者以市地为媒介
2	按市场层次分类	一级市场	一级市场是房地产金融资产的初始交易市场，是房地产金融市场的基础部分，主要包括金融机构存款业务、贷款业务、房地产证券的发行业务及有关的附属业务，如政府机构、信托机构、保险机构对住宅信贷和证券发行的保证、担保和保险信托业务。 一级市场是二级市场的基础和前提，受二级市场的影响
		二级市场	二级市场是指资金需求者通过房地产抵押贷款证券化或各类房地产有价证券的再交易进行资金再融通的市场。二级市场是在适应房地产信用资金的流动性、均衡各金融机构的存贷结构的基础上产生的，包括金融机构为提高房地产信贷资产的流动性，将所持有的房地产贷款出售给二级市场金融中介或者直接以抵押贷款证券的形式从证券市场快速收回资金的过程，以及持有各类房地产有价证券的投资人之间进行的再交易。 二级市场是一级市场得以存在和发展的重要条件之一
3	按交易方式分类	协议信用市场	协议信用市场是由供需双方直接面对，按自愿互利原则进行交易。交易价格由交易双方在借贷协议中议定，交易客户的范围也相对稳定。根据不同的金融工具或不同的交易对象，协议信用市场可分为多种，如住房专项储蓄存款市场、零星货币存款市场、房地产贷款市场等
		公开市场 — 房地产金融货币市场	房地产金融货币市场是指一年期以内短期房地产资金融通的金融市场，如各类短期信贷市场、同业拆借市场、票据承兑和贴现市场以及短期债券市场等
		公开市场 — 房地产金融资本市场	房地产金融资本市场是指融资期限在一年以上的金融工具交易的场所，股票市场、中长期债券市场、余额抵押市场等都属于该市场的范畴

续表

序号	项目		具体内容
4	按资金来源分类	政府主导基金型	政府主导基金型房地产金融市场是由政府建立全国性的基金管理局，为房地产开发投资和住房消费提供稳定的信贷资金来源。该种房地产市场通常出现在经济相对落后、房地产建设资金短缺的国家和地区。在这类市场中，全国性的基金管理局是资金融通的重要枢纽
		合同储蓄型	合同储蓄型房地产金融市场主要通过住房储蓄制度和合同制度进行住房资金融通。这类市场中，通过住宅储蓄银行、互助合作性质的建房协会等非官方机构组织建房资金的筹集和融通，购房者通过订立合同或契约，定期存入资金，达到一定要求后可申请购房贷款。如德国的住房储蓄市场和英国的互助合作住房金融市场
		抵押型	抵押型房地产金融市场是指房地产业所需资金以抵押为基础，通过抵押市场和资本市场来筹集，不需要建立强制性的储蓄和住房基金作为金融机构房地产信贷业务的资金来源。这类市场多出现在欧美等金融市场体系完备的发达资本主义国家，由广大存款人、经营抵押贷款的商业银行、收购和发行有价证券的证券公司和金融公司，以及机构投资者等金融市场的多方参与主体形成利益链条，多样化的抵押贷款是其资金流动的中心环节。在抵押贷款的基础上，借助各种金融工具，通过灵活的证券化运作，与其他金融市场相互渗透，按照市场机制进行房地产资金的融通
		混合型	混合型房地产金融市场兼具政府主导基金型和抵押型房地产金融市场的特点。房地产资金的来源渠道包括政府设立的基金会、金融机构抵押信贷等。这类房地产市场中，私人金融机构与官方机构都发挥着重要作用
5	按融资工具分类	房地产抵押贷款市场	房地产抵押贷款市场是指企业或个人以具有合法产权的房地产作为归还借款保证的抵押，向房地产金融机构融通资金的市场，其中又包括个人购房自住的消费性信贷和企业个人为房地产开发经营的投资性信贷
		房地产证券市场	房地产证券市场是指围绕房地产股票、债券、抵押贷款证券、投资基金证券等各种有价证券的发行和买卖形成的各种交易关系的总和，包括房地产股票市场、房地产债券市场、房地产抵押贷款证券化市场、房地产投资基金市场等
		房地产保险市场	房地产保险市场是指经营与房地产业有关的保险业务的市场
		房地产信托市场	房地产信托市场是指房地产所有者授权委托他人代办房地产的买卖、租赁、保险等代管代营业务的市场
		房地产租赁市场	房地产租赁市场是指依据设备领域的融资租赁原理，在不改变房地产所有权的前提下，借助金融租赁平台，在房地产所有者即资金需求者、金融租赁公司、资金供给者之间进行资金融通的市场
		房地产咨询市场	房地产咨询市场是指为房地产投资者提供规划设计、投资组合、营销策划等方案，以及为房地产消费者提供房地产交易、房地产法规基础知识咨询的服务市场

续表

序号	项目		具体内容
6	按有无中介机构参与分类	直接金融市场	直接金融市场是指资金需求者直接从资金所有者那里融通资金的市场。具体来讲，主要包括房地产开发企业或建筑企业通过发行债券或股票等方式在金融市场上筹集资金，或者房地产金融机构直接向房地产业投资，参与企业的开发、经营等活动
		间接金融市场	间接金融市场是资金的供求双方通过银行等金融机构作为信用中介进行资金融通的市场，主要包括金融机构展开的各类房地产信贷业务。在间接融资过程中，无论资金最终归谁使用，资金所有者都将只拥有对信用中介机构的债权而不能对最终使用者具有任何权利要求

四、房地产金融市场的构成要素

房地产金融市场的运行主要包括四个方面的要素，即市场主体、市场客体、交易价格和市场规则。房地产金融市场各要素之间紧密联系、互相促进、互相影响。其中，市场主体和市场客体是最基本的要素，只要这两个要素存在，房地产金融市场就会形成；而交易价格和市场规则是市场发展过程中自然产生或必然伴随的，它们使房地产金融市场向高级化发展。

1. 市场主体

市场主体是指房地产金融市场的参与者，其中狭义的市场主体是指参加房地产金融交易的资金盈余或不足的企业、居民个人及金融中介机构；广义的市场主体是指包括房地产资金供给者、资金需求者、中介服务人员和管理者在内所有参加交易的单位、机构和居民个人。

（1）居民个人。随着经济水平和收入水平的提高，居民个人可能会将日常消费支出后的节余部分用于银行储蓄投资：一是参加住房储蓄存款，或购买房地产金融市场上的各类有价证券；二是为购、建、修住房向房地产金融机构申请贷款，或为取得现款将手中所持有的房地产金融有价证券售出。因此，居民个人既是房地产金融市场上重要的资金供给者，也是房地产金融市场上最大的资金需求者。

（2）企业。在房地产金融市场上，企业是重要的资金供给者。在一个企业开发和经营的不同时点上，都会出现资金的盈余。从全社会来看，一定时间点上，部分企业在开发经营过程中也会存在暂时闲置的资金。企业可以用这部分资金购买房地产金融工具或将之存入银行等金融中介机构，以获取投资收益。由于房地产开发经营通常需要投入巨额资金，并且房地产项目的运作周期较长，资金占用时间长、回收慢，所以房地产开发、施工等企业很可能由于资金的短缺向金融中介机构申请贷款，或通过发行股票、债券等方式从房地产金融市场筹集所需资金。

（3）房地产金融机构。金融机构在市场上承担着中介的作用。有的国家设立了专门的房地产金融机构，有的国家就由一般的金融机构来从事房地产资金的融通，还有的则由专门的房地产金融机构和一般的金融机构共同经营。但是无论金融机构的设置有何不同，活跃

在房地产金融市场上的金融机构按照经营业务的范围,可分为专营性的房地产金融机构和兼营性的房地产金融机构两大类型。房地产融资机构一方面提供、发放房地产贷款,并从金融市场上购进房地产有价证券和其他金融工具;另一方面,广泛吸收存款,发行各种金融工具,筹措信贷资金。同时,房地产融资中介还提供咨询、代理发行证券等服务,收取手续费。

(4)政府。在各个国家和地区的房地产金融市场上,政府都充当着资金的供给者、需求者和监管者等多重角色。一方面,政府可能拨专款支持房地产的发展;另一方面,为弥补财政资金的不足,政府可以通过发行债券,从房地产金融市场筹集资金用于房地产建设。另外,政府可以通过经济、行政、法律等多种手段对房地产金融市场进行宏观调控,如利率的变动、房地产税收政策的变化、信贷额度的调整、金融机构业务范围的规定等。

2. 市场客体

市场客体是指在房地产金融市场上用于交易的金融工具。与商品市场上的交易对象是实物不同,金融市场上的交易对象是各种金融契约,如商业票据、房地产金融证券、住房抵押贷款契约等。

房地产金融市场的作用在于融通资金,因此,房地产金融市场的交易对象是货币资金。无论是银行的存贷款,还是证券市场上的证券买卖,最终都要实现货币资金的转移。但这种转移在多数情况下只是货币资金使用权的转移,而不是所有权的转移,这与商品市场上作为交易对象的商品的转移不同。在后一种情况下,不仅商品的使用权要发生转移,而且所有权也要从卖者手中转移到买者手中,使用权的转移要以所有权的转移为前提。

房地产金融市场上的金融工具,有的只能做一次性的交易,如房地产存款单;而有的则可以多次交易,如房地产股票。住宅抵押贷款契约就是二级市场上主要的金融工具。

3. 交易价格

每笔房地产金融交易都是按照一定的价格成交的,通常以利率表示。利率是利息率的简称,即利息与产生利息的本金的比率。其中,利息是资金的使用者获取一定量资金在一段时间内的使用权而付出的资金成本,包括资金借出者因推迟消费遭受的损失及借出资金因通货膨胀而发生的购买力损失两部分。在金融市场上,交易的目的是获得一定量资金在一段时间内的使用权,那么资金的使用者必须为使用资金付出一定代价、支付一定的资金成本,这个资金成本即通过利息表现出来。在激烈的市场竞争推动下,各类房地产金融交易也受到供求规律的支配,其交易价格由金融工具代表的交易价值决定。因此,金融工具的估值成为判断价格高低的关键。当市场供求实现均衡时形成的交易价格即均衡价格,被认为是与实际价值相吻合的收益。

4. 市场规则

市场规则是指在经济运行的过程中,进入市场的市场主体从事交易活动所应共同遵循的行为规范。它是由政府以制度、法律和法规的形式加以确认和规范化,并由政府部门加以监督、管理和贯彻实行的行为准则,是市场经济成长过程中最重要的驱动因素。市场规则是一个有机整体,一般情况下主要包括供求机制、价格机制、竞争机制和风险机制。对房地产金融市场而言,还包括拆借与贴现机制、证券发行与交易机制等。市场规则的建立

和完善，是维护和协调各市场主体之间的利益关系，维持正常的市场秩序，使市场行为有序化、规范化的前提。

模块小结

　　房地产金融是房地产开发、流通和消费过程中通过货币流通和信用渠道所进行的筹集资金、融通资金、结算或清算资金并提供风险担保或保险及相关金融服务的一系列金融活动的总称。房地产金融主要是为房地产业生产、流通、消费等环节进行资金筹集和分配，保障房地产业的稳定、健康发展，同时也是国家调控房地产市场和促进房地产消费的主要手段。房地产银行贷款是指商业银行向房地产开发商发放的用于开发、建造向市场销售与出租等用途的房地产项目的贷款，证券融资是指通过房地产债券、股票等证券的发行和流通来融通房地产资金的一种金融活动，它是房地产企业融资的重要形式。房地产信托是指以房地产项目为对象的一种信托产品。房地产投资信托基金（REITs）是一种以发行收益凭证的方式汇集特定多数投资者的资金，由专门投资机构进行房地产投资经营管理，并将投资综合收益按比例分配给投资者的一种信托基金。购房抵押贷款又称为房地产按揭，是购房者以所购买的房地产为抵押物，在支付一定数量的款额（首期付款）后，向金融机构申请的长期贷款，购房者承诺以年金形式定期偿付贷款利息。住房公积金是指国家机关、国有企业、城镇集体企业、外商投资企业、城镇私营企业及其他城镇企业、事业单位、民办非企业单位、社会团体及其在职职工按照规定缴存的具有保障性和互助性的一种长期住房储金。房地产金融市场是与房地产业有关的筹资、融资和结算等金融活动的市场，它是金融市场的重要组成部分。房地产金融市场的运行主要包括市场主体、市场客体、交易价格和市场规则四个方面的要素。

模块习题

一、填空题

1. 我国房地产金融包括_____和_____。
2. 房地产开发类贷款实行_____制度，审批管理坚持_____、_____的原则。
3. 申请房地产银行贷款的类型主要有_____、_____、_____。
4. 房地产金融市场的运行主要包括_____、_____、_____和_____四个方面的要素。

二、多项选择题

1. 下列属于房地产金融特点的有（　　）。
   A. 资金融通量大　　　　　　　　B. 资金运用具有中长期性
   C. 风险较大　　　　　　　　　　D. 具有较强的政策性
   E. 具有较好的收益性

2. 下列属于房地产金融市场特点的有( )。
   A. 融资数额巨大
   B. 房地产信贷资金流动过程中期限结构对称
   C. 资产证券化需求迫切
   D. 融资市场格局多元化
   E. 受政府宏观调控政策影响小
3. 按资金来源分类，房地产金融市场可分为( )。
   A. 政府主导基金型　　　　　　　B. 合同储蓄型
   C. 协议信用型　　　　　　　　　D. 抵押型
   E. 混合型

三、简答题

1. 什么是购房抵押贷款证券化？
2. 什么是房地产信托？其经济实质是什么？
3. 简述住房公积金的缴存。

模块 8 房地产经济周期

学习目标

通过本模块的学习，了解经济周期基本理论、西方经济周期理论；熟悉房地产经济周期的测定；掌握经济周期类型，房地产经济周期的一般理论，影响房地产经济周期波动的内生因素和外生因素，房地产经济周期的形成机制。

能力目标

能够对房地产经济周期波动进行测定与分析。

单元 1 房地产经济周期概述

一、经济周期基本理论

研究房地产经济周期，首先必须理解经济周期理论的要义。

经济学中关于经济周期的研究，已有 200 多年的历史，直到当代仍然是各国经济学家关注的问题。马克思关于经济周期的理论，揭示了资本主义条件下经济周期性波动的规律性及其成因，但其基本原理具有普遍的适用性。

一般来说，经济周期是指国民经济整体经济活动随着时间的变化而出现的扩张和收缩周期性而定期性反复运动的过程。每个经济周期都将经历危机、萧条、复苏和高涨四个阶段。英文版《现代经济学辞典》认为，经济活动水平的波动（通常以国民经济收入表示），形成一种有规律的形式，经济活动的扩展紧跟着就是经济收缩，而后又继之以进一步的经济扩张。这样的周期大致是以产量的长期趋势轨迹出现的。

保罗·萨缪尔森在《经济学》中写道："这种产出、价格、利息和就业的上涨和下降的运

动构成了经济周期,它是 200 年来——自从错综复杂、相互依赖的货币经济开始取代自给自足的商业社会以来——世界工业化的特点。"

现代经济周期理论认为,经济周期是建立在经济增长率的相对变化之上。其所指的经济周期是指经济增长率上升和下降的交替运动过程。经济周期理论主要是对经济周期产生的原因进行剖析的理论,其要点有经济周期的阶段、经济周期的类型和经济周期的成因。

经济学家普遍把经济周期划分为四个阶段,即复苏增长、繁荣扩张、萧条持平和衰退收缩。经济周期的最低点被称为"波谷",最高点被称为"波峰"。复苏增长和繁荣扩张阶段是总需求和国民经济活动的上升时期,同时伴随的是国民经济其他变量(如就业水平、产出水平、价格水平、货币供应量、工资水平、利率和利润水平等)的上升。而萧条持平和衰退收缩阶段则是总需求和国民经济活动的下降时期,同时伴随的是国民经济其他变量的下降。虽然各个变量上升或下降的速度和时间先后可能有很大差异,即没有定期性,但在经济周期的扩张阶段或低落阶段,相应的上升或下降趋势十分明显。

对经济周期的认识和把握对国民经济的发展是相当重要的,一方面要承认经济周期存在的客观必然性;另一方面要进行深入细致的研究,提出一定的理论来解释经济周期的产生和运动,并通过一定的模型来预测经济变动。

二、西方经济周期理论

应当指出的是一个完整的、有说服力的、能够用于解释和预测社会经济运动的经济周期理论,应当能够说明经济体系本来具有产生周期性波动的功能并能够评价波动。原动力来自外界的冲击。在经济周期理论中,乘数和加速数模型即符合上述条件。这种周期理论认为,在影响经济波动的各种经济变量中,投资变量起着相当关键的作用。经济学家注意到,从长期来看,消费行为、储蓄行为和收入之间的关系是大致稳定的,但是投资行为与收入之间的关系却具有不稳定性。一般来说,投资的少量变动会引起收入的较大变动;反过来,收入的少量变动也将引起投资需求的较大变动。正是这种不稳定的关系使经济形成周期性波动。

关于经济周期的成因,各国经济学家有着各自不足的观点。其中主要的理论观点有有效需求不足、投资状况的变化、货币信用的过度膨胀、对未来预期信心不足等。这些观点都力图从一定的角度来解释经济周期的原因,以便采取相应的对策。

下面就西方经济周期理论的主要观点分别进行阐述。

1. 有效需求不足理论

有效需求不足理论的代表人物为凯恩斯(J. M. Keynes)。他认为,经济周期波动的发生是"有效"需求不足造成的。有效需求包括消费需求和投资需求,由三个基本心理因素决定,即消费倾向、资本预期收益和货币流动偏好。其中,资本预期收益决定着资本的边际效率,对经济周期波动的发生起着重要的作用。而要消除这种源于有效需求不足的经济波动则必须进行国家干预,从而刺激需求,使总供给和总需求趋于一致,保持经济的稳定发展。保罗·萨谬尔森则在此基础上,进一步应用乘数理论和加速原理说明了经济周期的展开过程。

2. 纯货币理论

纯货币理论认为,经济周期纯粹是一种货币现象,货币数量的增减是经济发生波动的唯一原因。具有现代银行体系的国家货币供应是有弹性的,可以膨胀和收缩,经济周期波

动就是由银行体系交替地扩张和紧缩信用所造成的。当银行体系降低利息率、放宽信贷时就会引起生产的扩张与收入的增加,这会进一步促进信用扩大;但是信用不能无限地扩大,当高涨阶段后期银行体系被迫紧缩信用时,就会引起生产下降,爆发危机,并继而出现累积性衰退。即使没有其他原因存在,货币供应的变动也足以形成经济周期。这种理论的主要代表人物是英国经济学家霍特里(R. G. Hawtrey)。

3. 投资过度理论

投资过度理论主要强调的根源在于生产结构的不平衡,尤其是资本品和消费品生产之间的不平衡。哈耶克(F. A. Hayek)、米塞斯等认为,如果利率政策有利于投资,则投资的增加首先引起对投资品(即生产资料)需求的增加以及投资品价格的上升,这样就更加刺激了投资的增加,形成了繁荣市场。而投资品的生产过度必将引起投资品过剩及消费品的减少,从而形成经济结构的失衡。当经济扩张发展到一定程度之后,将出现生产过剩危机,经济进入萧条。哈耶克认为,市场经济有自动调节的功能,如果国家不进行干预,银行自行调节信用,生产过剩现象就会逐渐消失,经济就会复苏;而国家干预只能损害市场机制的作用,萧条过程反而会持续下去。

4. 消费不足理论

消费不足理论一直被用来解释经济周期的收缩阶段,即衰退或萧条的重复发生。这种理论将萧条产生的原因归结为消费不足,认为经济中出现萧条是因为社会对消费品的需求赶不上消费品生产的增长。而消费不足是由于人们过度储蓄使其对消费品的需求大大减少。消费不足理论的一个重要结论是,一个国家生产力的增长率应当同消费者收入的增长率保持一致,以保证人们能够购买那些将要生产出来的更多的商品。这一理论的代表人物是马尔萨斯和霍布森(J. A. Hobson)。

5. 技术创新决定理论

熊彼特(J. A. Schumpeter)是技术创新决定论的创立者。熊彼特认为,企业家的创新活动实现了生产要素的重新组合,从而获得垄断利润,创新浪潮的出现引起经济繁荣。当创新扩展到越来越多的企业,赢利机会趋于消失,同时创新引起了信用扩张,造成了过度投资行为时,经济便开始衰退。随之而来的是失衡的必要调整阶段,即经济复苏。经济复苏要借助于新发明等外生因素的刺激,而新发明的实际应用则借助于经济的扩张过程,这样就形成了经济周期波动。根据熊彼特的解释,对于经济周期,政府的人为干预是不必要的甚至是有害的,市场经济有自行恢复的能力。

6. 心理预期理论

心理预期理论强调心理预期对经济周期各个阶段形成的作用。庇古(A. C. Pigou)、巴奇霍特等认为,由于人们具有不同的偏好、不同的预期、不同的目的,同时各种人对积极的预期又不可事先预定,这就影响着经济的发展。在经济周期的扩张阶段,人们受盲目乐观的情绪支配,往往过高地估计了产品的需求、价格和利润,而低估生产成本(包括工资和利息),这就会导致过多的投资,形成经济的过度繁荣。

根据心理预期理论,经济周期扩张阶段的持续时间和强度取决于酝酿期的长短,即取决于从生产到新产品投入市场所需的时间。当这种过度乐观的情绪造成的错误在酝酿期结束时显现出来,扩张就到了尽头,衰退便开始了。而在经济的收缩阶段,由于过度乐观的

情绪所造成的错误逐步被察觉，又会变成不合理的过分悲观的预期，由此过度减少投资，引起经济萧条。乐观与悲观预期的交替引起了经济周期中繁荣与萧条的交替。

实际上，经济周期是一种复杂的经济现象，是上述多种因素共同作用的结果，这些因素按其与经济系统的间接或直接关系可分为外生因素与内生因素。其中，心理原因、政治原因、环境的变迁、农业收获的变化、技术创新等可视为外生因素；投资、货币、消费等则属于内生因素。外生因素往往是通过对内生因素的影响共同作用于经济活动过程；内生因素则是引起经济周期波动的基本原因。

三、经济周期类型

经济周期是一种复杂的经济现象，其产生和变化是多种因素共同作用的结果。经济学家通过衡量不同的指数，侧重于不同的变量，根据波动变化时间的长短提出了各种不同的周期类型。按照经济周期经历的时间长短来划分，可分为长周期、中周期、短周期。经济波动的长周期，平均要经历50~60年，也称为康德拉季耶夫周期；经济波动的中周期，平均要经历9~19年，也称为朱格拉周期；经济波动的短周期，平均要经历40个月，也称为基钦周期。

1. 农业周期

农业周期也许是经济学中最为著名的部门经济周期，农业周期理论的代表人是莫代卡·伊泽克尔。这一理论指出，在农业部门发生这种规则波动的主要原因有二：一是下一时期的生产是由当前或过去的价格决定的；二是当前的价格由当前的生产决定。一般来说，农业周期可能由国内外的旱灾或其他自然灾害引发，它们将减少供给并使商品价格上升。高价格接下去将促使生产者在随后的时期里增加生产，这将引起价格回落。这一过程如此进行下去就会形成农业周期。另外，农业周期的长度一般取决于生产新一茬庄稼和培育新一批家畜所需的时间。

2. 基钦周期

美国经济学家基钦经研究发现，经济活动中有一种有规律性的短期波动，其持续期间约为40个月，这种波动同商业库存的变化有关。基钦提出经济周期实际上有大周期与小周期两种，小周期平均持续期间约为40个月，一个大周期一般包括2~3个小周期。经济学界将他提出的小周期(40个月左右)称为基钦周期。

一般认为基钦周期主要与市场商品可供量和企业存货量的变化有关。影响短周期的主要因素是企业存货订购开始增加，企业的销售量开始上升，企业的库存不断减少。为了恢复企业认为合适的库存量，企业就得扩大生产。当经济步入繁荣阶段时，一般收入会随之增加，企业认为合适的库存水平将不断上升，所以再度进行库存投资。经济景气一旦达到顶峰，就将出现相反的现象，企业以经济繁荣时的销售量为基础继续进行库存投资，而实际发货已开始减少，故出现了预料之外的库存增加。如果库存增加一直持续到景气衰退之时，那么速度就会放慢，之后库存便开始减少。这样，当库存调整一结束，开始再次库存投资时，又进入下一轮库存循环。

3. 朱格拉周期(固定投资周期)

法国经济学家朱格拉基于银行贷款的数字、利率与物价的统计资料研究了英、法、美等

国家工业设备投资的变动情况，发现了 9～10 年的周期波动，即朱格拉周期，也称为中周期。西方经济学界认为，朱格拉周期主要是工商业固定投资变动起主导作用所引发的周期。

一般认为，影响中周期的主要因素是产业结构和产品结构的变动而引起的投资结构和投资数额的变动，所以又可称为固定投资周期。对于为什么会发生固定投资周期循环，有多种理论解释。有人认为构成固定投资起因的技术革新中，推广技术革新的时间为 10 年左右。也有人认为一般机器设备使用寿命为 10 年左右，因此，机械设备的更新而产生的再投资周期循环也是固定投资周期循环产生的原因之一。另外，更多的西方经济学家利用加速原理和投资乘数理论来解释投资周期循环产生的内生机制。

4. 库兹涅茨周期

美国经济学家库兹涅茨（Simon Kuznets）通过对 1840—1914 年美国某些商品生产与价格变动长期趋势的研究发现，存在着 15～25 年的中长期的周期循环，即"库兹涅茨周期"。

由于该周期与建筑业扩张、收缩的关系密切，所以，西方经济学界也将库兹涅茨周期称为建筑周期。在建筑业中，住房建筑是其重要的组成部分，住房建筑的波动期一般来说是较长的。住房建筑波动之所以会长些，与人口的增长周期有联系。结婚和生育率的增加，对住房需求的影响要在 20 年之后；同时，人口净增长率不同，对住房需求也就不同。人口净增长率高，对住房的需求就大，促进住房建筑的高速发展；人口净增长率低，对住房的需求就低，住房建筑的发展速度就会慢下来。对于建筑物的需求来说，供给要有相当长的时间延迟，并且建筑活动的扩张会使得建筑材料的需求扩大，造成就业机会的增加，对经济的各领域都会产生广泛影响，从而产生这种周期较长的经济周期波动。

5. 康德拉季耶夫周期

俄罗斯经济学家康德拉季耶夫根据美国、英国、法国 100 多年内的批发购物价指数、利息率、工资率、对外贸易量以及铁、煤炭、棉花等产量的变化推算出周期为 50～60 年的长期波动，即"康德拉季耶夫周期"，又称为长周期。康德拉季耶夫指出的第一次长期波动的 18 世纪 80 年代正逢产业革命；第二次长期波动的 1850 年正逢铁路建设的大发展；第三次长期波动的 19 世纪 90 年代是电力普及、汽车工业发达的阶段。这三个周期各自与技术革新的浪潮相适应。各时期的主要发明、新资源的开发利用等所引起的技术革新，使康德拉季耶夫关于周期成因的说法被普遍接受。

四、房地产经济周期的一般理论

房地产经济是工业化和城市化的产物，是国民经济的主要构成部分。房地产经济的发展具有明显的周期性特征。

（一）房地产经济周期的含义

国内外房地产业发展的历史证明，由于房地产业的发展受制于宏观经济发展、人口、政治、社会文化、法律制度等多种因素，房地产业在发展过程中，会表现出周期性波动的变化，出现房地产业发展的高峰期和低谷期，即房地产业发展的周期性波动规律。

所谓房地产经济周期，是指房地产业在发展过程中，随着时间的变化而出现的扩张和收缩周期性，但不定期的反复运动的过程。它一方面同宏观经济总的发展态势密切相关；

另一方面又同相关行业经济与宏观经济的协调程度紧密联系。如房地产业发展过于超前，造成供大于求或暂时饱和现象，就会出现相应的停滞消化期。

(二)房地产经济周期的阶段性

与宏观经济周期一样，从房地产经济周期波动的阶段也可分为复苏与增长、繁荣、衰退、萧条四个阶段，从而再进入新一轮增长。

(1)复苏与增长阶段。房地产业经历了萧条之后出现的复苏与增长期，一般会经历较长的时间。这一阶段的主要特征为：①交易量回升，购楼者开始增多，少数炒家开始入市，但买房者仍多为自用，投机者较少；②需求趋旺，刺激房地产价格慢慢回升，呈持续增长状态，但期房价格仍然低于现房价格；③交易量的增加推动房地产开发数量的上升，房地产开发投资逐渐增多，且开发速度逐步加快；④随着房地产市场的加速回升，人们对市场形势充满乐观情绪，购楼者特别是炒家进一步涌入，不但现房价格上涨，期房价格也进一步回升，市场交易尤其是二、三级市场的交易活跃。于是，在条件成熟时，整个房地产经济又进入繁荣阶段。

(2)繁荣阶段。这一阶段持续的时间较短，需求继续增长，出现波峰。

(3)衰退阶段。当楼价高到将真正的房地产消费者挤出，仅依靠投机资金支撑时，房地产业也就由盛转衰，预示着危机和衰退阶段的到来。相对而言，这一阶段较为短暂，其主要特征是：①房价在开始时虽仍然继续上升，但是涨幅明显放缓并开始出现下跌迹象；现房价格基本上停滞不前；②交易量明显减少，形成明显的有价无市的状态。在一些突发性事件的影响下，房地产价格急剧下降。其中，期房价格下跌速度要快于现房价格。房地产价格的暴跌趋势阻止了真正的消费者及投机家进入市场，加快了房地产价格的下跌速度；③由于交易量锐减，一些实力较差、抗风险能力较弱的开发商因为资金债务等问题而难以为继，房地产从业人员减少，失业率和破产率增加。

(4)萧条阶段。萧条阶段也就是常说的波谷，持续时间较长，房地产开发量继续下降，销售量进一步减少，房地产价格跌势继续，期房价格大大低于现房价格，房地产交易量锐减，楼盘交易量降幅更大，房屋空置量达到顶峰，房地产价格持续走低，且趋于平稳；部分房地产发展商面临困境，破产现象普遍，甚至有一些实力雄厚的大型房地产开发公司也难免蒙受损失。租赁供给的增长率很高，而需求增长率较低或者是呈负增长。出租者纷纷降低租金来获得租客，有时甚至收益只能和成本相当。于是新的建设逐渐减少，当新建设的增量供给停止的时候，市场达到最低点。随后需求开始增长，开始了新一轮的周期循环。

从理论上分析，各个国家(地区)的房地产业周期波动一般都会经历上述四个阶段，但在实际经济生活中，不同国家(地区)由于所处发展阶段、宏观经济状况以及主客观的差异，波动的频率也不尽相同，其表现形式有一定的差别。

(三)房地产经济周期与宏观经济周期的关系

一般来说，房地产经济周期是宏观经济周期的组成部分之一，其周期波动与宏观经济周期相协调，二者呈正相关关系，波动方向相同。同时，由于任何产业都有其自身的特殊性，而这种特殊性必将在经济运行中表现出来，从而规定了不同产业的周期曲线与宏观经

济的周期曲线不可能完全重合,因此,作为产业周期之一的房地产经济周期,也有其自身的特点。

从房地产经济周期与客观经济周期来看,宏观经济周期对房地产经济周期的波动具有决定性作用。同时,房地产经济周期独特的波动变化,也对宏观经济周期的波动产生很大的影响,影响的程度取决于一国(地区)房地产业发展的进程及其在国民经济中的比重和地位。

具体来说,与宏观经济周期相比,房地产经济周期的波动有以下三个方面的特点:

(1)周期波动次序有差别。房地产经济周期与宏观经济周期从周期波动的次序和考察的四个阶段在时间上并不一致。通常,房地产经济周期的复苏、萧条期滞后于宏观经济周期,而繁荣、衰退期则超前于宏观经济周期。尽管房地产业是基础性和先导性行业,但由于产品价值大,耗用资金多,生产周期长,房地产开发商需要经过较长时间的筹备、讨论才能投入实质性开发。所以,房地产业的复苏势必要稍微滞后于宏观经济,但时间很短暂。由于房地产业经过复苏阶段的准备和发展,其先导性、基础性产业的作用开始充分显现出来,其繁荣期略超前。房地产业之所以提前衰退,是由于房地产业的发展以社会经济各部门的发展为基础,房地产业绝不可能在与其他部门脱节的基础上高速发展,往往其他产业的衰退和停滞会对房地产业的发展产生叠加的负面影响。房地产经济周期的萧条阶段要滞后于宏观经济周期,是因为当宏观经济出现萧条时,各行各业的发展都处于停滞之前的状态,失业率、通货膨胀率较高。而由于房地产本身具有保值增值的特点,此时人们会放弃其他投资,将注意力转向房地产开发投资或直接购买房地产,从而维持房地产市场一定的供给和需求,推迟房地产业的萧条。

(2)波幅与波长不同。一般来讲,房地产经济周期波动的幅度要大于宏观经济周期,即波峰要高于宏观经济周期,而波谷要低于宏观经济周期。从波长来看,房地产经济周期的波长与宏观经济周期也不一定相同。例如,英国宏观经济周期平均波长为20年,而房地产经济周期平均波长为9年。但是,我国房地产经济周期的波长与宏观经济周期的波长基本一致,均是4~5年。

(3)房地产经济周期的长期趋势显著。由于土地资源的短缺和房地产的不可替代性,通过政府同期政策的干预,房地产经济周期将以螺旋式上升的方式形成增长。因此,与国民经济周期相比较,房地产经济周期的长期趋势明显,具体表现为:在一个经济周期内,尽管其波谷低于波峰,但却高于前一周期的波谷,而有时甚至会超过前面周期的波峰。这种增长循环的长期趋势表明,房地产价格长期处于上升状态,虽然地价或房价在短期内有所回落,但长期来看仍然是一波高过一波。

(四)研究房地产经济周期的意义

由于房地产经济周期不仅具有自身独特的波动规律,而且作为国民经济周期的组成部分,在受到后者的影响和制约时,也对同期经济周期波动产生极大的影响,而这一影响程度的大小则取决于一国(地区)房地产业的发展进度和房地产市场发育的成熟程度。对房地产经济周期理论进行系统研究,具有很高的理论价值和重要的实践意义。具体来说,表现在以下六个方面:

（1）可以帮助人们深刻理解房地产业发展与国民经济发展的密切关系，使其更好地与国民经济的发展相适应，正确把握房地产业的政策定位，进一步发挥房地产业新经济增长点的作用。

（2）有助于把握房地产业和房地产市场发展的规律。应用经济同期的一般理论和方法，结合房地产的特点，对房地产经济周期的发展阶段、产生原因、影响因素，以及周期的计量测度指标等进行系统的分析、归纳和总结，有利于把握房地产业和房地产市场发展的规律，从而指导实践并减少实践中的盲目性。

（3）可以正确地把握房地产业发展的周期性规律，明确一国（地区）房地产业所处的阶段、认清形势、审时度势、因势利导、掌握主动权，避免盲目性。

（4）有助于指导政府进行宏观调控。房地产经济周期的波动，一方面具有不可避免性；另一方面过分剧烈、波幅过大的周期波动对国民经济具有破坏性。因此，研究房地产经济周期的规律，科学地监测房地产业周期波动的趋势，是政府对房地产业、房地产市场实施宏观调控的基础，也是一国宏观调控政策体系的重要组成部分。

（5）有助于投资者进行经营决策。在市场经济条件下，房地产投资者了解了房地产经济周期的规律性及市场供求的变动趋势之后，可以更主动地适应宏观经济形势的变动，在市场经营中掌握主动权，避免由于周期性波动带来的损失。

（6）可以在认清周期性规律的基础上，及时采取适当的对策措施，避免剧烈波动对房地产业的震荡。对房地产企业来说，应针对不同周期阶段，确定企业扩张或收缩的战略决策。

对政府主管部门来说，应通过预测房地产业周期变化趋势，及时采取正确的政策措施，引导房地产业持续、稳定、协调发展。例如，当房地产业过热时，政府部门可以通过收紧银根、减少土地供应量等措施控制供给，力求达到供求平衡；当房地产业处于低谷阶段，政府部门可以通过放松银根、增加居民收入、降低税费等手段，鼓励消费，刺激需求，促使其尽快复苏。

所以，研究房地产业发展的周期性规律，是分析房地产市场形势的重要理论基础。

单元2　房地产经济周期的影响因素

影响房地产经济周期波动的因素诸多，大体上可分为内生因素和外生因素两大类。所谓内生因素，是指房地产经济体系本身的内部因素，如收益率、投资、利率、通货膨胀率等；所谓外生因素，是指房地产经济体系以外的对房地产经济活动产生外部冲击和作用的影响因素。通常，外生因素通过内生因素起作用，房地产经济周期波动是内生因素与外生因素共同作用的结果。

一、影响房地产经济周期波动的内生因素

（1）收益率。一般来说，当房地产开发商的预期收益率不断提高时，开发商会扩大投资和开发规模；当预期收益率不断下降时，开发商的投资行为就会变得较为谨慎。收益率就

像指挥棒一样引导着开发商的投资行为。

房地产收益率是指房地产开发获取的净收益与房地产投资额的比率，也是投资回报率。房地产市场供求矛盾是房地产经济周期波动的直接原因，这一矛盾通过开发成本、价格和销售利润等指标最终反映在收益率的变化上。收益率的高低可以引导房地产的投资走向扩张或收缩，使房地产经济出现周期性的变化。

由于市场竞争的存在，一般来说，房地产开发商不可能长久地获得高于社会平均投资收益水平的超额利润。只要房地产开发投资存在超额利润，就会不断有新的投资者进入房地产开发者的行列。新投资者的进入导致商品房供应增加和市场竞争加剧，从而使房地产开发的收益水平逐渐回落到社会平均水平甚至以下。此时，新的投资者不再进入，部分原有投资者还会退出，房地产市场上的新增供应减少。而随着房地产消费和投资需求的增加，超量的供应被市场吸纳，房地产市场的开发利润水平又会回升，当回升到一定水平时，又会有新的投资者进入房地产市场。房地产市场就是这样周而复始地运动，形成房地产经济周期的波动。

(2)投资。在房地产经济活动中，房地产投资是房地产业发展至关重要的因素，房地产投资的波动常被看成房地产经济周期波动的引擎。从理论上讲，房地产投资的增加会引起房地产业的扩张，使市场进入繁荣阶段；投资下降则会使房地产业出现萧条的局面。也就是说，房地产投资的变动与房地产经济周期的变动基本上是一致的，两者几乎是同向共振的。但是，房地产投资波动比房地产经济周期的波动表现更为活跃。

(3)利率。一般来说，利率变动与房地产经济周期波动呈反向变化。利率的升高与降低，通过影响房地产投资需求和消费需求，成为货币信用影响房地产经济周期波动的中间环节。利率对房地产市场的直接影响分为供给和需求两个方面。在供给方面，利率下降，开发商融资比较容易，融资成本较低，促使房地产价格降低，并由此促进房地产供给和市场的繁荣；反之，当利率上升时，房地产开发商利息负担沉重，开发成本居高不下，使房地产价格上扬，则不利于房地产市场的发展与繁荣。在需求方面，由于房地产价值高，进入房地产市场必须获得金融的支持。

就住宅而言，大部分购房者必须依赖长期的负债以取得住房。这就必然涉及长期融资的取得与长期融资的成本。利率高则加大了购房者的按揭成本，阻碍了对房地产的需求；利率低则会促进人们投资房地产的意愿，加大房地产的投资需求和消费需求。

(4)通货膨胀率。在经济发展中，房地产是一种很好的投资工具和消费品，往往是抵御通货膨胀的有效手段。通货膨胀与通货紧缩处于交替变化中，周期性的影响房地产投资的预期回报率，从而影响房地产经济周期。当通货膨胀率上升时，人们往往对房地产的投资需求有很大的提升。具体来说，一方面，通货膨胀率的变化与房地产租金波动的趋势十分紧密；另一方面，通货膨胀率变化还会直接导致房地产建造成本、经营成本以及利润率的变化，从而反方向影响房地产的投资收益率。

二、影响房地产经济周期波动的外生因素

影响房地产经济周期波动的外生因素可以分为三大类：一是直接影响房地产开发活动的宏观经济因素，主要是与房地产业密切相关、敏感程度较大的政策因素；二是间接影响

房地产开发活动的社会经济因素和技术因素,如经济增长方式的转变、产业结构的演进、城市化进程及技术进步等因素;三是影响房地产业的随机因素,包括地震、洪水等自然灾害,战争、政治风波等社会突发因素。

(1)政策因素。影响房地产经济周期波动的政策因素,是指政府对房地产市场实行宏观调控时所采用的一系列政策工具,包括财政政策、货币政策、产业政策、经济体制和经济制度改革及区域发展政策等。这些政策工具从房地产业发展的各个方面对房地产市场进行调控,从而影响房地产业发展的各个方面;对房地产市场进行调控,从而影响房地产经济周期波动的特征。例如,政府采取财政支出政策,以政府自身的支出总量和结构的变动影响房地产市场的总量和结构,包括调节土地一级市场的供应量、控制福利性住宅的建设规模、从事城市基础设施的建设及直接参与房地产市场的交易和部分物业的建设等,影响房地产经济周期的波动。

(2)社会经济因素。影响房地产开发活动的间接社会经济因素包括经济增长方式的转变、城市化进程、技术进步、产业结构演进等。

①经济增长方式的转变。经济增长方式的转变对房地产经济周期的波动具有很大影响。在不同的经济增长方式下,房地产需求的数量和结构存在很大差别。例如,粗放型增长方式主要依靠规模的扩大实现增长,因而,对土地、工业厂房、仓库等不动产的需求明显增加;当经济增长方式转向集约型增长时,技术含量的提高对房地产的需求就会产生较大影响,影响房地产市场的发展。

如果这种经济增长方式的转变是在较短时期内发生的,则它对房地产经济周期波动的影响效果会比较显著;如果这种转变是在较长时期内缓慢发生的,则它会对房地产经济周期波动的性质产生深远的影响,这种影响一般通过产业结构的变化表现出来。

②城市化进程。城市化进程包括城市生活方式的兴起及城市生活方式向郊区的扩散,即郊区化过程。城市化进程将极大地加剧对城市基础设施和普通住宅的需要,并影响着人口增长、人口流动和交通运输业的发展,而这些因素又进一步对地价上涨和房地产业的发展产生持久的作用;同时,也影响到各类房地产市场发展的长期趋势,进而影响各类房地产经济周期波动的特征。如战后日本经济复兴,城市人口剧增,使得对城市住宅的需求上升很快,形成了住宅市场的大繁荣;又如美国的城市中心多为商业房地产,而市郊和卫星城市则集中了很多住宅物业。

③技术进步。技术和理念的革新也会给房地产市场或其子市场带来不小的冲击。例如,电梯的发明使超高层建筑成为可能;计算机的出现使在家办公成为一时的时尚,并导致兼有写字楼和公寓的建筑热销等。

④产业结构演进。一定时期的产业结构特征,决定着当时的国民经济周期波动的基本形式。房地产业是国民经济整体的一部分,其发展和周期波动也要受国民经济周期波动的制约和影响。因此,产业结构的演进也决定了一定时期房地产经济周期波动的基本形态特征。例如,战后日本经济高速发展时期,地价出现的三次猛涨就伴随着产业结构的变化,即以工业用地价格上涨引起的第一次地价猛涨、以住宅用地为主的地价上涨和以第三产业用地为主的地价上涨。而无论哪次地价上涨,其趋势与工业化和产业结构演进的方向都是基本一致的。

(3)随机因素。随机因素包括战争、政治风波及地震、洪水等自然灾害。如发生对住宅危害性大的地震将必然对震区的房地产业产生修复性或新建性的需求拉动。

单元3　房地产经济周期的形成机制

房地产经济波动的运行机理可以从两个方面加以分析，即内在传导机制与外在冲击机制。内在传导机制是指经济系统内部结构特征所导致的经济变量之间的必然联系和对外在冲击的反应；外在冲击机制是系统外在的冲击通过系统内部传导而发生的经济活动，来源于外生变量的自发性变化。外生变量可能是随机的，也可能是周期性的。房地产经济波动既有其内在传导机制又有其外在冲击机制，是经济系统内在的传导机制和通过传导而作用于经济活动的外在冲击共同发生作用的结果。

一、房地产经济周期波动的内部传导机制

所谓内部传导机制，是指经济体系中的主要内生因素，依其自身规律发生周期性变化而又相互作用，可使经济波动呈现出周期性变化的机制。经济体系的内在因素成为房地产经济周期波动的自我推动力量，每次扩张阶段都给衰退和收缩创造了条件，而每一次收缩又为复苏和扩张创造了条件。

房地产经济波动的内部传导机制主要包括利益驱动机制、供求机制、价格机制、乘数—加速数机制、信贷利率机制、产业关联机制、经济增长制约机制等。

1. 利益驱动机制

房地产供应商在有利可图时就会增加投资，提高供应量；在无利可图时，就会减少投资，缩减供应量。

2. 供求机制

供求机制是市场经济运行的最普遍机制。房地产市场的供求机制是指市场供求关系的变化能带动房地产经济的运行形式，供求状况会影响房地产市场价格的波动，甚至影响税收、信贷状况。房地产建筑具有周期长和地区性的特点，使供给具有明显的滞后性，同时又由于土地一级市场的垄断性，使土地供给受到限制，当出现供不应求时，增加供给，平衡供求不易，因而需求量对房地产价格的作用十分明显。

3. 价格机制

房地产市场价格机制是指价格作为房地产市场的利益范畴和供求关系的指示器，是促使市场上的生产者、经营者做出反应的市场信号，促使房地产市场的生产、经营者根据市场价格信号自动扩张或收缩生产规模。房地产市场中的价格机制还调节着房地产买卖市场和租赁市场的结构。购房和租房是消费者的两种消费形式，两者之间有一定的替代性。房价和租金则是对应于上述两种消费形式的房地产价格形式。如果房价过高，消费者就会选择租房；如果租金过高，消费者就会选择买房。价格机制起着调节租售比的作用，使租金和房价维持在一个合理适当的范围内。

4. 乘数—加速数机制

房地产投资的增加将通过乘数作用来增加房地产供给，增加的产出又会在加速效应作用下引发进一步的投资。如此反复循环，产生乘数—加速数效应。相反，投资或产出的突然下降也会以类似方式产生反面效应。乘数与加速数的相互作用，会立即产生爆发性的产出反应。但是由于投资水平受到经济实力的限制，经济膨胀不会无限制地扩张下去，而是有一个最终的限制，此时投资与产出增长率都会慢下来，最终导致收缩。同样，收缩也不会无限进行，而是在到达底点时开始回升。

5. 信贷利率机制

房地产市场的信贷利率机制是指房地产市场的信贷资金供应量与贷款利率之间的有机联系，反映了房地产市场的融资状况与资金需求量和供给量之间的关系。利率对房地产经济的影响主要体现在两个方面：一方面是对房地产开发投资的影响。大多数开发商的主要资金来源于银行贷款，利率的高低影响开发的成本和利润；另一方面是对房地产消费的影响。在普遍实行房地产抵押贷款和消费信贷的地区，利息高低会影响到消费者的贷款信心、还款压力和支付能力。

6. 产业关联机制

产业关联机制反映了国民经济各产业之间前向、后向及旁侧的关联效应。对于房地产经济系统来说，投资部门、建筑部门、中介部门相互间的利益关系、结构关系等关联机制，成为房地产系统的内部传导机制。

7. 经济增长制约机制

房地产经济扩张要受到诸多约束，如土地资源、人力资源及资金的约束。房地产经济的收缩也存在下限约束。对于住宅来讲，人类生存的基本需求决定了住宅的最低供应量。

二、房地产经济周期波动的外部冲击机制

外部冲击机制是指经济系统以外的冲击通过系统内部传导而发生的经济运动。当来自房地产经济系统以外的干扰或外部冲击，通过房地产经济系统的内部传导机制的作用，导致房地产经济系统运行趋势出现改变，或者使原来的运行趋势在运行水平或程度上发生变化时，就是房地产周期的外部冲击机制。

1. 供给与需求冲击

供给冲击主要是指技术进步、气候变化、资源发现以及国际经济要素价格等发生变化，对房地产生产率产生直接影响，导致房地产供给出现相应变化。

需求冲击主要包括投资冲击、消费冲击、财政冲击、货币需求性冲击等。其中，货币需求性冲击是指金融制度变化所导致的资产组合选择或货币需求的变动。这类冲击主要是由于对经济运行的预期出现变化而产生，对房地产投资、房地产消费等需求产生冲击。

2. 政策性冲击

依据宏观经济环境的不同，经济管理部门会有不同的政策性调整，会对房地产运行形成政策冲击，主要有货币政策冲击、财政政策冲击、投资政策冲击、金融政策冲击等，它们共同作用，对房地产经济系统产生一定的外部冲击。

3. 体制性冲击

体制性冲击是指因经济体制改革或政治体制改革所引起的制度变迁对房地产经济系统产生的冲击。从经济体制来看，对房地产经济运行形成外部冲击的主要是所有制结构变动、宏观经济运行机制转换、产业结构升级和政府宏观经济调控体系调整等体制性因素。

4. 国际性冲击

国外政治经济形势的变动对于外向型经济体系和开发条件下的房地产经济运行会产生不同程度的直接或间接冲击。

三、房地产周期的冲击—传导过程

1. 外部冲击阶段

来自房地产经济系统外部的变量，如宏观经济政策变动、经济体制变迁，对房地产经济系统产生外部冲击。

2. 初始响应与内部传导阶段

房地产系统对外部冲击产生初始响应，并利用内部传导机制将外部冲击转化为房地产系统运行的重要动力因素。如果振幅大，说明房地产经济系统对外部冲击敏感；如果振幅小，说明房地产经济系统对外部冲击敏感程度小。

3. 内部传导与振荡衰减阶段

由于房地产系统存在内部的运行阻力，当外部冲击通过内部传导机制向系统内的各个领域进行全面传导时，随着内部传导过程的持续，外部冲击对房地产系统的影响程度会逐渐衰减，直到减少至零。

4. 进入稳定状态阶段

房地产系统在对外部冲击做出初始响应，并经内部传导机制的作用而呈现振荡衰减之后，随后将重新进入稳定状态。

总之，当房地产经济系统受到外部冲击而出现波动之后，通过内部传导机制的作用，会在经历上述四个阶段后重新回到稳定状态，这样即算完成一次波动。当外部冲击连续不断甚至重复叠加时，房地产系统便在冲击—传导机制作用下进入连续不断的波动循环之中，由此形成房地产的周期波动。

单元4　房地产经济周期的测定

一、房地产经济周期的基本测定方法

每个经济指标的时间序列中一般都包含长期趋势性波动(T)、季节性变动(S)、周期性波动(C)和不规则性变动(J)四种变动要素。要确定每个经济指标的周期性波动，就必须采用一定的方法消除长期趋势性波动、季节性变动和不规则性变动的影响。这种方法就是对

经济指标的周期性波动进行测定。一般来说，这种测定的方法适用于较狭义的房地产经济周期波动。广义的房地产经济周期波动，则要根据实际情况与研究需要，确定是否消除特定因素。

最基本的测定方法有直接测定法和剩余法。

（1）直接测定法。直接测定法是用代表房地产经济主要变量指标的时间数列，将每年的数值直接与上一年的数值相比，求得经济变动的相对数，以此反映房地产经济周期波动状况的测定方法。此种方法也称为环比测定法。其计算公式为

$$C_t I_t = \frac{Y_t}{Y_{t-1}}$$

式中　$C_t I_t$——第 t 年的周期性波动及不规则变动相对数；

　　　Y_t——第 t 年的房地产主要变量数值；

　　　Y_{t-1}——上年房地产经济主要变量的数值。

一般来说，使用直接测定法，将当年数值与上一年周期数值相比，大体可以消除时间序列中包含季节性变动和长期趋势性变动因素的影响，如果在这一基础上再使用移动平均法，就又可以大体消除不规则变动的影响，得到周期性波动因素的相对数。

直接测定法的最大优点是简单易行、直观明了；缺点是适用范围比较窄，要求服从指数增长，趋势比较平稳，有较长时间的短期资料。

（2）剩余法。剩余法的基本前提是假定时间序列 Y 可以被分解为长期趋势（T）、季节变动（S）、周期性波动（C）和不规则变动（I）四个因素。

使用剩余法测定房地产周期性波动，就是从时间序列中逐次或一次消除长期趋势和季节变动，剩下周期性波动和不规则变动。然后，再进一步消除不规则变动，得到周期性波动值。这种方法实际上是把对经济周期性波动的测定问题，转化成对时间序列分解模型的选择和对长期趋势及季节变动的测定问题。

剩余法的基本步骤为：首先，对以月度或季度为时间单位的数据进行季节性调整，消除时间数列中季节性变动因素（S）的影响；其次，用最小二乘法等方法求出长期趋势（T）；最后，利用移动平均法消除不规则变动因素（I）的影响，然后再利用该序列与长期趋势（T）的比率，求出周期波动值（C）。

最基本的时间序列分解模型有两种，即加法模型和乘法模型。加法模型的一般形式为 $Y=T+C+S+I$；乘法模型的一般形式为 $Y=T \cdot C \cdot S \cdot I$。

二、房地产经济周期指标体系的构成

房地产经济周期指标的变化体现了房地产经济活动的变化。按照其与房地产（基准）周期波动的先后关系，可分为先行指标、同步指标和滞后指标三类。至于各个具体指标的选取，则应根据不同的目的、不同的地区具体选择。

（1）先行指标（Leading Indicators）。先于房地产经济基准周期波动变化的指标称为先行指标，可以用于预测房地产周期波动的波峰和波谷。具体处理时，将选取的各项指标变动的波峰和波谷出现的日期与基准循环的基准日期做比较，如果平均较为领先，则为先行指标。

先行指标包括：全社会固定资产投资；房地产开发活动的资金来源合计；房地产投资

实际完成额；土地购置面积；完成土地开发面积；基本建设贷款利率；建筑安装工程价格指数；商品房新开工面积；商品房施工面积；沪深房地产综合指数。

(2)同步指标(Coincident Indicators)。同步指标是与房地产经济周期波动大体一致的指标，反映当前房地产业的发展形势。具体处理时将先取的各项指标变动的波峰和波谷出现的日期与基准循环之基准日期做比较，如果平均同步，则为同步指标。

同步指标包括：国内生产总值；商品房实际销售面积；预售面积；出租面积；商品房实际销售额；商品房销售均价。

(3)滞后指标(Lagging Indicators)。滞后指标是滞后于房地产周期波动的一类指标，用于认定经济周期波动的波峰和波谷是否确已出现。具体处理时，将选取的各项指标变动的波峰和波谷出现的日期与基准日期做比较，如果平均较为滞后，则为滞后指标。

滞后指标包括：商品房竣工面积；竣工房屋价值；商品房空置面积；租金。

模块小结

经济周期是指国民经济整体经济活动随着时间的变化而出现的扩张和收缩周期性且定期性反复运动的过程。经济学家普遍将经济周期划分为复苏增长、繁荣扩张、萧条持平和衰退收缩四个阶段。经济周期是一种复杂的经济现象，其产生和变化是多种因素共同作用的结果。经济学家通过衡量不同的指数，侧重于不同的变量，根据波动变化时间的长短提出了各种不同的周期类型。房地产经济周期是指房地产业在发展过程中，随着时间的变化而出现的扩张和收缩周期性，但不定期的反复运动的过程。影响房地产经济周期波动的因素诸多，大体上可分为内生因素和外生因素两大类。所谓内生因素，是指房地产经济体系本身的内部因素，如收益率、投资、利率、通货膨胀率等；所谓外生因素，是指房地产经济体系以外的对房地产经济活动产生外部冲击和作用的影响因素。房地产经济波动的运行机理可以从两个方面加以分析，即内在传导机制与外在冲击机制。内在传导机制是指经济系统内部结构特征所导致的经济变量之间的必然联系和对外在冲击的反应；外在冲击机制是系统外在的冲击通过系统内部传导而发生的经济活动，来源于外生变量的自发性变化。房地产经济周期最基本的测定方法有直接测定法和剩余法。房地产经济周期指标按照其与房地产(基准)周期波动的先后关系，可分为先行指标、同步指标和滞后指标三类。

模块习题

一、填空题

1. 经济学家普遍将经济周期划分为_____、_____、_____和_____四个阶段。
2. 影响房地产经济周期波动的内生因素主要有_____、_____、_____、_____。
3. 影响房地产经济周期波动的外生因素主要有_____、_____、_____。

二、单项选择题

1. 经济波动的长周期又称为( )。
   A. 康德拉季耶夫周期　　　　　　　　B. 朱格拉周期
   C. 基钦周期　　　　　　　　　　　　D. 库兹涅茨周期

2. 下列有关房地产经济周期与宏观经济周期关系的说法不正确的是( )。
   A. 房地产经济周期波动与宏观经济周期相协调,二者呈正相关关系,波动方向相同
   B. 房地产经济周期与宏观经济周期从周期波动的次序与考察的四个阶段在时间上并不一致
   C. 房地产经济周期波动的幅度要小于宏观经济周期,即波峰要低于宏观经济周期,而波谷要高于宏观经济周期
   D. 国民经济周期相比较,房地产经济周期的长期趋势明显

3. 下列不属于房地产经济周期指标的是( )。
   A. 先行指标　　B. 同步指标　　C. 滞后指标　　D. 年度指标

三、简答题

1. 简述有效需求不足理论。
2. 简述消费不足理论。
3. 简述房地产经济周期的阶段性。
4. 简述研究房地产经济周期的意义。
5. 简述乘数—加速数机制。
6. 房地产经济周期波动的外部冲击机制有哪些?

模块 9 房地产投资

学习目标

通过本模块的学习，了解房地产投资含义、特点、类型；熟悉房地产投资过程和影响因素；掌握房地产投资风险因素分析与规避，房地产投资决策原则与程序。

能力目标

能够运用房地产投资知识认识房地产开发的相关活动；能够分析房地产投资风险因素并进行风险防范。

单元1 房地产投资概述

一、房地产投资含义

房地产投资就是将一定的资金投入房地产开发经营和中介服务等活动中，以期望未来获得更大的收益。作为投资活动的一种，房地产投资与其他投资方式相比，既具有投资的共性，也具有特有的个性，并且，它兼有消费和投资两种功能。由于房地产投资未来的收益尚未发生，会有较大的不确定性，因此，房地产投资还具有较大的风险。

房地产投资从本质上说是一种放弃即期收益而期望获得未来更大预期收益的经济行为。因为房地产本身具有保值增值的特点，投资者投资房地产的目的就是获得未来更大的收益，达到预期的投资目标。

二、房地产投资特点

同一般投资相比，房地产投资具有以下特点：

1. 房地产投资对象的不可移动性

房地产投资对象是不动产，土地及其地上建筑物都具有固定性和不可移动性。这一特点给房地产供给和需求带来重大影响，如果投资失误会给投资者和城市建设造成严重后果，所以，投资决策对房地产投资更为重要。

2. 房地产投资的回收期长

对每一个房地产投资项目而言，其开发阶段一直会持续到项目结束，投入和使用的建设开发期相当漫长。房地产投资过程中要经过许多环节，从土地所有权或使用权的获得、建筑物的建造，一直到建筑物的投入使用，最终收回全部投资资金需要相当长的时间。导致房地产投资资金回收期长的主要原因包括以下两个方面：

（1）房地产投资不是一个简单的购买过程，其受到房地产市场各个组成部分（如土地投资市场、综合开发市场、建筑施工市场及房产市场）的制约。投资者将资金投入房地产市场，往往要经过上述市场的多次完整运动才能获得利润。

（2）如果房地产投资的部分回收是通过收取房地产租金实现的，由于租金回收的时间较长，这样便会延长整个房地产投资的回收期。

3. 房地产投资的高风险性

房地产投资占用资金多，资金周转期又长，而市场是瞬息万变的，所以投资的风险因素也随之增多。加上房地产资产的低流动性，不能轻易脱手，一旦投资失误，房屋空置，资金不能按期收回，企业就会陷于被动，甚至债息负担沉重，导致破产倒闭。房地产投资是一项风险较大的投资活动，投资者的任务就是在相同风险情况下，最大限度地增加收益，抑或是在相同收益水平的情况下将风险降到最低。

4. 房地产投资的低流动性

房地产投资成本高，不像一般商品买卖可以在短时间内马上完成，房地产交易通常要一个月甚至更长的时间才能完成。如果投资者一旦将资金投入房地产买卖中，其资金很难在短期内变现。所以，房地产资金的流动性和灵活性都较低。

5. 房地产投资的高投入和高成本性

房地产业是一个资金高度密集的行业，投资一宗房地产少则需要几百万，多则需要上亿元的资金。房地产投资的高成本性主要源于以下三个方面：

（1）房屋建筑的高价值性。由于房屋的建筑安装要耗费大量的建筑材料和物资，需要大批技术熟练的劳动力、工程技术人员和施工管理人员及许多大型施工机械，所以房屋的建筑安装成本，通常也高于一般产品的生产成本。另外，由于建筑施工周期一般较长，占用资金量较大，需要支付大量的利息成本。再加上在房地产成交时人们普遍采用分期付款、抵押付款的方式，导致房地产的投入资金回收缓慢，从而也增加了房屋建筑物的成本投入。

（2）土地开发的高成本性。由于土地的位置固定，资源相对稀缺及其具有的不可替代性，土地所有者在出售和出租土地时就要按照土地预期的生产能力、面积及周围环境等作为要价依据，收取较高的报酬。作为自然资源的土地，不能被社会直接利用，必须投入一定的资本进行开发。上述所有因素都提高了土地开发的成本。

（3）房地产经济运作中交易费用高。一般情况下，房地产开发周期长、环节多，涉及的管理部门及社会各方面的关系多，从而使得房地产开发在其运作过程中的广告费、促销费

及公关费等都比较高昂，进而提高了房地产投资成本。

6. 房地产的保值增值性

房地产的保值性体现在其能够抵御由于通货膨胀带来的损失。随着经济的发展，人口的增多，将不断推动房地产价格稳步升高。所以，其保值功能在今后较长时间内能得到很好的发挥。另外，由于土地资源的稀缺性及不可再生性，房地产产品作为人类生产以及生活不可或缺的要素，随着经济和社会的发展，其将长期处于供不应求的市场状态，房地产的价格因此也会根据市场经济的规律不断上升。当然，有时房地产市场上也会出现短期的房地产价格下降的趋势，但一般来说，这并不会影响其长期的增值特性。而且从长期来看，房地产价格的上涨率不会落后于总体物价水平的上涨率。

三、房地产投资类型

1. 按房地产投资方式分类

从房地产投资形式不同来讲，房地产投资分为直接投资和间接投资。二者的主要区别在于投资者是否直接参与房地产有关的投资管理工作。

(1)直接投资。房地产直接投资是指投资者直接参与房地产开发和购买房地产的过程并参与有关的管理工作。其包括从开始的开发投资和物业建成后的置业投资两种形式。

①开发投资。房地产开发投资是指投资者从购买土地使用权开始，经过项目策划、规划实际和施工建设等过程获得房地产商品，然后将其推向市场，转让给新的投资者或使用者，并通过这一转让过程收回全部投资并且实现获取投资收益的目标。

房地产开发投资属于短期投资，其形成了房地产市场上的增量供给。开发投资的目的主要是赚取开发利润，风险较大，回报也比较丰厚。但是一般情况下，房地产开发商不一定出售全部开发的物业，其可以将建成的公寓、别墅及写字楼等用于出租，或以酒店及商场等形式进行经营，以获取长期的租赁收益和物业的增值收益，此时，开发投资已经转变成了置业投资。

②置业投资。房地产置业投资是购置物业以满足自身生活居住或生产经营需要，并在不愿意持有该物业时可以获取转售收益的一种投资活动。置业投资的对象包括开发后新建成的物业及房地产市场上的二手货。此项投资一是为了满足自身生活居住或生产经营的需要；二是作为投资，将购入的物业出租给最终的使用者，获取较为稳定的经常性收入。置业投资一般从长期投资的角度出发，可获得保值、增值、收益和消费四个方面的利益。例如，某投资者用300万元在所在城市的繁华地段购买一处新建的300平方米的写字楼，然后150平方米作为公司办公自用，另外150平方米出租出去，每年除去所有费用净收入是30万元。5年后，为了业务的需要，该投资者将该写字楼全部转售，除去所有支出，净销售收入2 000万元。由此案例可知，该投资者的置业投资先后达到了保值(300万元)、增值(1 700万元)，获得经常性收益(30万元)和自用消费四个方面的作用。

(2)间接投资。房地产间接投资是指投资者投资与房地产相关的证券市场的行为，间接投资者不需要直接参与房地产经营管理活动。房地产间接投资具体形式包括购买房地产开发投资企业的股票和债券，投资房地产投资信托基金或房地产抵押贷款证券等。

①购买房地产开发投资企业的股票和证券。房地产投资金额重大，需要筹集大量资金，

除银行贷款外,房地产企业常采用发行股票或债券的融资方式。同时,分享房地产项目带来的收益,成为房地产的间接投资者。

②投资于房地产投资信托基金。房地产投资信托基金(简称 REITs)是一种证券化的产业投资基金,通过发行股票,集合资金,由专门机构进行经营管理,经过多元化的投资,选择不同地区、不同类型的房地产进行组合投资,将出租不动产产生的收入通过派息的方式分给股东,从而使投资者获得长期稳定的收益。投资于房地产投资信托基金实现了大众化投资,满足了中小投资者将大额投资转换为小额投资的需求,风险性低于其他证券投资。

③投资于住房抵押贷款证券。住房抵押贷款证券是一种抵押担保证券,该证券的收益来源于借款人每月的还款现金流。21世纪初,许多次级抵押贷款被重新打包转为债券卖给投资者,这些投资者认为,在未来的某一时刻,这些债券是能够被偿还的。有些抵押贷款证券甚至得到了 AAA 级的评价,这意味着评价机构认为这些证券无法偿还的可能性非常低。

2. 按房地产投资经济内容分类

从房地产投资经济内容不同来说,房地产投资可分为土地开发投资、房屋开发投资、房地产经营投资、中介服务投资以及物业服务投资。

(1)土地开发投资。土地开发投资是指开发者通过合法途径获得土地使用权后,经过对土地的平整以及基础设施的投资建设,使土地具备房屋建设的基础条件,另外,再通过对土地二级市场进行出租或有偿转让以获取收益的投资行为。土地开发投资包括旧城区土地再开发投资和新区土地开发投资两种。旧城区土地再开发投资属于房地产的二次开发,主要经济活动包括拆迁安置和改造建设两个方面。新区土地开发指对城市郊区新征土地的开发建设,主要经济活动是对新征用的土地,进行土地改造和设施建设,以满足进一步进行房地产开发要求的活动。由于旧城区地价高及住户安置费用高等原因,旧城区土地开发需要付出更多的投资,但由于土地属于城区,进行二次开发后的升值潜力大;而新城区土地位于城市郊区,地价比城区低,开发中其他成本和费用也不会很高,所以其土地开发潜力也无法和旧城区土地开发相比。

(2)房屋开发投资。房屋开发投资包括居住物业、商业物业、办公物业、工业物业及休闲性物业开发投资等类型。

(3)房地产经营投资。房地产经营投资是指房地产开发商将物业开发出来后并不销售,而是出租经营或其他单位和个人购置物业后不自住,而是将房屋用来出租等情况。这些单位和个人出租经营需要的招商以及物品采购等其他费用的投资,就是房地产经营投资。

(4)中介服务投资。中介服务投资是指为房地产开发、经营及物业服务等提供咨询、法律、价格评估及市场等中介服务的投资。

(5)物业服务投资。物业服务投资一般包括房屋及设备维修、保养、社区安全等社区公共服务及代售、代租、代买等专项服务的投资。

3. 按房地产投资经营方式分类

从房地产投资经营方式不同来说,房地产投资可分为出售型房地产项目投资、出租型房地产项目投资和混合型房地产项目投资。

(1)出售型房地产项目投资。出售型房地产项目投资是指房地产投资以预售或开发完

后出售的方式得到收入、回收开发资金、获取开发收益，从而达到预期的投资目标。

（2）出租型房地产项目投资。出租型房地产项目投资是指房地产投资以预租或开发完成后出租的方式回收开发资金，获取开发收益，从而达到预期的投资目标。

（3）混合型房地产项目投资。混合型房地产项目投资是出售型和出租型的混合，是指房地产投资以预售、预租或开发完成后出售、出租、自营等组合方式回收开发资金、获取开发收益，从而达到预期的投资目标。

四、房地产投资过程

房地产投资过程实际上就是房地产项目开发经营的全过程。房地产投资周期长、环节多，是一个相当复杂的过程。概括而言，房地产投资过程大体可分为投资决策、取得土地使用权、房地产建设开发及房地产租售经营四个阶段。

1. 投资决策

房地产经济是大量资金运动的过程，一旦做出投资决定，资金的投入就是一个难以逆转的持续过程。投资决策的准确与否，关系到整个开发项目的成功与否。所以，慎重地作出决策是房地产开发经营的必要前提。要保证投资决策成功，就必须在市场分析、财务分析的基础上，认真做好可行性分析研究。只有在计划阶段中的可行性分析确定后，整个计划才能付诸实施，投资程序才能继续进行。投资者在做可行性分析时，不能将其当作单纯的接受或否决的过程，有时还需要做出重新评估或者修正。通常，在一些较大项目中，为了确保投资决策成功，可行性分析要反复研究，在正式决策之前，可做可行性研究。

2. 取得土地使用权

取得土地使用权这一过程包括土地使用权或产权的取得与议价。当在计划时期确定投资计划可行后，投资者接下来要考虑以何种形式取得土地使用权，是完全买断，合作开发，或是获取部分使用权（如地上权），还是长期租赁等。

在确定产权形式的同时，要进行获得土地及与土地所有者议价的程序，以确定产权的取得成本。在该过程中，是从一级市场通过批租形式获得土地，还是从二级市场购得土地，其具体法律手续不同，为了避免产生不必要的纠纷，必须搞清楚其中的每个环节。另外，房地产取得成本通常非常大，作为良好的担保品，大多数投资者都运用财务杠杆以取得房地产产权，也就是向金融机构融资以取得资金。

3. 房地产建设开发

在房地产开发中，首先要取得政府立项和规划的许可。立项和规划是一个相当繁杂但又十分重要的工作。在房地产整个开发过程中，与投资决策、取得土地使用权一起又称为开发前期工作时期。

在上述前期工作完成之后，方可进入实质性的建设开发阶段。然后根据规划及开发要求进行设计，寻找建筑商进行营造。在整个营造过程中，投资者还必须进行必要的监督或委托监理公司进行建设监理，确保工程进度和施工质量，直至项目的竣工验收。

4. 房地产租售经营

房地产租售阶段的主要工作包括以下三个方面：

（1）完善的营销规划。完善的营销规划包括确定目标市场的购买者，拟定适当的营销策

略及营销组织以求顺利销售，实现其投资价值。

（2）实际的销售活动。实际的销售活动包括根据市场状况及可能条件采取的各种促销手段，以及如签约、收取定金和过户登记等具体手续。良好的房地产营销将有助于房地产投资目标的顺利实现。

（3）进行融资。由于房地产金额庞大，在促销的过程中，常常需要替买者安排有利的融资计划以吸引买者，因此融资特别是购房抵押贷款及各项分期付款的活动也会成为这一阶段的重要工作。

在这一阶段中，某些已开发完成的房地产也可以将这部分房地产作为物业进行经营，即以经营谋利为目的。其形态主要可分为两大类：一类是由投资者自己经营管理，此时其可能获取较高的报酬，但却须自行负担营运的巨大风险，而且收益也不稳定；另一类则是将房地产出租给他人，定期收取租金获取收益。这类租赁形式的经营形态，投资者负担的管理成本较低，风险较小且收益固定，但是一般情况下报酬可能较低。

在经营阶段，投资者对已开发完成的房地产要依据不同的经营形态，采取不同的管理活动，如维修、更新、各种费用税金的交纳与各种收入的收取，以及实际从事营业的必要管理活动等。由于房地产是特殊商品，维修物业管理以成为房地产商品售后服务的必需。物业管理本身也已成为房地产整体开发中不可或缺的组成部分。因此，采取何种物业管理方法及如何真正搞好物业管理，也是房地产整个投资过程中必须认真考虑的。

五、房地产投资影响因素

影响房地产投资的因素诸多，主要包括社会因素、经济因素、政治和行政因素及政策法律因素。

1. 社会因素

影响房地产投资的社会因素主要包括社会秩序、人口水平及城市化水平等。社会秩序包括社会稳定性及安全性，当地居民对未来经济实力的认可等；城市化水平意味着人口像城市地区集中，导致城市房地产投资需求增加，从而带动房地产投资增加。每个人都需要一定的生活空间，随着人口的不断增长，必然会增加房地产的需求，使得房地产价格上涨，从而刺激房地产投资。

2. 经济因素

影响房地产投资的经济因素主要包括经济发展状况、财政收支及金融状况、居民储蓄及消费水平等。

3. 政治和行政因素

影响房地产投资的政治和行政因素主要包括政治局势、行政隶属变更、城市发展战略及城市规划等。如果一个国家的政局稳定，就会吸引更多的房地产投资者进行投资，从而促进房地产业的发展。城市发展战略及城市规划等法律规范对房地产投资有很大的影响，尤其是房地产规划对房地产用途、建筑高度及容积率等规定对投资影响非常大。

4. 政策法律因素

影响房地产投资的政策法律因素主要包括土地、房地产政策、金融政策、税收政策及房地产相关法律法规。随着我国土地制度和住房制度改革的不断深化，使房地产作为商品

进入市场，保证了房地产投资具有较高的利润，从而吸引了大量投资。另外，金融政策、贷款政策对房地产的影响体现在房地产投资的大部分来自贷款，贷款利率的高低对房地产投资的收益具有非常重要的影响。房地产的税收政策合理，那么就会增加房地产投资；反之就会减少。相关法律越完善、法制越稳定、执法越公正，对房地产投资的促进作用也就越明显。

单元 2　房地产投资风险

一、房地产投资风险概念

风险是指在一定条件下和一定时期内可能发生的各种结果的变动程度，也是指投资的实际收益与期望的或要求的收益的偏差。当实际收益超过预期收益时，投资就有增加收益的潜力；当实际收益低于预期收益时，投资将面临着风险损失。而投资者更注重后者，尤其是投资者通过债务融资进行投资的时候。较预期收益增加的部分通常被称为风险报酬。

房地产投资风险是一种投资风险，是指由于随机因素的影响所引起的投资项目收益偏离预期收益的差度。也可以说，房地产投资风险就是从事房地产投资而造成的损失的可能性，这种损失包括所投入资本的损失与预期收益未达到的损失。

在房地产投资过程中，所面临的风险多种多样，而且大量风险因素之间的关系错综复杂，各风险因素之间及其与外界因素交叉影响又使风险呈现多层次性。所以，进行房地产投资风险分析对投资决策就显得尤为重要。

二、房地产投资风险主要类型

房地产投资风险按照不同标准可以分为不同类型。

1. 按照房地产投资风险实质内容不同划分

从房地产投资风险实质内容不同来说，房地产投资风险可以分为以下五种：

(1)市场供求风险。市场供求风险是由于房地产市场状况变化的不确定性给房地产投资者带来的风险。市场是不断变化的，所以任何市场的供给与需求都是不确定的，这种不确定性决定了市场中经营者收入的不确定性，从而使经营者所承担的风险比在一般情况市场下要大。当供给短缺或者需求不足时，都可能让买方或者卖方中的一方受到损失，这就是供求风险。其是整个房地产市场中最重要、最直接的风险。所以，只有对市场的供求关系作出正确客观的判断，把握供求关系的客观规律，才有可能规避该风险。

(2)经营风险。经营风险是指由于房地产投资经营上的失误(或其可能性)，造成的实际经营结果偏离期望值的可能性。如承包方的选择、营销策略的制定及营销渠道的选择等经营决策上与管理决策上存在的风险。经营风险是非常重要的风险项目，所以开发商都十分重视，一般情况下均是通过加强市场调研与分析来规避该风险的发生。

(3)政策风险。政策风险是指由于国家或地方政府的有关房地产投资的各种政策变化而给投资者带来的损失。房地产投资是一项政策性很强的业务，受多种政策的影响和制约，如金融政策、房地产管理政策及税费政策等。这些政策都会对房地产投资者收益的实现产生重要影响，从而给投资者带来投资风险。所以，房地产投资者都十分关注房地产政策的变化趋势，以便规避由此而产生的风险。

(4)财务风险。财务风险是指房地产项目融资及负债经营等管理方面带来的风险。房地产投资者运用财务杠杆，在使用贷款的条件下，扩大了投资利润范围的同时也增加了不确定性，如果过度举债或者资金运转不当，不仅会增加融资成本，减少投资收益，还有可能因无法按期清偿债务而使企业面临破产的可能。所以，开发商应该正确预测项目本身的收益能力及偿还能力，以规避该风险的发生。

(5)社会与政治风险。社会风险与政治风险是指由于政治、经济因素变动，社会习俗、社会经济承受能力及社会成员的心理状态等方面原因造成的投资风险。

2. 按照房地产投资开发周期划分

从房地产投资开发周期不同来说，房地产投资风险可分为以下六种：

(1)投资开发前期风险。房地产投资开发前期的风险是指投资计划实施前期的风险，如选址风险、市场定位风险、投资决策风险及融资风险等。市场研究以及项目评估分析的准确性直接关系到该阶段风险的大小。这个阶段风险的危害非常严重，一旦决策失误，投资项目就会遭受巨大的经济损失，甚至导致项目开发的失败。

(2)开发建设期间风险。开发建设期间的风险是指从房地产投资项目正式动工到交付使用这一阶段的风险。在投资项目的建设阶段，自然灾害、施工方施工质量问题、各种材料价格上涨程度，以及监理方的工作态度等都会影响到投资项目能否按时、按质、按量完工。

(3)竣工验收风险。在竣工验收阶段，是否按时完成竣工验收、向购房者交房直接关系到项目开发是否真正成功。如果不能按时交房，投资者不但要承担违约责任，还要承担信誉风险以及政策风险等。

(4)管理阶段风险。管理阶段风险是指房地产工程竣工、交付使用后的物业服务阶段的风险。如与住户之间关系的处理、住户的安全及卫生问题等。

(5)经营阶段风险。经营阶段风险包括投资经营风险和房地产市场营销风险两部分。投资经营风险是指由于投资计划安排不妥当、融资计划考虑不周全等带来的资金周转风险；房地产市场营销风险是指市场定位不当、营销方案制定不当等导致营销业绩不佳带来的风险。

(6)运营阶段风险。运营阶段风险相对较小一些，因为此时开发后用于自营或者出租的房地产开发项目已经进入正常的经营阶段。但是在这个阶段，投资者进行投资也不能毫无顾忌，仍然要对项目的整体经营状况及投资的收益率等进行比较详细的调查，做出最终投资决策。在该阶段，投资者追求的是利润，所以，主要风险就是能否实现经营目标。

3. 按照房地产投资风险可控性划分

从房地产投资风险可控性来说，房地产投资风险可分为系统风险和个别风险两种。

(1)系统风险。系统风险对市场内所有投资项目都产生影响，投资者无法控制。系统风险又称为不可分散风险。房地产投资首先面临的就是系统风险，如市场供求风险、利率风

险、周期风险及政策风险等。

(2)个别风险。个别风险仅对市场内个别项目产生影响，投资者可以控制。其主要包括财务风险、经营管理风险及时间风险等。

三、房地产投资风险因素分析

1. 系统风险

房地产投资首先面临的是系统风险，如通货膨胀风险、市场供求风险、变现风险、政策风险、政治风险和或然损失风险等，投资者对这些风险不易判断和控制。

(1)政策风险。政府有关房地产投资的土地供给政策、地价政策、税费政策、住房政策、价格政策、金融政策、环境保护政策等，均对房地产投资者收益目标的实现产生巨大的影响，从而给投资者带来风险。

(2)政治风险。房地产的不可移动性，使房地产投资者要承担相当程度的政治风险。政治风险主要由政变、战争、经济制裁、外来侵略、罢工、骚乱等因素造成。政治风险一旦发生，不仅会直接给建筑物造成损害，而且会引起一系列其他风险的发生，是房地产投资中最不可控的一种风险。

(3)通货膨胀风险。通货膨胀风险又称为购买力风险，是指投资完成后所收回的资金与初始投入的资金相比，购买力降低给投资者带来的风险。由于所有的投资均要求有一定的时间周期，尤其是房地产投资周期较长，因此只要存在通货膨胀因素，投资者就会面临通货膨胀风险。

(4)市场供求风险。市场供求风险是指投资者所在地区房地产市场供求关系的变化给投资者带来的风险。市场是不断变化的，房地产市场上的供给与需求也在不断变化，而供求关系的变化必然造成房地产价格的波动。

(5)变现风险。变现风险是指急于将商品兑换为现金时由于折价而导致资金损失的风险。房地产属于非货币性资产，具有独一无二、价值量大的特征，销售过程复杂，其拥有者很难在短时期内将房地产兑换成现金。因此，当投资者由于偿债或其他原因急于将房地产兑现时，由于房地产市场的不完备，必然使投资者蒙受折价损失。

(6)或然损失风险。或然损失风险是指火灾、风灾或其他偶然发生的自然灾害引起的置业投资损失。尽管投资者可将这些风险转移给保险公司，然而在有关保单中规定的保险公司的责任并非包罗万象，因此，有时还需就洪水、地震、核辐射等灾害单独投保，盗窃险有时也需单独投保。

2. 个别风险

(1)收益现金流风险。收益现金流风险是指房地产投资的实际收益现金流未达到预期目标要求的风险。无论是开发投资还是置业投资，都面临着收益现金流风险。对于开发投资者来说，未来房地产市场销售价格、开发建设成本和市场吸纳能力等的变化，都会对开发商的收益产生巨大影响；而对置业投资者来说，未来租金水平和房屋空置率的变化、物业毁损造成的损失、资本化率的变化、物业转售收入等，也会对投资者的收益产生巨大影响。

(2)未来运营费用风险。未来运营费用风险是指物业实际运营费用支出超过预期运营费

用而带来的风险。即使对于刚建成的新建筑物，且物业的维修费用和保险费均由承租人承担的出租，也会由于建筑技术的发展和人们对建筑功能要求的提高而影响物业的使用，使后来的物业购买者不得不支付昂贵的更新改造费用，而这些在初始评估中是不可能考虑到的。

（3）持有期风险。持有期风险是指与房地产投资持有时间相关的风险。一般来说，投资项目的寿命周期越长，可能遇到的影响项目收益的不确定性因素就越多。

四、房地产投资风险的规避和控制

房地产投资风险规避与控制应该针对不同规模、不同类型的风险，采取相应的措施及方法，以降低房地产投资风险或将风险降到最低程度。风险规避和控制的主要方法主要有以下四种。

1. 风险回避

风险回避是指房地产投资者通过对房地产投资风险的识别和分析，预测到某项房地产投资将带来风险损失时，投资者事先避开风险原地或者改变投资方式，放弃导致投资风险的投资活动，以避免风险损失。

风险回避虽然可以在风险事件发生之前消除其给投资者带来某种损失的可能，避免风险损失，但在实际使用过程中，也存在一定的局限性。具体表现在以下三个方面：

（1）并不是所有的风险都能够通过回避来处理。如在房地产开发过程中，潜在的自然风险以及市场供求风险等都是很难回避的。所以，一般情况下，只有在迫不得已的时候，才采用风险回避。

（2）风险回避是一种消极的方法，因为其使投资者遭受损失的可能性降低到零，同时也使投资者获利的可能性降为零。一般情况下，保守型投资者倾向于该方法。

（3）风险回避只有在投资者确定风险事件的存在与发生时才有意义。然而，最重要的是，投资者并不能对投资过程中所有的风险都进行准确的预测和识别。

使用风险回避方法的要点就是在预期收益相同的情况下，选择风险小的房地产项目。

2. 风险预防

风险的客观存在使投资者不得不寻找更为积极的办法来预防风险。风险预防是投资者在风险发生前采取一定措施减少或者消除导致风险发生的各种因素，降低发生风险损失的概率。风险预防措施一般包括防止产生风险因素、减少已经存在的风险因素、加强投资方的保护措施等。风险预防在房地产开发过程中的各个阶段都具有非常广泛的应用价值。

3. 风险组合

风险组合意味着通过多项目投资来分散风险。对于投资者来说，就是通过分散投资达到分散风险、降低风险的目的，并在风险和收益之间寻求一种最佳的投资组合。其包括不同时间项目的组合、不同类型项目的组合及不同投资方式的组合等。

不同投资项目的风险及利益不尽相同，采取风险组合的方式，可以获得比将所有投资资金集中于一个项目上更稳定的利益。但是，在进行投资组合时，还应注意房地产投资类型相关性不能太强，否则起不到降低风险的作用。如房地产开发商可以将一部分资金投资在普通住宅上，也可以将一部分资金投资在高级写字楼上等。将资金投入在不同类型的房

地产项目上以降低风险，实质上就是用个别房地产的高收益来弥补低收益的投资损失，最终获得比较均衡的收益。

在房地产风险组合过程中，科学确定投入不同类型房地产的资金比例显得尤为重要。

4. 风险转移

风险转移是指房地产投资者以某种方式将风险损失转移给他人承担。房地产投资风险转移主要包括契约性转移、购买房地产保险及项目资金证券化等方法。在房地产投资中，契约性转移主要包括预售、预租及出售一定年限的物业使用权。对于房地产投资者来说，购买保险是转移或者减少房地产投资风险的主要途径之一。项目资金证券化是指将房地产投资项目的资金转化为有价证券的形态，使投资者与标的物的直接物权关系转变为以有价证券为承担形式的债券以及债务关系。

单元3　房地产投资决策

一、投资决策的概念

一般而言，决策就是在目标既定的情况下，寻找可以达到目标的各种可行方案，然后对这些方案进行比较分析，最后选出一个最有可行方案的过程。具体而言，房地产投资决策就是对拟建房地产投资项目的必要性和可行性进行技术经济分析，对可以达到目标的不同方案进行比较和评价，并做出判断，选择某一方案的过程。

二、房地产投资决策意义

房地产投资决策是房地产开发公司在房地产投资项目经营开发前首先要解决的一个重要环节，它是对房地产投资项目的一些根本性问题，诸如建设地点的选择、投资方案的确定等重大问题做出判断和决定。因此，房地产投资决策的正确与否，直接关系到房地产开发项目的成败，对房地产投资的经济效益和社会效益具有现实和深远的重要意义。

1. 房地产投资决策是房地产开发公司能否生存的关键

房地产投资项目建设的技术经济特点决定了房地产投资决策是房地产开发公司能否生存的关键。

一方面，房地产投资项目的建设往往构造复杂、形体庞大，具有整体性和固定性，只有在整个房地产项目全部完成后，才能发挥投资经济效益，而且建设地点一经确定，就与土地连在一起，始终在那里发挥作用，不能随意移动和变更。

另一方面，房地产投资项目建设周期长，占用和消耗人力、物力、财力多，一旦开工建设，就不可间断，否则，会拖延工期，积压和浪费已投入的大量人力、物力和财力，同时由于拖延工期，房地产产品错过了最佳的投入市场的时机，难以产生较好的投资效益。

房地产投资项目建设本身的这些技术经济特点，就要求在房地产项目建设之前重视投

资决策。

房地产业的产品投资大、建设周期长、风险因素多，经营决策是否正确，是公司能否生存的关键。正确的经营决策可以使公司获得利润，不断发展壮大；而错误的决策，轻则造成公司亏损，重则导致公司破产。

2. 房地产投资决策是房地产开发公司不断发展的关键

房地产开发公司经营的外部环境主要有经营环境、物质环境、政策法律环境等。其中处在不断变化中的是经营环境。经营环境的中心内容是市场。正确的经营决策，同时抓住有利的投资机会，就可使公司不断盈利，在市场竞争中立于不败之地。

3. 房地产投资决策是房地产开发公司不断提升品牌的关键

总的来说，房地产开发公司的经营目的是社会效益、环境效益和经济效益的统一。只有进行科学的经营决策，才能使房地产开发公司对有限的资源（人力、物力、设备和资金）进行合理的安排、有效的利用，以达到预期的最大经济效益，同时兼顾社会效益和环境效益。

三、房地产投资决策原则

1. 经济效益原则

获得利润、不断发展，是每个企业必须面对的市场经济要求，房地产开发企业也是如此。开发商在对具体房地产开发项目进行决策时，必须将房地产项目的盈利目的放在首要位置，只有盈利的项目才能确定为开发项目。这就是房地产投资决策的经济效益原则。

2. 科学化、民主化原则

房地产投资项目涉及面广，牵涉因素多、整个建设过程十分复杂，因此，要求房地产投资决策必须遵循科学化、民主化原则。

所谓科学决策程序，就是坚持"先论证，后决策"的原则，必须做到先对房地产项目进行调查研究和论证，再进行投资决策，杜绝"边投资，边论证"，更不应该采取"先决策，后论证"这种违反客观规律的做法。

3. 系统性原则

影响房地产投资项目建设的因素诸多，而且这些因素又是相互联系、彼此制约的，因此，在进行房地产投资决策时，首先要深入调查和收集各方面的投资信息，并对其进行科学的分析和研究。

4. 时间性原则

投资的时间观念即资金的时间价值，事实上也是开发成本。房地产项目投资先于房地产项目收益发生，因此，房地产开发商必须考虑到不同时间的资金其价值是大不相同的，先期投入的资金和后期产生的收益金，虽然在价格上一致，但它们在价值上却是十分不同的，这其中最直接的就是利息问题。

5. 风险控制原则

房地产开发企业对房地产项目进行决策时，要比其他产业的企业更加注重对可能产生的风险进行必要的预测，并努力地将其控制在一定的范围之内。

这既要求房地产开发商在确定自己的目标时留出一定的合理余地，同时更主要是要求

房地产开发商在实施房地产投资方案的过程中采取一切尽可能采取的方法和措施，尽量把风险降到最低。

6. 责任制原则

责任制就是要求决策者对其决策行为所带来的投资风险负有不可推诿的责任。建立责、权、利相结合的房地产投资决策责任制，是确保房地产项目投资决策的科学性，避免和减少投资决策失误的重大措施。

7. 选择性原则

房地产开发企业对房地产项目进行决策时必须有两个以上的房地产项目可供选择，而且每个项目也应考虑多种开发方案，这样才能保证房地产开发企业决策时能有一个优化选择的可能，即最佳项目和最佳项目中的最佳方案的选择。

四、房地产投资决策程序

房地产投资项目的决策程序，是指房地产投资项目在决策过程中各工作环节应遵循的符合其自身运动规律的先后顺序。按照科学的投资决策理论，房地产经营决策可分为以下六个基本步骤。

1. 发现问题

决策是针对所需要解决的问题而进行的，所以发现问题并分析其产生的原因、进而找出解决问题的症结是房地产投资决策的起点。所谓问题是指房地产开发公司实际经营状况与应达到或希望达到的经营状况之间出现的差距。

2. 确定目标

房地产投资决策的目的就是要达到房地产投资所预定的目标，所以，确定房地产投资的目标是投资决策的前提和依据。目标选择错了，就会一错再错，导致整个经营决策的失误。在发现了经营问题之后，就要进行调查研究，具体分析，弄清楚问题的性质、特点和范围，尽量以差距的形式将问题的症结所在表达出来，找到产生差距的真正原因，从而确定问题所期望达到的结果，即决策目标。

一个好的房地产投资决策目标应满足以下要求：

（1）针对性。房地产经营决策目标的提出应当有的放矢，针对所存在的问题，切中要害，选中解决问题的突破口，或是把握住开拓发展的最好机会。没有针对性的目标就是空洞目标，针对性错了则是错误目标。目标的综合性来源于对问题的综合分析和判断。

（2）明确性。确定房地产投资决策目标的目的是为了实现它，因此投资决策的目标必须明确、具体，使人能够领会执行。经营决策目标的含义要准确，不能模棱两可、含糊其词，也不能空洞无物，必须有定性与定量的表述。同时，必须严格规定目标的约束条件。所谓约束条件就是一些限制因素。如经营决策时涉及的资源、人力、财力、物力、国家法令、制度等方面的限制性规定及必须达到的起码界限。

（3）层次性。当同一经营决策系统中同时存在着多个目标时，必须分清主次，应从其可靠性、可能性、重要性等方面出发，按照主次顺序进行排队，有取有舍，形成一个有机整体。

3. 拟制方案

在进行房地产投资决策的过程中，根据已确定的目标，拟订多个可行的备选方案。判断某一方案是否可行，总的原则是按技术经济学原理给予评价，即该房地产项目在技术上是否先进，生产上是否可行，经济上是否合算及财务上是否盈利。

拟制供决策者选用的各种可能行动方案是房地产投资决策的重要环节。在确定房地产投资决策目标之后，就应充分发动公司有关人员收集、掌握丰富的信息，集思广益，科学论证，精心设计，拟制各种备选方案，供进一步选择。

拟制方案时，需要注意以下两点：

(1)整体的详尽性。拟制的备选方案应把通向目标所有的方案包括无遗，以供下一步评价选优。如果有遗漏，那么最后选定的方案就有可能不是最好的方案。但在实际中要做到这一点非常困难，这是由于经营的外部环境是多变的、复杂的，而拟制可能的备选方案也是一个逐步认识的过程。

(2)相互排斥性。各种备选方案之间应是相互排斥的，执行方案一，就不可能执行方案二。只有这样，才可能进行方案的比较选择。

4. 分析评价

分析评价一般是由各方面的专家、学者组成的评审团，或召开专家论证会进行。方案评价过程也是进一步完善方案的过程。方案的分析与评价就是要对每一个备选方案，在进行选择之前，对其有关的技术经济和社会环境等各个方面的条件、因素以及潜在问题做可行性分析，并与预先确定的目标进行比较做出评价。

(1)限制因素分析。任何一个经营决策和行动方案都有一定的约束条件，因此，必须研究论证方案所有限制的资源、人力、物力、时间、技术及其他有关条件，从而判定房地产投资方案是否可行，是否能达到预期的目标。

(2)潜在问题分析。潜在问题分析是指预测每个备选方案可能发生的潜在问题是什么？问题发生的原因是什么？研究防止和补救的可能性，准备防范措施和应急措施，以减少潜在问题的可能性和危害性。

(3)综合评价。根据经营决策目标全面分析方案的经济效益、环境效益和社会效益。房地产开发项目的经济评价主要采用投资收益率、投资回收期、内部收益率等方法。

5. 选择方案

选择方案是整个经营决策的中心环节，也是经营决策者的重要职责。它集中体现了房地产经营决策者的经营艺术和职业素养。

选择方案就是选择最优方案。需要指出的是，所谓最优方案是相对的，受到许多不确定因素的限制，因此在多个方案存在时，要想得到一个各方面均最优的"最佳方案"往往非常困难。在实际投资决策中，通常是在全盘考虑的情况下选择一个令投资决策者满意的方案，而不是理想中的各方面均全优的方案。

6. 实施追踪

经营决策的实施是一个动态的、依赖于时空变量和环境变量的复杂过程。因此，在实施过程中必然会碰到新问题，引发新矛盾，会出现变化的情况和决策目标偏离现象。这就要求决策者必须重视信息反馈，及时总结经验教训，依据客观情况对方案进行必要的调整

和修改，以保证房地产投资决策的目标最终得以实现。

（1）反馈控制。反馈控制是准确而及时地把决策过程中主客观之间矛盾的信息输送给决策者，从而使决策者根据经营环境的变化，对决策方案、行为进行不断修正，以保证经营决策目标顺利实现的一项常规性工作。

（2）追踪决策。追踪决策是指当原有决策的实施表明危及经营决策目标的实现时，或原有决策是正确的，但由于客观或主观条件发生重大变化时，对决策目标或决策方案进行的一种根本性修正。它是对原决策的扬弃，并非对原决策的简单重复，具有回溯分析、非零起点的特点。

五、房地产投资决策的类型

1. 按决策影响的时间长短分类

按决策影响的时间长短分类，房地产投资决策可分为长期决策和短期决策。长期决策是指有关组织今后发展方向的长远性、全局性的重大决策，如投资方向选择、投资规模的确定等问题的决策；短期决策是指实现长期战略目标所采取的短期策略手段，如日常的资金分配等问题的决策。

2. 按决策的重要性分类

按决策的重要性分类，房地产投资决策可分为战略决策、战术决策和业务决策。战略决策所要解决的是全局性的问题，即确定一个长远的房地产投资目标或方向，是所有决策问题中最重要的。战术决策所要解决的是局部性、短期性的问题，是为保证战略性决策实施而采取的项目投资决策。业务决策又称为执行性决策，是日常工作中为提高生产效率、工作效率所做的决策，涉及的范围较小，对投资活动只产生局部影响。

3. 按决策问题的重复程度分类

按决策问题的重复程度分类，房地产投资决策可分为程序化决策和非程序化决策。程序化决策是按规定的程序、处理方法和标准去解决管理中经常重复出现的问题，又称为重复性决策、定型化决策、常规决策；非程序化决策是解决以往无先例可循的新问题，具有极大的偶然性和随机性，很少发生重复，又称为一次性决策、非定型化决策和非常规决策。

4. 按决策问题的可控程度分类

按决策问题的可控程度分类，房地产投资决策可分为确定型决策、风险型决策和非确定型决策。确定型决策是指决策者确知自然状态的发生，在稳定或者可控条件下进行的决策，每个方案只有一个确定的结果，方案的选择结果取决于各方案结果的直接比较；风险型决策也称为随机决策，即决策方案未来的自然状态不能预先肯定，可能有几种状态，但每种自然状态发生的概率可以做出客观估计，所以无论哪个决策方案都是有风险的。这类决策的关键在于如何得出各备选方案成败的可能性（概率），并以此衡量各自的利弊，作出最优选择；非确定型决策是在不稳定条件下进行的决策，决策方案未来的自然状态可能有多种，但无法预先作出明确估计，且各种自然状态的概率也无法确定。在不稳定条件下进行有效的决策，关键在于决策人员对信息资料掌握的程度，信息资料的质量及对未来形势的准确判断。

模块小结

  房地产投资就是将一定的资金投入房地产开发经营和中介服务等活动中，以期望未来获得更大的收益。房地产投资过程大体可分为投资分析、土地开发权获得、房地产生产开发及房地产销售经营四个阶段。影响房地产投资的因素诸多，主要包括社会因素、经济因素、政治和行政因素及政策法律因素。房地产投资风险是一种投资风险，是指由于随机因素的影响所引起的投资项目收益偏离预期收益的差度。房地产投资首先面临的是系统风险，如通货膨胀风险、市场供求风险、变现风险、政策风险、政治风险和或然损失风险等，投资者对这些风险不易判断和控制；其次还要面临收益现金流风险、未来运营费用风险、持有期风险等个别风险。房地产投资风险规避与控制应该针对不同规模、不同类型的风险，采取相应的措施以及方法，以降低房地产投资风险或者将风险降到最低程度。房地产投资决策就是对拟建房地产投资项目的必要性和可行性进行技术经济分析，对可以达到目标的不同方案进行比较和评价，并做出判断，选择某一方案的过程。

模块习题

一、填空题

1. 房地产直接投资包括从开始的_____和物业建成后的_____两种形式。
2. 房地产投资过程大体可分为_____、_____、_____及_____四个阶段。
3. 从房地产投资风险实质内容不同来说，房地产投资风险可分为_____、_____、_____、_____、_____。
4. 房地产经营决策可分为发现问题、确定目标、_____、_____、_____六个基本步骤。

二、多项选择题

1. 下列属于房地产投资决策原则的有(　　)。
  A. 经济效益原则　　　　　　　　B. 系统性原则
  C. 时间性原则　　　　　　　　　D. 先决策，后论证原则
  E. 责任制原则
2. 按决策的重要性分类，房地产投资决策可分为(　　)。
  A. 战略决策　　B. 战术决策　　C. 业务决策　　D. 确定型决策
  E. 风险型决策

三、简答题

1. 如何理解房地产投资的高投入和高成本性？
2. 简述房地产投资影响因素。
3. 简述房地产投资系统风险。

模块 10 房地产税收

学习目标

通过本模块的学习，了解税收的含义、分类，房地产税收的含义、作用；掌握我国现行房地产税收制度。

能力目标

能够按照我国现行房地产税收制度正确交纳房地产相关税费。

单元 1 房地产税收概述

一、税收的概念与形式特征

1. 税收的概念

税收是国家为满足社会公共需要，凭借公共权力，按照法律所规定的标准和程序，参与国民收入分配，强制地、无偿地取得财政收入的一种方式。

2. 税收的形式特征

税收的形式特征，通常被概括为三性，即强制性、无偿性和固定性。

（1）税收的强制性。税收的强制性是指税收的征收依靠的是国家的政治权力，通过一定的法律程序而公开实施，任何单位或个人都不得违抗。

（2）税收的无偿性。税收的无偿性是指国家征税以后，税款为国家所有，不需要偿还，也不需要对纳税人付出任何代价。纳税人在纳税后不取得任何报酬，而政府将此税款大部分无偿地用于社会公共事业。

（3）税收的固定性。税收的固定性是指在征税前，就要通过法律形式，预先规定课征对象和征收数额之间的数量比例，不经国家批准不能随意改变。

3. 税收制度的构成要素

税收的强制性、无偿性和固定性决定了在任何一个国家或地区，都必须有一套完整的制度来对税收进行约定。作为一种税收体系或机制，税收制度需明确征税范围、税收种类、征税对象、征税方式及保障手段等问题。具体来说，税收制度应当包括税收客体或纳税人、征税对象、税目、计税依据、税率、纳税期限、附加、加成和减免、罚则等内容。

(1) 税收客体或纳税人。税收客体或者纳税人是指法律规定的直接负有纳税义务的单位和个人，包括自然人和法人。

(2) 征税对象。征税对象是区别税种的重要标志之一，不同的税收种类具有不同的征税对象。

(3) 税目。税目是税法上规定应征税的具体项目，是课税对象的具体化。税目反映了征税的广度，体现了各种税具体的征税范围。

(4) 计税依据。计税依据是课税对象的数量化，是应纳税额计算的基础。从价计征的税收，以课税对象的价格或金额为计税依据。

(5) 税率。税率是应纳税额与课税对象之间的比例。税率的确定直接关系到国家的财政收入和纳税人的实际负担，是整个税收制度的中心环节。我国现行的税率大致分为比例税率、定额税率、累进税率等。

(6) 纳税期限。纳税期限是指纳税人发生纳税义务后，向国家交纳税款的时间限度，它是税收强制性和固定性在时间上的表现。

(7) 附加、加成和减免。纳税人负担的轻重，主要通过税率的高低来调节，但还可以通过附加、加成和减免措施来调节。附加是地方附加的简称，是地方政府在征税之外附加征收的一部分税款；加成是加成征收的简称，是对特定的纳税人加重征税，加一成等于加正税的10%，加二成等于加正税的20%，以此类推。减税是减征部分税款，免税就是免交全部税款。减免税是国家根据一定时期的政治、经济、社会政策的要求而对某些特定的生产经营活动或某些特定的纳税人给予的鼓励或照顾措施。

(8) 罚则。罚则是对纳税人违反税法的违法行为采取的惩罚措施。

二、税收分类

我国现行的税收体系由诸多税种构成。目前，常用的税种有以下四类：

(1) 按征税对象不同，税收包括流转税类、所得税类、资源税类、财产税类、行为税类。

(2) 按计税依据不同，税收包括从价税和从量税。

(3) 按管理和使用权限不同，税收包括中央税、地方税和中央地方共享税。

(4) 按税负能否转嫁，税收包括直接税和间接税。

三、房地产税收的含义

房地产税收是一个综合性概念，即一切与房地产经济运动过程有直接关系的税收都属于房地产税收。房地产税有广义和狭义两种说法。广义房地产税既包括对土地本身及其所

提供服务的课税，又包括对土地附着建筑物、构筑物等土地改良物所课征的税赋（如房屋税、土地改良税），对土地或土地改良物交易行为的课税（如契税、印花税）以及对土地的不当利用行为课征的税赋（如空地税、荒地税等）；狭义房地产税又称为房屋税或房产税，是指单纯以房屋及其产权、使用权交易为课税对象的税种，或以房产与地产的共生体为课税物所征收的税赋。

四、房地产税收的作用

房地产税收主要有以下作用：

1. 房地产税收是财政收入的重要组成部分

房地产税收是组成财政收入，尤其是地方财政收入的主要来源。房地产税收具有税源稳定、税额较大等特点，因而成为国家平衡财政收支的重要手段。

2. 房地产税收可以调控房地产市场、促进资源优惠配置

房地产税收通过影响市场主体，即房地产供给者和需求者的预期，来调节房地产市场供给和需求的总量及结构，从而对房地产市场的景气程度进行必要的调节。通过在房地建造、租赁、交易、流转、保有等各个环节的税制设计及税率调整，可以有效影响当期和长远的房地产供给和需求。通过有效的房地产税收制度设计，可以影响土地利用方式，提高土地利用效率，促进土地资源的优化配置。

3. 房地产税收可以调节财富分配、促进社会公平

房地产税收的征收目的之一就是要调整资源分配，贯彻公平原则，促进社会公平。房地产税收通过税率和税种的设计，来达到既促进代内公平又促进代际公平的目的。对房地产征税，能够有效地降低因房产、地产等资产性收益而导致的收入差距。

单元2　我国现行房地产税收制度

目前，我国在房地产开发、经营、交易和使用过程中涉及的税收主要有城镇土地使用税、耕地占用税、土地增值税、房产税、增值税、城市维护建设税、教育费附加、契税、印花税、个人所得税、企业所得税等。

一、城镇土地使用税

城镇土地使用税是为了合理利用城镇土地，调节土地级差收入，提高土地使用效益，加强土地管理，对在城市、县城、建制镇、工矿区范围内使用土地的单位和个人征收的税种。

1. 纳税人

城镇土地使用税的纳税人是城市、县城、建制镇、工矿区范围内使用土地的单位和个人。前述所称单位，包括国有企业、集体企业、私营企业、股份制企业、外商投资企业、

外国企业，以及其他企业和事业单位、社会团体、国家机关、军队以及其他单位；所称个人，包括个体工商户以及其他个人。

2. 计税依据和税率

根据《中华人民共和国城镇土地使用税暂行条例》，城镇土地使用税每平方米年税额如下：

(1)大城市 1.5～30 元；

(2)中等城市 1.2～24 元；

(3)小城市 0.9～18 元；

(4)县城、建制镇、工矿区 0.6～12 元。

经省、自治区、直辖市人民政府批准，经济落后地区土地使用税的适用税额标准可以适当降低，但降低额不得超过上述规定最低税额的 30%。经济发达地区土地使用税的适用税额标准可以适当提高，但须报财政部批准。

3. 纳税期限和地点

土地使用税按年计算、分期交纳。交纳期限由省、自治区、直辖市人民政府确定。新征收的土地，依照下列规定交纳土地使用税：

(1)征收的耕地，自批准征收之日起满 1 年时开始交纳土地使用税；

(2)征收的非耕地，自批准征收次月起交纳土地使用税。

土地使用税由土地所在地的税务机关征收。土地管理机关应当向土地所在地的税务机关提供土地使用权属资料。

4. 减税与免税

根据《中华人民共和国城镇土地使用税暂行条例》，下列土地免缴土地使用税：

(1)国家机关、人民团体、军队自用的土地。

(2)由国家财政部门拨付事业经费的单位自用的土地。

(3)宗教寺庙、公园、名胜古迹自用的土地。

(4)市政街道、广场、绿化地带等公共用地。

(5)直接用于农、林、牧、渔业的生产用地。

(6)经批准开山填海整治的土地和改造的废弃土地，从使用的月份起免缴土地使用税 5～10 年。

(7)由财政部另行规定免税的能源、交通、水利设施用地和其他用地。

除上述规定外，纳税人交纳土地使用税确有困难需要定期减免的，由县以上税务机关批准。

二、耕地占用税

耕地占用税是为了合理利用土地资源，加强土地管理，保护耕地，对在中华人民共和国境内占用耕地建设建筑物、构筑物或从事非农业建设的单位和个人征收的税种。

1. 纳税人

在中华人民共和国境内占用耕地建设建筑物、构筑物或从事非农业建设的单位和个人，为耕地占用税的纳税人，应当依照规定交纳耕地占用税。占用耕地建设农田水利设施的，

不交纳耕地占用税。上述所称耕地，是指用于种植农作物的土地。

纳税人因建设项目施工或者地质勘查临时占用耕地，应当依照规定交纳耕地占用税。纳税人在批准临时占用耕地期满之日起一年内依法复垦，恢复种植条件的，全额退还已经交纳的耕地占用税。

占用园地、林地、草地、农田水利用地、养殖水面、渔业水域滩涂，以及其他农用地建设建筑物、构筑物或从事非农业建设的，依照规定交纳耕地占用税。

2. 计税依据和税率

根据《中华人民共和国耕地占用税法》规定，耕地占用税以纳税人实际占用的耕地面积为计税依据，按照规定的适用税额一次性征收，应纳税额为纳税人实际占用的耕地面积（平方米）乘以适用税额。

耕地占用税的税额如下：

(1)人均耕地不超过一亩的地区（以县、自治县、不设区的市、市辖区为单位，下同），每平方米为10～50元；

(2)人均耕地超过一亩但不超过二亩的地区，每平方米为8～40元；

(3)人均耕地超过二亩但不超过三亩的地区，每平方米为6～30元；

(4)人均耕地超过三亩的地区，每平方米为5～25元。

(5)在人均耕地低于零点五亩的地区，省、自治区、直辖市可以根据当地经济发展情况，适当提高耕地占用税的适用税额，但提高的部分不得超过上述(2)确定的适用税额的50%。

(6)占用基本农田的，应当按照上述(2)或(5)确定的当地适用税额，加按150%征收。

3. 纳税期限和地点

耕地占用税的纳税义务发生时间为纳税人收到自然资源主管部门办理占用耕地手续的书面通知的当日。纳税人应当自纳税义务发生之日起三十日内申报交纳耕地占用税。耕地占用税由税务机关负责征收。

4. 减税与免税

(1)军事设施、学校、幼儿园、社会福利机构、医疗机构占用耕地，免征耕地占用税。

(2)铁路线路、公路线路、飞机场跑道、停机坪、港口、航道、水利工程占用耕地，按每平方米二元的税额征收耕地占用税。

(3)农村居民在规定用地标准以内占用耕地新建自用住宅，按照当地适用税额减半征收耕地占用税；其中，农村居民经批准搬迁，新建自用住宅占用耕地不超过原宅基地面积的部分，免征耕地占用税。

(4)农村烈士遗属、因公牺牲军人遗属、残疾军人及符合农村最低生活保障条件的农村居民，在规定用地标准以内新建自用住宅，免征耕地占用税。

(5)占用园地、林地、草地、农田水利用地、养殖水面、渔业水域滩涂及其他农用地的，适用税额可以适当低于本地区按照上述"2.(2)"确定的适用税额，但降低的部分不得超过50%。具体适用税额由省、自治区、直辖市人民政府提出，报同级人民代表大会常务委员会决定，并报全国人民代表大会常务委员会和国务院备案。占用园地、林地、草地、农田水利用地、养殖水面、渔业水域滩涂及其他农用地建设直接为农业生产服务的生产设施

的，不交纳耕地占用税。

（6）根据国民经济和社会发展的需要，国务院可以规定免征或减征耕地占用税的其他情形，报全国人民代表大会常务委员会备案。

（7）依照上述（1）、（2）规定免征或者减征耕地占用税后，纳税人改变原占地用途，不再属于免征或减征耕地占用税情形的，应当按照当地适用税额补缴耕地占用税。

三、土地增值税

土地增值税是为了规范土地、房地产市场交易秩序，合理调节土地增值收益，维护国家权益，对转让国有土地使用权、地上的建筑物及其附着物（以下简称转让房地产）并取得收入的单位和个人征收的税种。

1. 纳税人

转让房地产并取得收入的单位和个人，为土地增值税的纳税人，应当依法交纳土地增值税。

2. 计税依据和税率

（1）根据《中华人民共和国土地增值税暂行条例》规定，土地增值税按照纳税人转让房地产所取得的增值额和下述（5）规定的税率计算征收。

（2）纳税人转让房地产所取得的收入减除下述（4）规定扣除项目金额后的余额，为增值额。

（3）纳税人转让房地产所得的收入，包括货币收入、实物收入和其他收入。

（4）计算增值额的扣除项目：

1）取得土地使用权所支付的金额。

2）开发土地的成本、费用。

3）新建房及配套设施的成本、费用，或者旧房及建筑物的评估价格。

4）与转让房地产有关的税金。

5）财政部规定的其他扣除项目。

（5）土地增值税实行四级超率累进税率：

1）增值额未超过扣除项目金额50%的部分，税率为30%。

2）增值额超过扣除项目金额50%、未超过扣除项目金额100%的部分，税率为40%。

3）增值额超过扣除项目金额100%、未超过扣除项目金额200%的部分，税率为50%。

4）增值额超过扣除项目金额200%的部分，税率为60%。

3. 纳税期限和地点

纳税人应当自转让房地产合同签订之日起7日内向房地产所在地主管税务机关办理纳税申报，并在税务机关核定的期限内交纳土地增值税。土地增值税由税务机关征收。土地管理部门、房产管理部门应当向税务机关提供有关资料，并协助税务机关依法征收土地增值税。

4. 减税与免税

有下列情形之一的，免征土地增值税：

（1）纳税人建造普通标准住宅出售，增值额未超过扣除项目金额20%的。

(2)因国家建设需要依法征收、收回的房地产。

5. 其他情形说明

纳税人有下列情形之一的，按照房地产评估价格计算征收：

(1)隐瞒、虚报房地产成交价格的。

(2)提供扣除项目金额不实的。

(3)转让房地产的成交价格低于房地产评估价格，又无正当理由的。

四、房产税

房产税是以房产为课税对象，向产权所有人征收的税种。

1. 纳税人

房产税由产权所有人交纳。产权属于全民所有的，由经营管理的单位交纳。产权出典的，由承典人交纳。产权所有人、承典人不在房产所在地的，或者产权未确定及租典纠纷未解决的，由房产代管人或者使用人交纳。

上述列举的产权所有人、经营管理单位、承典人、房产代管人或者使用人，统称为纳税人。

2. 计税依据和税率

根据《中华人民共和国房产税暂行条例》规定，房产税依照房产原值一次减除10%～30%后的余值计算交纳。具体减除幅度，由省、自治区、直辖市人民政府规定。

没有房产原值作为依据的，由房产所在地税务机关参考同类房产核定。

房产出租的，以房产租金收入为房产税的计税依据。

房产税的税率，依照房产余值计算交纳的，税率为1.2%；依照房产租金收入计算交纳的，税率为12%。

3. 纳税期限和地点

房产税按年征收、分期交纳。纳税期限由省、自治区、直辖市人民政府规定。房产税由房产所在地的税务机关征收。

4. 减税与免税

根据《中华人民共和国房产税暂行条例》规定，下列房产免纳房产税：

(1)国家机关、人民团体、军队自用的房产。

(2)由国家财政部门拨付事业经费的单位自用的房产。

(3)宗教寺庙、公园、名胜古迹自用的房产。

(4)个人所有非营业用的房产。

(5)经财政部批准免税的其他房产。

除上述规定外，纳税人纳税确有困难的，可由省、自治区、直辖市人民政府确定，定期减征或者免征房产税。

五、增值税

增值税是以商品(含应税劳务)在流转过程中产生的增值额作为计税依据而征收的一种

流转税。根据《中华人民共和国增值税暂行条例》和《房地产开发企业销售自行开发的房地产项目增值税征收管理暂行办法》,房地产开发企业可分为一般纳税人和小规模纳税人,适用于不同的税率。

1. 一般纳税人

房地产开发企业中的一般纳税人(以下简称一般纳税人)销售自行开发的房地产项目,适用一般计税方法计税,按照取得的全部价款和价外费用,扣除当期销售房地产项目对应的土地价款后的余额计算销售额。销售额的计算公式如下:

$$销售额=(全部价款和价外费用-当期允许扣除的土地价款)\div(1+11\%)$$

一般纳税人销售自行开发的房地产老项目,可以选择适用简易计税方法按照5%的征收率计税。一经选择简易计税方法计税的,36个月内不得变更为一般计税方法计税。

其中房地产老项目,是指:

(1)《建筑工程施工许可证》注明的合同开工日期在2016年4月30日前的房地产项目。

(2)《建筑工程施工许可证》未注明合同开工日期或者未取得《建筑工程施工许可证》,但建筑工程承包合同注明的开工日期在2016年4月30日前的建筑工程项目。

一般纳税人销售自行开发的房地产老项目适用简易计税方法计税的,以取得的全部价款和价外费用为销售额,不得扣除对应的土地价款。一般纳税人采取预收款方式销售自行开发的房地产项目,应在收到预收款时按照3%的预征率预缴增值税。即应预缴税款按照以下公式计算:

$$应预缴税款=预收款\div(1+适用税率或征收率)\times3\%$$

适用一般计税方法计税的,按照11%的适用税率计算;适用简易计税方法计税的,按照5%的征收率计算。

一般纳税人应在取得预收款的次月纳税申报期向主管国税机关预缴税款。

2. 小规模纳税人

房地产开发企业中的小规模纳税人(以下简称小规模纳税人)采取预收款方式销售自行开发的房地产项目,应在收到预收款时按照3%的预征率预缴增值税。即应预缴税款按照以下公式计算:

$$应预缴税款=预收款\div(1+5\%)\times3\%$$

小规模纳税人应在取得预收款的次月纳税申报期或主管国税机关核定的纳税期限向主管国税机关预缴税款。

六、城市维护建设税

城市维护建设税是为了加强城市的维护建设,扩大和稳定城市维护建设资金的来源,对交纳消费税、增值税的单位和个人征收的税种。

1. 纳税人

凡交纳消费税、增值税的单位和个人,都是城市维护建设税的纳税人,都应当依法交纳城市维护建设税。

2. 计税依据和税率

根据《中华人民共和国城市维护建设税暂行条例》规定,城市维护建设税,以纳税人实

际交纳的消费税、增值税税额为计税依据，分别与消费税、增值税同时交纳。

城市维护建设税税率如下：
(1)纳税人所在地在市区的，税率为 7%。
(2)纳税人所在地在县城、镇的，税率为 5%。
(3)纳税人所在地不在市区、县城或镇的，税率为 1%。

七、教育费附加

教育费附加是为了加快发展地方教育事业，扩大地方教育经费的资金来源，对交纳消费税、增值税的单位和个人征收的税种。

1. 纳税人

凡交纳消费税、增值税的单位和个人，除按照《国务院关于筹措农村学校办学经费的通知》(国发〔1984〕174 号)的规定，交纳农村教育事业费附加的单位外，都是教育费附加的纳税人，都应当依法交纳教育费附加。

2. 计税依据和税率

根据《征收教育费附加的暂行规定》，教育费附加，以各单位和个人实际交纳的增值税、消费税的税额为计征依据，教育费附加率为 3%，分别与增值税、消费税同时交纳。

3. 纳税地点

教育费附加由税务机关负责征收。按照现行有关规定，除铁道系统、中国人民银行总行、各专业银行总行、保险总公司的教育附加随同增值税上缴中央财政外，其余单位和个人的教育费附加，均就地上缴地方财政。

八、契税

契税是对在中华人民共和国境内转移土地、房屋权属，承受的单位和个人征收的税种。

1. 纳税人

在中华人民共和国境内转移土地、房屋权属，承受的单位和个人为契税的纳税人，应当依法交纳契税。上述所称转移土地、房屋权属是指下列行为：
(1)国有土地使用权出让。
(2)土地使用权转让，包括出售、赠与和交换，但不包括农村集体土地承包经营权的转移。
(3)房屋买卖。
(4)房屋赠与。
(5)房屋交换。

2. 计税依据和税率

根据《中华人民共和国契税暂行条例》规定，契税税率为 3%～5%。契税的适用税率，由省、自治区、直辖市人民政府在上述规定的幅度内按照本地区的实际情况确定，并报财政部和国家税务总局备案。契税的计税依据如下：
(1)国有土地使用权出让、土地使用权出售、房屋买卖，为成交价格。
(2)土地使用权赠与、房屋赠与，由征收机关参照土地使用权出售、房屋买卖的市场价

格核定。

(3)土地使用权交换、房屋交换,为所交换的土地使用权、房屋的价格的差额。

上述成交价格明显低于市场价格并且无正当理由的,或者所交换土地使用权、房屋的价格的差额明显不合理并且无正当理由的,由征收机关参照市场价格核定。

契税应纳税额,依照上述税率和计税依据计算征收。应纳税额计算公式:

$$应纳税额 = 计税依据 \times 税率$$

应纳税额以人民币计算。转移土地、房屋权属以外汇结算的,按照纳税义务发生之日中国人民银行公布的人民币市场汇率中间价折合成人民币计算。

3. 纳税期限和地点

契税的纳税义务发生时间,为纳税人签订土地、房屋权属转移合同的当天,或者纳税人取得其他具有土地、房屋权属转移合同性质凭证的当天。纳税人应当自纳税义务发生之日起10日内,向土地、房屋所在地的契税征收机关办理纳税申报,并在契税征收机关核定的期限内交纳税款。

契税征收机关为土地、房屋所在地的税务机关。土地管理部门、房产管理部门应当向契税征收机关提供有关资料,并协助契税征收机关依法征收契税。

4. 减税与免税

有下列情形之一的,减征或者免征契税:

(1)国家机关、事业单位、社会团体、军事单位承受土地、房屋用于办公、教学、医疗、科研和军事设施的,免征契税。

(2)城镇职工按规定第一次购买公有住房的,免征契税。

(3)因不可抗力灭失住房而重新购买住房的,酌情准予减征或者免征契税。

(4)财政部规定的其他减征、免征契税的项目。

经批准减征、免征契税的纳税人改变有关土地、房屋的用途,不再属于上述规定的减征、免征契税范围的,应当补缴已经减征、免征的税款。

九、印花税

印花税是对在中华人民共和国境内书立、领受《中华人民共和国印花税暂行条例》所列举凭证的单位和个人征收的税种。

1. 纳税人

在中华人民共和国境内书立、领受下述所列举凭证的单位和个人,都是印花税的纳税义务人(以下简称纳税人),应当依法交纳印花税。

下列凭证为应纳税凭证:

(1)购销、加工承揽、建设工程承包、财产租赁、货物运输、仓储保管、借款、财产保险、技术合同或者具有合同性质的凭证。

(2)产权转移书据。

(3)营业账簿。

(4)权利、许可证照。

(5)经财政部确定征税的其他凭证。

2. 计税依据和税率

根据《中华人民共和国印花税暂行条例》规定，纳税人根据应纳税凭证的性质，分别按比例税率或者按件定额计算应纳税额。应纳税额不足1角的，免纳印花税。应纳税额在1角以上的，其税额尾数不满5分的不计，满5分的按1角计算交纳。在房地产开发经营中需要征收印花税的有：建设工程勘察设计合同，按收取费用万分之五贴花；建筑安装工程承包合同，按承包金额万分之三贴花。

3. 纳税期限和地点

印花税实行由纳税人根据规定自行计算应纳税额，购买并一次贴足印花税票（以下简称贴花）的交纳办法。应纳税凭证应当于书立或者领受时贴花。印花税由税务机关负责征收管理。

4. 减税与免税

下列凭证免纳印花税：
(1)已交纳印花税的凭证的副本或者抄本。
(2)财产所有人将财产赠给政府、社会福利单位、学校所立的书据。
(3)经财政部批准免税的其他凭证。

十、个人所得税

个人所得税是以个人（自然人）取得的各项应税所得为对象征收的一种税。

1. 纳税人

在中国境内有住所，或者无住所而一个纳税年度内在中国境内居住累计满一百八十三天的个人，为居民个人。居民个人从中国境内和境外取得的所得，依法交纳个人所得税。

在中国境内无住所又不居住，或者无住所而一个纳税年度内在中国境内居住累计不满一百八十三天的个人，为非居民个人。非居民个人从中国境内取得的所得，依法交纳个人所得税。

个人在我国境内出租房屋、转让建筑物和土地使用权等行为取得的收入，在个人所得税税法规定的范围内交纳个人所得税。

2. 计税依据和税率

根据《中华人民共和国个人所得税法》规定，个人因房产租赁或转让取得的所得，应当交纳个人所得税。对于财产租赁所得，每次收入不超过4 000元的，减除800元的费用；4 000元以上的，减除20%的费用，其余额为应纳税额所得额，适用20%的比例税率。对于财产转让所得，以转让房地产的收入额减除房地产的原值和合理费用后的余额作为应纳税额，适用20%的比例税率。

十一、企业所得税

企业所得税是对中华人民共和国境内的企业（居民企业及非居民企业）和其他取得收入的组织以其生产经营所得为课税对象征收的税种。

1. 纳税人

在中华人民共和国境内，企业和其他取得收入的组织（以下统称企业）为企业所得税的

纳税人，依法交纳企业所得税。居民企业应当就其来源于中国境内、境外的所得交纳企业所得税。非居民企业在中国境内设立机构、场所的，应当就其所设机构、场所取得的来源于中国境内的所得，以及发生在中国境外但与其所设机构、场所有实际联系的所得，交纳企业所得税。非居民企业在中国境内未设立机构、场所的，或者虽设立机构、场所但取得的所得与其所设机构、场所没有实际联系的，应当就其来源于中国境内的所得交纳企业所得税。

2. 计税依据和税率

企业所得税的税率为25%。在中国境内未设立机构、场所的，或者虽设立机构、场所但取得的所得与其所设机构、场所没有实际联系的非居民企业取得的所得，适用税率为20%。

企业每一纳税年度的收入总额，减除不征税收入、免税收入、各项扣除以及允许弥补的以前年度亏损后的余额，为应纳税所得额。

模块小结

税收是国家为满足社会公共需要，凭借公共权力，按照法律所规定的标准和程序，参与国民收入分配，强制地、无偿地取得财政收入的一种方式。房地产税收是一个综合性概念，即一切与房地产经济运动过程有直接关系的税收都属于房地产税收。目前，我国在房地产开发、经营、交易和使用过程中涉及的税收主要有城镇土地使用税、耕地占用税、土地增值税、房产税、增值税、城市维护建设税、教育费附加、契税、印花税、个人所得税、企业所得税等。

模块习题

一、填空题

1. 按征税对象不同，税收包括_____、_____、_____、_____、_____。

2. _____是为了合理利用城镇土地，调节土地级差收入，提高土地使用效益，加强土地管理，对在城市、县城、建制镇、工矿区范围内使用土地的单位和个人征收的税种。

3. 耕地占用税的税额，每平方米为：人均耕地不超过一亩的地区_____元；人均耕地超过一亩但不超过二亩的地区_____元；人均耕地超过二亩但不超过三亩的地区_____元；人均耕地超过三亩的地区_____元。

4. 房地产开发企业中的一般纳税人适用一般计税方法计税的，按照_____的适用税率计算；适用简易计税方法计税的，按照_____的征收率计算。

5. 关于城市维护建设税税率，纳税人所在地在市区的，税率为_____；纳税人所在地在县城、镇的，税率为_____；纳税人所在地不在市区、县城或镇的，税率为_____。

二、单项选择题

1. 下列有关城镇土地使用税每平方米年税额的说法正确的是（   ）。
   A. 大城市 1.5～20 元
   B. 中等城市 1.2～20 元
   C. 小城市 1.0～18 元
   D. 县城、建制镇、工矿区 0.6～12 元

2. 下列有关房产税的说法，不正确的是（   ）。
   A. 房产税依照房产原值一次减除 10%～20% 后的余值计算交纳
   B. 房产税的税率，依照房产余值计算交纳的，税率为 1.2%
   C. 房产税的税率，依照房产租金收入计算交纳的，税率为 12%
   D. 个人所有非营业用的房产免纳房产税

3. 下列有关房地产个人所得税的说法不正确的是（   ）。
   A. 根据《中华人民共和国个人所得税法》规定，个人因房产租赁或转让取得的所得，应当交纳个人所得税
   B. 对于财产租赁所得，每次收入不超过 4 000 元的，减除 800 元的费用
   C. 对于财产租赁所得，每次收入超过 4 000 元以上的，减除 20% 的费用，其余额为应纳税额所得额，适用 15% 的比例税率
   D. 对于财产转让所得，以转让房地产的收入额减除房地产的原值和合理费用后的余额作为应纳税额，适用 20% 的比例税率

三、简答题

1. 什么是税收？税收的形式特征有哪些？
2. 税收制度的构成要素有哪些？
3. 简述房地产税收的作用。
4. 简述土地增值税实行四级超率累进税率。
5. 简述减征或者免征契税的情形。

模块 11 房地产宏观经济调控

学习目标

通过本模块的学习，了解房地产经济宏观调控的含义、必要性；熟悉房地产经济宏观调控的目标、手段；掌握房地产经济宏观调控政策与体系。

能力目标

能够简单分析房地产经济宏观调控对房地产业的影响。

单元 1 房地产经济宏观调控概述

一、房地产经济宏观调控的含义

宏观调控是指政府在市场经济运行中对社会经济总体的调节和控制。政府的宏观调控过程，实际上就是依据市场经济规律，运用宏观调节手段和调节机制，将企业的微观经济活动纳入宏观经济发展目标，使国民经济整体得到正常和有效运作的过程。宏观调控作为一种主体性行为，是对于传统的市场自发调节转变为经济自动均衡为中心的自由放任制度的扬弃和创新，它的作用对象是市场失效及市场短缺。

政府对房地产经济的宏观调控是指政府从总体上采用经济、法律和行政等手段主动干预房地产市场，它往往带有统一性的特征，但灵活性不足。房地产经济的宏观调控，就是指以政府为主体，通过经济的、法律的并辅之以行政的手段，对整个房地产行业和房地产经济运行所进行的宏观指导、监督、调节和控制，以发挥房地产经济在国民经济中应有的作用，保证其健康发展。

二、房地产经济宏观调控的必要性

在社会主义市场经济条件下，对房地产经济实施宏观调控的根本目的是确保房地产业健康运行，并与其他产业协调发展，促进国民经济持续稳定增长。具体来说，对房地产经济宏观调控的必要性主要体现在以下三个方面。

1. 房地产经济宏观调控是房地产资源优化配置的需要

宏观调控是社会主义市场经济体制下政府的基本职能之一。市场经济体制的基本要求是社会资源以市场配置为基础，但市场配置资源有自发性和盲目性等缺陷。为弥补市场失灵，保证其健康运行，政府必须对市场经济进行干预和调控。中国房地产经济作为市场经济中的一个子系统，其资源配置在充分发挥市场机制调节作用的基础上，同样要受到政府的调节和控制，以保证房地产业健康发展。土地和房屋是重要的社会资源，特别是作为房地产基础的土地，是一种稀缺资源，它的合理配置直接关系到国民经济的可持续发展，所以各国对房地产经济的控制和干预相对较强。

2. 房地产经济宏观调控是引导房地产业健康发展的需要

同其他产业相比，房地产业具有一系列特点：

（1）房地产是不动产，具有不可移动性，一旦形成建筑物就难以调整，所以必须由政府出面进行合理规划和控制。

（2）房地产投资具有投资量大、周期长的特点，从投入到产出一般需要二三年的时间，投资决策正确与否，要经受较长时间的考验，所以，对房地产投资的调控显得格外重要。

（3）房地产是价值量巨大、使用年限特别长的超耐用品，对整个社会总的供求平衡关系极大，所以对房地产投资必须有效控制。

（4）房地产交易是一种产权交易，要依法通过产权转让来完成，如产权的界定、分割、复合、重组、转移都要靠法律来确认和保证，因此更需要用法律手段规范其运行。

上述特点决定了政府对房地产业的宏观调控较之其他产业更为必要。

3. 房地产经济宏观调控是促进国民经济持续增长的客观要求

房地产业既是先导性、基础性产业，又是国民经济中的支柱产业。房地产业的产业链长，同国民经济中的其他产业关联度强。房地产业的发展状况，直接影响相关产业的发展，对建筑业、建材业（如钢铁、水泥、木材、墙体材料、装修材料等）的发展甚至起到决定性的作用；同时，住宅建设和消费的发展，还会带动家电、家具和家用装饰品及其他产业的发展；所以，房地产业是我国国民经济新的经济增长点。正是这种重要地位和作用，决定了房地产业的发展，直接影响社会总供求的平衡，对整个国民经济的发展至关重要。因此，对房地产经济的宏观调控，就成为政府对整个国民经济实施宏观调控的重要环节。

三、房地产经济宏观调控的目标

房地产市场调控政策的总体目标就是保持房地产经济总量的基本平衡，优化房地产行业结构，引导房地产行业持续、快速、健康发展，提高人们的居住水平。其具体可分为总体供求均衡目标、优化结构目标、投机抑制目标及福利保障目标。

1. 实现房地产经济社会总供给和总需求的平衡

这是房地产经济宏观调控的首要目标。房地产市场的总量是否均衡，不仅影响到房地产价格的平稳运行，还会影响到房地产行业的健康发展。房地产商品的社会需求包括投资性的生产用房需求和消费性的生活用房需求两大方面，既包括国内、地区内需求，也包括外商的需求，而这些需求的地区性又特别强，更多的是要求在地区或一个城市内达到供求平衡。因此，调节房地产商品社会总供给和总需求的平衡，要综合考虑以下四个方面因素：

(1) 要在一个地区或城市内，实现房地产商品的供给总量和需求总量的平衡。

(2) 房地产商品供给和需求的重点要放在住宅方面，住宅建设的总量要同地区居民对住宅的需求相均衡。

(3) 要注意有效需求与潜在需求的区别，有效需求是指有支付能力的实际需求，房地产商品的供给总量要与有效需求总量相均衡。

(4) 协调房地产业与整个国民经济特别是地区经济发展的比例，均衡发展。

2. 优化房地产结构，提高资源配置效率

结构优化主要包括以下两个方面：

(1) 从国民经济全局来说，房地产业的发展要与其他产业的发展相协调，既能带动相关产业的发展，又与其他产业部门保持合理的结构比例关系。

(2) 房地产业内部结构协调。一方面是指工业用房、商业用房和居民住宅之间应保持适当的结构比例关系，合理配置房地产资源；另一方面各种档次的商品房供应都与需求基本相当，特别是中低档商品房的供应与广大居民的住房需求基本相当。

3. 确保房地产业持续、快速、健康发展

应更好地满足生产建设和生活消费需求，保证居民居住水平和居住质量的提高。所谓持续发展，就是房地产经济的长期发展，避免大起大落的波动；所谓快速发展，就是在效益好、有销路的前提下，抓紧时机加快发展，有条件的地方可以发展快一点；所谓健康发展，就是协调的、按比例的发展，以取得较好的经济效益。而房地产经济宏观调控的最终目的是满足投资需求，促进生产发展，满足居民住房消费需求，提高居民居住水平和居住质量。

4. 抑制房地产投机，保持员工福利目标

房地产投机是一种以较高利润为目标、承担较高风险、具有不确定性、进行时间相对较短的房地产投资行为。在房地产投资、建设、交易与使用的过程中都会形成和出现不同类型的房地产投机行为，投机需求会扩大市场需求，导致供求失衡，刺激房地产价格的非理性上扬，冲击房地产市场的正常运行秩序，容易引发房地产市场的泡沫，最终甚至会危及整个国民经济的健康发展。把房地产市场上的投机活动抑制在一定程度之内，或者完全遏止投机行为，是政府房地产市场宏观调控的重要目标之一。

四、房地产经济宏观调控手段

为保证房地产市场宏观调控的有效实施，一般采用经济手段、行政手段、法律手段和政策方法四种。

1. 经济手段

经济手段是指通过运用价格、税收、利率等经济杠杆，来充分调控房地产市场的运行和发展，以经济刺激来引导人们的经济活动。

2. 行政手段

行政手段是指通过国家、政府部门的行政权力，以行政管理的方法，对房地产市场进行宏观调控。如制定房地产市场的发展规划，来对房地产市场的发展方向进行控制；通过规定房地产市场主体资格、活动原则、经营范围、权利和义务等来控制房地产经营企业的经营业务等。

3. 法律手段

法律手段是指通过房地产立法和房地产执法来宏观调控房地产市场。通过制定各种房地产法律、法规来规范房地产经营，保护合法经营，打击不法经营，维护房地产市场的正常运转。

4. 政策方法

政策方法是指国家通过制定并组织贯彻执行一定的房地产市场发展政策，来对房地产市场进行宏观调控。其特点是适应性强、针对性强，容易取得比较理想的效果。

单元2 房地产经济宏观调控政策

为了实现房地产经济宏观调控的目标，政府必须运用适当的政策手段进行有效的调节和控制。房地产经济宏观调控的主要政策手段有房地产产业政策、货币政策、财政政策、投资政策、法律手段、行政管理等。

一、房地产产业政策

房地产产业政策是政府通过产业定位、产业发展规划和政策导向，对一定时期房地产业的发展制定并实施的基本政策，以此引导房地产业与国民经济相协调、稳定健康地发展。它是对房地产经济实施宏观调控的重要政策手段。

（一）房地产产业政策的目标

房地产产业政策目标，是政府根据经济发展需要和房地产业的现实状况所制定的发展目标。其主要有以下三个方面内容：

（1）房地产业发展水平目标。在产业结构体系中，房地产业作为相对独立的产业，必须确定整个产业部门的发展水平和社会上可供房地产业发展的经济资料的数的限制，同时，也不可避免地受到对房地产产品需求水平的严重制约。另外，发展水平目标因要考虑到各个地区的实际情况而有所不同。这一目标的确定就为房地产业在国民经济整体中占有的地位提供了方向。

（2）房地产业效益水平和产业竞争力目标。这里所说的效益包括宏观效益和微观效益两

个方面。由于房地产业的发展与经济建设、环境建设和居民生活关系密切,所以宏观效益应是经济效益、社会效益和环境效益的统一。微观效益包括劳动生产率、投资回报率和资本利润率等。提高微观经济效益是房地产企业追求的目标,它必须服从宏观效益。只有把宏观效益和微观效益统一起来,才能达到房地产资源配置的高效率。

(3)房地产内部结构调整目标。从具体产业部门来看,产业内部结构的调整主要是协调各部门之间的关系。对房地产业来说,就是使产业部门的各种房地产类型在不同时期和不同空间地域上实现平衡。

(二)房地产产业政策的实施手段

房地产产业政策是一种方向性、导向性的政策措施体系,因而其实施应主要运用间接的经济性手段。具体的实施手段包括以下三项内容:

(1)间接的经济调节手段。政府通过财政政策、货币政策、投资政策、技术政策等调节市场,由市场影响企业,引导房地产业按政府设定的方向和目标进行经济活动。如按房地产经济运行现实状况,运用税收政策、信贷政策,支持或抑制房地产业的发展,使其与相关产业和整个国民经济的发展相适应,稳定健康地发展。

(2)信息引导手段。政府可以利用所掌握的产业发展现状、房地产开发建设总量和结构、市场销售情况、需求变化方向等信息并定期发布,使房地产企业获得正确的信息资源;同时,还可以公布中长期的房地产产业政策,使企业明确发展方向。科学的经济信息可以诱导房地产企业进行正确的投资决策,及时调整内容结构,稳定市场,促使房地产业正常发展。

(3)直接的行政控制手段。针对房地产业发展中的倾向性问题,政府可以运用直接的行政权力对房地产业的发展方向进行调节和控制,促使房地产业的发展符合国民经济整体发展的要求。

(三)房地产产业政策的层次

由于行业本身的特殊性及产业政策本身具有间接指导性的性质,房地产产业政策一般划分为以下三个层次:

第一个层次是关系国民经济全局的总体房地产产业政策,主要是房地产产业定位和房地产产业发展政策。前者如房地产产业分类、房地产业在整个国民经济中所处的地位和作用、在国民生产总值中应占的比重等政策;后者如房地产业发展的规模和速度、影响商品房市场供给量和市场需求量的相关政策等。

第二个层次是房地产行业内部的各类政策。其主要包括:以土地有偿使用为主的土地使用制度政策体系;房地产业内部产品比例结构调整政策;房地产综合开发和综合经营政策;房地产开发、经营的资金融通政策;培育和完善房地产市场政策;房地产管理政策;以住宅商品化为目标的住房制度政策;针对房地产经济的发展预测和战略对策的政策;涉外房地产经济发展政策等。

第三个层次是各类房地产政策体系中更为具体化的政策。例如,规范土地市场的一级土地市场国家垄断政策、土地使用权出让与转让政策、征地拆迁政策等;规范房地产市场

运行的房地产市场交易政策、房地产价格政策、房屋租赁政策、物业管理政策等；实施城镇住房制度的住房供应政策、住房公积金制度、住房分配政策等。

房地产产业政策的三个层次是相互联系、相互依存的。

区分上述层次，主要目的是明确不同层次的房地产产业政策的决策机构应有的权力和所承担的决策责任，以确保房地产产业政策的科学性。

二、货币政策

1. 货币政策的含义和主要任务

货币政策是指一个国家的中央银行通过一定的措施调节货币供应量，进而对货币的供给和需求产生影响，最终达到对国民总产出水平进行调节的目的的政策。货币政策涉及的内容非常广泛，既包括货币政策的最终目标与货币政策工具，又包括运用这些工具的作用机制、传导过程和据以进行监测控制其进度的各数量指标。

运用货币政策对房地产经济实施宏观调控，核心是控制投入到房地产业的货币供应量，主要体现在三个方面：一是控制货币投放量，以保证货币供应适应房地产业发展的需要；二是控制房地产业的投资规模，使房地产市场供给量与需求量达到动态平衡；三是控制房地产信贷总规模，使之既满足房地产开发经营和支持居民购房的资金需求，又能防止过度膨胀，确保信贷平衡。

2. 货币政策的主要工具

货币政策对房地产经济宏观调控的作用是通过一定的金融工具来实现的，主要包括以下几项：

（1）利率政策。利率是货币信贷政策最重要的杠杆。提高或降低贷款利率，可以调节信贷总规模；提高或降低存款利率，则可以调节居民储蓄。国家可以通过银行运用利率杠杆来调节货币的投放量。当信贷规模过大、资金供应紧张时，可以提高贷款利率、紧缩贷款，同时提高存款利率，增加储蓄；反之，则应采取相反的政策。

（2）公开市场业务。公开市场业务是指中央银行在公开市场上，通过买卖有价证券的办法来调节货币供应量，从而调节社会总供给和总需求的金融业务活动。当国民经济出现衰退时，中央银行可以在公开市场上买进有价证券，增加货币供应量，从而刺激投资和消费，促进经济复苏；而当出现经济过热、通货膨胀时，则卖出有价证券，减少货币供应量，从而抑制投资和消费需求，促进经济稳定。公开市场业务不仅可从总体上调节房地产供给和需求，而且能够通过买卖住宅债券，直接调节投入房地产开发和消费的货币供应量，达到控制房地产经济总供给和总需求趋向平衡的目的。

（3）法定存款准备金率。这种货币政策工具的具体运用是指中央银行通过提高或降低法定存款准备金率的办法，来增加或减少商业银行向中央银行交存的存款准备金数量，从而影响商业银行的贷款能力，促使信用收缩或扩张。当国民经济处于衰退状态时，为了鼓励投资、刺激消费，中央银行就可以降低法定存款准备金率以减少商业银行向中央银行交存的法定准备金，使商业银行可贷资金增加，达到信用扩张的目的，使整个社会范围内货币供应量增加。反之，如果经济处于需求过旺或通货膨胀的情况下，中央银行则通过提高存款准备金率，来增加法定准备金，使商业银行收缩信贷，从而达到紧缩货币供应量、紧缩

经济的目的。同样，房地产信贷也受到法定存款准备金率的重要影响和调节，从而使房地产总供给和总需求得以有效控制。

（4）再贴现率。贴现率是指对各种合格票据（如国库券、短期商业票据等）贴现的利率。也就是中央银行对商业银行及其他非银行机构贷款的利率。通过中央银行提高或降低贴现率的办法来影响市场上的一般利率水平，进而影响社会上的投资和消费水平及结构，达到调节国民经济的目的。各商业银行主要通过两种方式向中央银行贷款：一是将各种票据如国库券等政府公债向中央银行再贴现；二是以自己所拥有的政府债券和其他财产作担保向中央银行贷款。

在实际运用中，当国民经济出现衰退时，中央银行就降低贴现率，使商业银行感到有利可图，就会增加从中央银行的贷款数量，进而扩大信贷规模；反之，如果国民经济出现膨胀，中央银行提高贴现率，使商业银行感到得不偿失，停止或降低从中央银行的贷款量，缩小自己的贷款规模。通过这种机制，中央银行就能运用贴现率工具来控制和调节社会的信贷规模，影响社会的货币供应量，从而影响对房地产业的信贷规模。

上述金融工具所体现的货币政策对整个国民经济都发挥着关键性的调节作用。作为国民经济重要组成部分的房地产业，它的开发建设和消费都离不开金融业的信贷支持。政府运用货币政策，合理安排流入房地产业的资金总量，就可以达到控制和调节房地产经济发展水平的目的。

三、财政政策

财政政策就是政府运用财政收支的各种工具，通过调节国民收入分配、再分配的方向和规模，以达到经济总量平衡和结构平衡目的的政策手段。在宏观调控中，财政政策具有最直接、最有效的作用。对房地产经济的宏观调控，财政政策也同样起着十分重要的作用。

财政政策的主要内容包括两个方面：一是政府的财政收入政策；二是政府的财政支出政策。

1. 财政收入政策（税收政策）

财政收入政策主要是税收政策，通过税种和税率的变动来调节社会总供给和总需求。税收是财政收入的主要来源，是宏观调控的一种重要手段。税收之所以成为财政收入的主要来源，是因为税收收入具有无偿性、强制性、固定性三个方面特征。国家一方面向社会提供公共物品，另一方面又凭借政治权力向纳税人依法强制征税，取得固定收入。税收对房地产经济宏观调控的作用主要体现在以下两个方面：

（1）税收对房地产市场消费需求的调节作用。在房地产市场交易中，税种增加、税率提高将使市场需求减少；反之则会使市场需求增加。

（2）税收对房地产市场供给的调节作用。房地产开发企业的税种增加、税率提高，导致开发成本上升，提交的预期收益减少，抑制房地产投资增长率，促使其下降；反之，税种减少，税率下降，投资的预期收益增加，促使房地产开发投资增长率上升。

2. 财政支出政策

财政支出政策的运用，主要是通过财政支出结构的变动来调节积累与消费的比例关系；通过财政支出量的变化来影响社会总需求的变动。由于积累性或消费性的支出都会转化为

投资品和消费品的购买，增支可以扩大社会总需求，节支可以缩减社会总需求，因此财政支出可以直接迅速地影响社会总需求量的变动。

从对房地产经济的调节和控制来讲，首先，在财政支出中，增加或减少房地产开发投资量，会直接影响投资品需求和房地产商品供给量。如近年来国家为扩大内需，增加对住宅建设的投资，既促进了房地产业的发展，又拉动了整个国民经济增长；其次，在财政支出中增加职工工资，实施住宅消费补贴，增强了居民购房能力，扩大了住宅消费，直接拉动了住宅消费需求；再次，通过财政支出结构的变动来调节房地产业在国民经济中的比重，调节房地产业内部各类房地产的比例。例如，房地产开发建设中，通过增加住宅建设投资、压缩办公用房与商业用房投资，促使房地产业内部结构逐步趋向合理。

四、投资政策

投资政策是指政府作为宏观经济管理者，根据国民经济发展的总体目标和产业政策的导向，对投资方向、投资规模和投资结构进行调节的政策手段。在市场经济条件下，由于企业是市场经济的主体，也是投资主体，因此除政府投资可以直接控制外，主要运用经济手段进行诱导，以达到宏观调控的目标。

房地产投资政策主要包括以下两个方面。

1. 对房地产投资规模控制

对投资规模的控制首先要考虑投资规模选择的技术界限，其次要考虑投资规模选择的经济界限。在投资规模控制中最重要的是投资规模适度性的政策准则，这一准则主要由以下三个因素构成：

（1）投资目标准则。房地产投资是全社会固定资产投资的重要组成部分，受到一定时期国家经济发展和结构调整总目标的制约，房地产投资规模必须服从宏观经济总目标的要求，避免盲目扩张或过于滞后，寻求一个比较合理、与国民经济发展相协调的规模。

（2）投资品保证准则。投资品是投资的物质基础。当投资规模大于投资品可供量时，表明投资规模处于膨胀状态。反之，如果前者小于后者，则表明投资规模不足。也就是说，在有投资品保障的前提下，现实的投资规模才是合理的。

（3）投资的市场需求界限准则。任何投资都会形成现实的和未来的生产能力和市场供给，最终都要受到市场需求的制约。当投资规模超过市场需求的规模时，便会造成因生产能力闲置而浪费社会劳动和资源。

2. 对房地产投资结构控制

所谓房地产投资结构，是指房地产业内部各种资金的使用方向及其各方面的比例关系。它一般包括以下内容：

（1）房地产投资主体结构，即制定正确的房地产投资决策、进行投资和提供资金单位；房地产投资客体结构，即各种房地产类型，投资于生产用房、商业用房、办公用房、游乐设施和住宅等方面的各种房地产类型。一般来说，住宅建设投资应占主体地位，在住宅中尤以满足中等和中低收入家庭需要的普通商品住宅为主。

（2）房地产投资时间结构，即房地产投资各要素在时间上的分配关系，即房地产投资在各个年份均衡增长，以与市场需求增长相适应，避免因过于集中而引起大起大落，造成阶

段性供求失衡。

（3）房地产投资的空间结构，即房地产投资要素在各区域中配置的比例关系，要力求做到地区分布相对平衡。目前，我国房地产投资主要集中在东南沿海经济发达地区，而中西部地区则相对落后，应适当做出调整。

五、法律手段

市场经济是法制经济，国家通过规范经济活动的准则来调节市场经济的有序运行。对房地产业进行宏观调控的法律手段是指政府通过立法和司法，运用法律法规来规范经济运行秩序、管理房地产经济活动的一种方法。运用法律手段管理房地产经济，主要是通过房地产立法和司法实现的。法律手段具有强制性、规范性、稳定性，并具有普遍的约束性，是间接宏观调控的重要手段。

广义上的房地产法，是指调整房地产经济关系的各种法律和法规的总和。具体来说，就是指调整公民之间、法人之间、公民与法人及国家之间在房地产权属、开发建设、交易管理等与房地产相关的各种社会关系的法律规范的总称；狭义的房地产法仅指直接调整房地产关系的法律法规，如《中华人民共和国城市房地产管理法》等。房地产法具有以下特征：

（1）主体多样性。任何组织和个人都会与房地产发生这样那样的联系，由此形成涉房利益关系，从而使房地产法律关系的权利主体和义务主体呈现多样性。

（2）调整关系的交叉性。房地产法属经济法、行政法、民事法下的子法，自然就有三种基本法采用手段的叠合交叉的特点。

（3）调整关系的综合性。房地产法调整的房地产关系较为复杂，既包括房地产所有者、使用者、经营者依法享有的所有权、使用权和经营权等各种社会关系，又包括房地产开发、经营、管理，以及涉外房地产等各项活动及其引起的纵向、横向的社会关系，因而综合性特征十分突出。

（4）权属的基础性。作为不动产的房屋财产和土地财产，其转移并非实际物体发生移位，而是权利主体发生变动（交易和转让），房地产权属的设定转移都必须办理权属登记，所以房地产法律规范是一个以权属为基础的法律规范。运用法律手段规范房地产经济手段，必须充分考虑上述的房地产法的特点。

六、行政管理

1. 房地产业行政管理的必要性

行政手段包括行政政策、法令、规划及少量的指令性计划手段等，它是直接的宏观调控手段。相对于其他行业来说，房地产行业的行政管理和计划管理更为必要。这是因为：第一，土地是稀缺资源，不能再生。城市土地的合理利用和开发，是直接关系到城市建设可持续发展的重大问题，只有政府通过行政手段，统一管理土地，加强土地规划，才能保证土地资源配置的高效率，避免浪费；第二，房地产开发与城市建设发展的关系极为密切，盲目布置和开发会导致布局结构失衡，调整极为困难，或者要花费很大代价来调整。因此，

必须由政府出面进行统一的城市规划，通过必要的行政法规来进行严格管理；第三，市场机制配置房地产资源固然能发挥基础性的调节作用，但同时也存在着盲目性、滞后性等缺陷和弱点，容易引起大起大落等不稳定性，造成供求失衡。因此，政府必须通过行政手段和计划手段，实施必要的行政管理，直接干预房地产经济活动，以保证房地产业的健康发展。有鉴于此，世界各国政府都加强了对房地产业的行政管理，房地产开发经营已成为各国政府行政干预最深的一个领域。

2. 房地产业行政管理的主要机构

房地产业经济活动从投资立项到开发建设的生产领域，再到房地产流通与消费领域，都要涉及政府各种部门的参与、监督与管理，三大领域的管理环节很多，政府行使行政管理活动的跨度很大。房地产业的运行与发展同政府的行政管理关系十分密切。

(1)土地管理机构。土地管理机构应从土地资源的规划、利用和监督使用角度来设立机构。中央设国土资源部，地方设各级人民政府国土资源局或土地管理局。国务院土地管理部门主管全国土地的统一管理工作，县级以上地方人民政府土地管理部门主管本行政区域土地统一管理工作，乡级人民政府负责本行政区域土地的统一管理工作。

(2)房地产行政管理机构。房地产行政管理机构是从房地产业资产管理和使用管理角度设置的行政管理机构。中央一级的行政管理机构是中华人民共和国住房和城乡建设部房地产市场监管司，负责管理全国房地产业的各种经济活动。地方各级政府设立房地产行政管理机构，管理本行政区域内房地产业的各种经济活动。

地方国土规划局、建设局代表政府将土地使用权有偿、长期限地出让给房地产开发公司或其他企事业单位，土地受让者和国土局签订土地使用合同。国土局是征收土地使用费的主管部门，负责土地使用费的核定、减免审批和征收。该机构负责组织领导国土规划和建设工作；研究制定规划、地政、建设法规；综合协调建设系统的业务关系；承担城市的行政规划、地政地名管理。

地方房产管理局是政府组织福利商品房、微利商品房和集资建房的建设、分配、经营、管理和房屋租赁管理的职能部门。房地产产权管理处负责各类房地产产权登记、立项权力登记和管理以及房地产档案管理，同时负责房地产纠纷调处工作。公证处负责单位、个人有关房地产买卖、转让、租赁、赠与、继承及房地产抵押公证等业务。

地方税务部门负责房地产业各种税金的收缴。地方工商局负责房地产企业的工商行政管理。

3. 房地产业行政管理的作用

(1)管理机构职责分明，为制定和实施房地产业行政管理政策投资做保证。为保证政策法令的科学制定与贯彻，必须重视建立房地产业管理的组织机构。房地产业管理的组织机构一般应分为以下四类：

①决策机构。决策机构主要负责有关计划和政策的制定和审议，不处理具体事务。

②执行机构。执行机构主要制定房地产政策与法规并进行有效管理。

③保障机构。保障机构主要是指国家和地区有关土地契约登记、物业估价、土地审裁等的机构。

④监督机构。监督机构主要是指对房地产政策与法规的执行进行有效监督的机构。

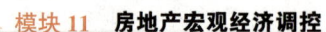

(2)加强土地管理，可以实施可持续发展战略。土地政策是宏观调控的重要手段。为了保证土地，特别是城市土地的合理利用和节约使用，发挥土地资源的最大效能，政府必须通过行政立法等行政手段措施加强土地管理。

(3)制订房地产开发建设计划，协调与国民经济发展的关系。房地产业是国民经济的重要组成部分，既受到国民经济特别是地区经济的制约，又促进国民经济和地区经济的发展。

为适应国民经济发展的要求，各级政府和相关部门要根据实际情况制订房地产开发建设计划，将房地产投资纳入社会总投资规模之中，控制投资增长速度和开发建设规模。计划手段主要突出战略性、宏观性和政策性，应以中长期指导性计划为主，实行必要的指令性计划。

(4)搞好城市规划，可以保证房地产开发紧随城市发展的方向。城市规划是政府行使对房地产业行政管理、调控房地产开发的重要手段。城市规划是城市建设发展的整体布局，而房地产综合开发则是其中的一个局部。房地产开发应服从于城市规划的管理，必须坚持从全局出发的原则，才能达到经济效益、社会效益和环境效益的统一。

(5)通过财政、金融等经济手段对房地产开发进行宏观调控。税费的征收既是各国财政收入的重要来源，也是政府对房地产开发建设进行管理的重要经济手段。房地产金融是保证房地产开发顺利进行的重要经济条件，对房地产金融调控也是政府在宏观上对房地产开发建设进行调控管理的重要内容。

单元3 房地产经济宏观调控体系

房地产经济宏观调控体系是指中央政府对房地产业的发展进行调节和控制，以达到房地产业预期发展目标的管理系统。房地产经济宏观调控体系是整个国民经济宏观调控体系的一个有机组成部分，具有宏观性、市场性、间接性和动态性的特点。对房地产经济实施有效的调控，关键在于政府在市场运行中正确选择自己的位置和充分发挥自己的作用，建立起清晰完备的调控系统。

从广义上来说，房地产经济主要包括房地产经济宏观调控的目标、任务、内容和手段；从狭义上来说，主要包括房地产经济宏观调控的决策系统、控制调节系统、信息咨询系统和监督保证系统。

1. 房地产经济宏观调控的决策系统

经济决策正确与否，直接关系到宏观调控的成败，所以，决策系统是宏观调控体系的中枢。宏观经济决策是国家的集中决策，它是国家执行社会经济职能的集中体现。我国房地产经济发展的决策机构包括：全国人民代表大会及其常务委员会是最高权力机构；国务院是最高行政机构；国家发展和改革委员会、住房和城乡建设部是办事机构。如将住宅业培育成新的经济增长点、加快住宅建设的决策，城镇住房制度改革的决策，都是由国务院决定的。鉴于房地产业地区性强的特点，地方各级人民代表大会和政府机构、主管委办，在执行中央决定的过程中，根据本地区实际情况进行具体决策，并相应制定

符合本地区特点的房地产地区性法规、条例和具体实施措施。决策的主要内容包括：房地产业发展的战略目标、指导性发展规划或计划、涉及房地产业的重大方针政策；房地产开发投资规模、土地规划、房地产业内部结构；对房地产业的财政政策的货币政策；住房制度及其改革等。

为了保证房地产经济宏观决策的正确性，必须做到以下三点：

（1）科学决策。在全面充分掌握准确信息的基础上，认真进行现行研究，预测未来发展方向，提高决策的准确性和科学性。

（2）民主决策。按照民主程度，广泛征求社会各界、专家学者和房地产企业的意见，对多种方案进行比较分析，选择最优方案。

（3）建立决策的责任制。领导机构要依法决策，实行激励和约束相结合的决策机制，对产生巨大效益的正确决策给予奖励，对造成严重后果的决策失误给予必要的惩罚，甚至追究法律责任。决策机构承担决策责任，有利于促进慎重决策，提高决策的正确度。

2. 房地产经济宏观调控的控制调节系统

控制调节系统是中央和地方（省市）政府综合运用经济手段、法律手段、计划手段和必要的行政手段，主要采用经济办法调节和控制房地产经济运行的系统。在市场经济条件下，房地产资源的配置以市场机制调节为基础，政府的宏观调控以间接调控方式为主，同时辅之以必要的行政的直接调控方式。为使宏观调控达到高效率，必须建立计划、金融、财政之间相互配合、综合协调的制度。计划部门提出房地产业发展的目标、任务及需要配套实施的有关经济政策；房地产金融部门通过提供投资开发贷款、住宅抵押贷款支持并监督房地产业的发展和住宅消费需求的扩大；土地管理和房地产管理部门则主要通过土地规划、供应、重大项目审批、制定有关的法律条文等行政手段，规范房地产市场运行秩序，控制房地产业发展规模和结构。各种调节手段既有分工，又有协作配合，共同调节房地产商品总供给和总需求的平衡，实现结构优化，促进房地产业稳定、协调和健康发展。

3. 房地产经济宏观调控的信息咨询系统

建立和健全信息咨询系统是政府进行科学决策的重要依据，也是影响房地产企业、个人决策及其经济行为的重要手段。

在知识经济时代，信息是最重要的资源，信息的生产、收集、传递和分配可以产生巨大的效益。信息服务的职能，是准确、及时、全面地反映房地产经济总量供求平衡和内部结构平衡的情况，经过信息中心的综合分析、整理、传递，及时反馈到房地产经济决策系统、控制调节系统和各类经济实体，以便迅速有效地采取对策，促进房地产经济健康运行。

咨询部门和机构的职能是根据大量信息预测未来发展趋势，进行可行性研究，提出各种可行性方案，为政府的宏观决策和企业的微观决策提供科学依据。

为此，要尽快建立和完善我国房地产经济运行的监测预报体系，积极发展咨询服务中介机构，提高服务质量，健全信息咨询系统。

4. 房地产经济宏观调控的监督保证系统

任何经济机制的调节都需要强有力的监督保证系统。房地产经济宏观调控监督是指国家通过各种监督机构和手段，对房地产业的再生产过程各环节（生产、流通、分配、消费）进行全面监察和督导。它包括财政监督、税务监督、银行监督、工商行政监督、统计监督、

会计监督、财务监督等。通过经济监督，引导企业增强自我约束能力，使房地产企业的生产经营活动符合宏观调控的目标。同时，通过监督，规范企业和个人的经济行为，约束和引导房地产企业的生产经营活动。我国房地产经济宏观调控中监督不力的情况较为普遍，必须加强监督力度，建立和完善监督保证系统。

模块小结

宏观调控是指政府在市场经济运行中对社会经济总体的调节和控制。在社会主义市场经济条件下，对房地产经济实施宏观调控的根本目的是确保房地产业健康运行，并与其他产业协调发展，促进国民经济持续稳定增长。房地产市场调控政策的总体目标是保持房地产经济总量的基本平衡，优化房地产行业结构，引导房地产行业持续、快速、健康发展，提高人们的居住水平。为保证房地产市场宏观调控的有效实施，一般采用经济手段、行政手段、法律手段和政策方法四种方式。房地产经济宏观调控的主要政策手段有房地产产业政策、货币政策、财政政策、投资政策、法律手段、行政管理等。房地产经济宏观调控体系是指中央政府对房地产业的发展进行调节和控制，以达到房地产业预期发展目标的管理系统。

模块习题

一、填空题

1. _____是指政府在市场经济运行中对社会经济总体的调节和控制。
2. 房地产经济宏观调控的目标可分为_____、_____、_____及_____。
3. 房地产经济宏观调控的主要政策手段有房地产_____、_____、_____、_____、_____、_____等。
4. 货币政策的主要工具有_____、_____、_____、_____。
5. 房地产法具有_____、_____、_____、_____的特征。

二、单项选择题

1. 下列不属于房地产产业政策的实施手段的是（　　）。
   A. 间接的经济调节手段　　　　　　B. 直接的经济调节手段
   C. 信息引导手段　　　　　　　　　D. 直接的行政控制手段
2. 下列不属于房地产经济宏观调控体系特点的是（　　）。
   A. 宏观性　　　B. 市场性　　　C. 直接性　　　D. 动态性

三、简答题

1. 简述房地产经济宏观调控手段。
2. 简述房地产产业政策的目标。
3. 简述货币政策的含义和主要任务。
4. 简述房地产投资政策的把控。

模块 12 房地产业可持续发展

学习目标

通过本模块的学习，了解房地产业可持续发展的内涵、原则、必要性；掌握房地产可持续发展的影响因素、基本要求和对策。

能力目标

能够根据房地产可持续发展的基本要求和对策，进行房地产的相关决策。

单元 1 房地产业可持续发展概述

一、房地产业可持续发展的内涵

房地产业的可持续发展，是既要满足当代人对房地产的各种需求，合理利用土地资源，又要保护生态环境，为后代人的生产生活创造必要的空间发展条件。房地产业可持续发展至少包括两层含义：一是经济的可持续，即房地产市场的发展在不断满足人们需要的同时，不能给宏观经济带来严重的问题；二是生态的可持续，即房地产业的发展必须同土地合理利用等生态问题相结合。

二、房地产业可持续发展的原则

1. 公平性原则

公平性原则是指发展机会的公平。可持续发展所追求的公平，包括代际公平和代内公平两个方面。

(1)代际公平是指既满足当代人的需要，又不对后代人满足其需要构成危害。代际公平强调的是代与代之间的所有人，即无论是这代人还是下代人乃至于若干代人以后，其在利用自然资源、享受清洁良好的环境、获得经济发展和进步等方面都应享有平等的权利。

（2）代内公平是指当代所有人，无论其国籍、种族、性别、经济发展水平和文化等方面的差异，在利用自然资源、享受清洁良好的环境、获得经济发展和进步等方面享有平等的权利。

2. 持续性原则

持续性原则是指发展能力的持续，即发展要在某一特定历史条件中、某一特定区域内、某一特定经济情况下的自然资源和生态、经济环境所能承受的最高限度之内；否则，这一发展就是不可持续的。

3. 共同性原则

共同性原则是指可持续发展作为人类发展的全球性目标，应当是人类共同的追求目标和行为准则。它强调世界各国，无论发展水平如何，无论自然景观如何，无论历史文化如何，都应当共同着眼于推动可持续发展，为实现可持续发展这一目标而努力。

三、我国房地产业可持续发展的必要性

1. 我国国情的特殊性

人均土地资源稀缺、房地产需求巨大、相关资源供需矛盾突出是我国房地产业发展长期面临的三大国情背景。人均土地资源的稀缺决定了必须坚持对土地的集约利用；高房地产需求与低土地利用效率矛盾突出，决定了提高房地产建筑的容积率势在必行；相关资源供需矛盾突出决定了必须走低资源消耗的绿色房地产发展道路。故而，在推动房地产业发展的过程中，必须走可持续发展的道路。

2. 房地产业的特殊性

高资源消耗性和短期内的不可逆转性是房地产业区别于其他行业的两个显著特点。高资源消耗的特征决定了房地产业的发展往往是以资源的极大消耗为代价，在资源日益紧张的今天，为了房地产业的长远发展，对资源的利用必须采取以提高资源的利用效率为基本特征的可持续发展模式。而房地产业短期内的不可逆转性，使得其对环境、资源所产生的破坏是很难逆转的，因而尽快走可持续的发展模式是十分必要的。

3. 关注社会公平问题

社会公平问题是当今世界各国都在着力解决的问题之一。我国房地产业在经历了一个高速发展阶段后，发展不均衡所带来的社会公平问题也日益凸显，有的甚至演化为严重的社会问题。在继续保持高速发展的同时，关注社会公平问题是当前房地产业发展的必然要求。

单元 2　房地产业可持续发展的影响因素与对策

一、房地产业可持续发展的影响因素

1. 经济发展状况

房地产业是国民经济的重要组成部分，既受到整个国民经济，特别是地区经济的制约，

又可以促进国民经济和地区经济的发展，因此，房地产业的发展必须与国民经济和地区经济的发展相适应。

2. 政府产业政策

产业政策是政府实施宏观调控的重要手段。房地产业的产业定位、产业规划和产业导向，是房地产经济持续健康发展的重要因素。

3. 房地产资源配置机制

房地产业的发展受到土地、能源、建筑材料和水资源等的严重制约。要提高资源配置效率，必须以市场机制作为资源配置的基础，同时要求加强政府的宏观调控。

4. 市场需求程度

在社会主义市场经济条件下，住宅的生产开发和销售最终取决于市场需求。市场需求可分为潜在需求和有效需求。潜在需求是居民购房的意愿，而有效需求才是支付能力的需求。住宅潜在需求很大，但要转化为有效需求，必然要受到房价、收入、住房体制和有效供给等的影响。因此，住宅建设和房地产业的发展，必须以住房有效需求为依据，以住宅消费需求的扩大，拉动房地产业的发展。

5. 居民收入水平

房地产业，特别是住宅产业的发展与居民收入水平和消费水平的高低密切相关。一般来说，在房价既定的情况下，收入水平越高，购房的承受能力越强，越能支撑住房建设和房地产业的较快发展。

二、房地产业可持续发展的基本要求

(1)牢固树立"以人为本"理念，努力为提高居民的居住水平和居住质量服务。"以人为本"是房地产业持续发展的出发点和归宿点。住宅是人们生活的基本消费品，随着经济发展和收入的提高，广大居民改善居住条件的需求越来越强烈。因此，要积极推进住宅建设，增加商品房工业，满足人们日益增长的住房需求；同时，在住房设计、内在品质和生态环境等方面进行创新，满足住房需求水平不断提高的需要。

(2)牢固树立协调发展的理念，优化住房结构。结构协调是科学发展观对房地产业的基本要求。从住宅市场来看，主要是使住房供应结构与消费需求结构相适应，实现总量平衡和结构平衡。一方面要坚持住房建设和供应结构以适应中等收入者需求的普通商品住宅为主，努力满足不同收入群体的住房需求；另一方面要加快住房社会保障制度建设，以更好地满足中低收入家庭的住房需求。

(3)牢固树立全民发展的理念，保持房地产业与国民经济发展相适应。既要避免房地产业发展过于滞后，拖国民经济发展的后腿，又要避免房地产业过热，出现泡沫经济，危害国民经济的全面协调发展。

(4)牢固树立节约资源的观念，提高资源配置效率。房地产业的可持续发展要建立在高效利用并最大限度节约资源的基础上，要坚持规划在城市发展和房地产开发中的主导地位，发挥城市规范、土地利用规划的引领、指导和制约作用；建立和健全土地市场体系，充分发挥市场机制在房地产资源配置中的基础性作用；加强政府对土地资源的管理，严控土地供应量，合理地节约使用土地。

(5)牢固树立可持续发展的理念,加强生态环境建设。房地产开发过程和使用环节中要重视生态环境建设,避免破坏原有环境,建设一个结构合理、运行协调的城市生态环境系统,实现人与自然的和谐发展。

三、房地产业可持续发展的对策

1. 引导过度需求,推动健康发展

过度的购房需求不符合市场健康发展的要求,其结果必然是透支房地产业的未来。当前房地产市场的过度需求已经对土地、能源、建材的保护和高效利用造成了极大的危害,从长远来看,不利于房地产业的可持续发展。要改变这一现状,可以通过税收和补贴等手段改变购买者的购买习惯和投资理念。如可对高档物业和别墅征收较高的物业税来抑制过度投资和消费。对购买中小户型房产的消费者提供适当的购房补贴,有效地激励消费者进行合理消费,提高中小户型的市场占有率和需求率。

2. 加强对土地资源的节约、高效利用

土地的合理利用是房地产业可持续发展的关键。大力发展节地型建筑和住宅,改进住宅小区规划,合理安排建筑密度,适当提高容积率,既可节省土地,又可多增加住宅套数,降低土地成本。同时,对空闲、废弃、闲置和低效利用土地进行全面清查,弄清楚各类建设用地中闲置和低效利用的数量、构成和分布情况,通过完善手续,调整位置,对分散和不便利用的碎块土地,整合成为较高利用价值的土地资源。

3. 积极推进住宅产业化和现代化

房地产业的可持续发展必须依靠先进科学技术的推动。住宅产业是房地产业的主体部分,积极推进住宅产业化和现代化,是有效提高住宅性能和行业综合效益,实现可持续发展的重要途径。

住宅产业化就是采用工业化生产的方式生产住宅,以提高住宅的整体质量,提高劳动生产率,降低资源和能耗。住宅产业现代化就是以科技进步为核心,用现代科学技术改造传统的住宅产业,通过住宅设计标准化、住宅产业工业化、新技术大量广泛应用,大幅提高劳动生产率和住宅质量水平,全面改善住宅的使用功能和居住质量,高速度、高质量、高效率地建设符合市场需求的住宅。

4. 加大节能环保的政策激励

目前,在房地产建设和使用过程中,使用节能环保能源的状况仍不容乐观,因此,在加大宣传力度的同时,应出台相应的政策鼓励人们节约能源。如通过税收和金融政策的优惠,对从事符合生态效益的建筑技术研究和制造企业给予支持;对使用此类技术的开发者和消费者给予适当的补贴;对一些陈旧且对能源高度消耗的技术和设备征收较高的税收,加快此类陈旧技术和设备的淘汰速度;合理提高部分能源的使用价格,通过价格杠杆激励消费者节约能源,促使消费者选用节能式的住宅,推动节能式住宅的开发。

模块小结

房地产业的可持续发展,就是既要满足当代人对房地产的各种需求,合理利用土地资

源，又要保护生态环境，为后代人的生产生活创造必要的空间发展条件。房地产业可持续发展的原则包括公平性原则、持续性原则、共同性原则。房地产业可持续发展的影响因素包括经济发展状况、房地产业政策、房地产资源配置机制、市场需求程度、居民收入水平。房地产业可持续发展的对策包括引导过度需求，推动健康发展；加强对土地资源的节约、高效利用；积极推进住宅产业化和现代化；加大节能环保的政策激励。

模块习题

一、填空题

1. 房地产业可持续发展的影响因素主要有_____、_____、_____、_____、_____。
2. _____是房地产业持续发展的出发点和归宿点。
3. _____是科学发展观对房地产业的基本要求。

二、简答题

1. 简述房地产业可持续发展的原则。
2. 简述我国房地产业可持续发展的必要性。
3. 简述房地产业可持续发展的对策。

参 考 文 献

[1] 张永岳，陈伯庚，孙斌艺，等．房地产经济学[M].3版．北京：高等教育出版社，2016.
[2] 董藩，丁宏，陶斐斐．房地产经济学[M].2版．北京：清华大学出版社，2017.
[3] 张文洲．房地产经济学[M].3版．武汉：武汉理工大学出版社，2020.
[4] 刘亚臣．房地产经济学[M].大连：大连理工大学出版社，2009.
[5] 谢经荣，吕萍，乔志敏．房地产经济学[M].3版．北京：中国人民大学出版社，2008.
[6] 张洪力．房地产经济学[M].北京：机械工业出版社，2004.
[7] 林增杰，武永祥，吕萍，等．房地产经济学[M].2版．北京：中国建筑工业出版社，2010.
[8] 张元端．新的经济增长点与房地产业周期波动规律[J].中国房地产，1996(12).
[9] 周伟，冉棋文，吴明星．房地产金融创新：资产证券化[J].城市问题，1999(3).
[10] 张宗涛．关于房地产经济若干关键问题的探讨[J].消费导刊，2008.
[11] 高波，等．现代房地产经济学导论[M].南京：南京大学出版社，2009.
[12] 刘志彪．现代产业经济学[M].北京：高等教育出版社，2009.
[13] 洪开荣．空间经济学的理论发展[J].经济地理，2002，22(1).
[14] 金相郁．20世纪区位理论的五个发展阶段及其评述[J].经济地理，2004(3).
[15] 刘朝明．新空间经济学：21世纪空间经济学研究主题[J].中国软科学，2002(3).